Inspiration – der Begriff ist allgegenwärtig. Keiner, der nicht schon einmal gesagt hätte, dieses oder jenes inspiriere ihn – oder ihm fehle die Inspiration. Welche Erklärungsversuche bieten Philosophie, Psychologie oder moderne Neurowissenschaften an? Kann man Inspiration gezielt herbeirufen und nutzbar machen? Und wenn ja, wie bringt man die Quelle für Innovationen und künstlerisches Schaffen zum Sprudeln? Ohne die Bereitschaft für sinnliche, bewusste Wahrnehmung kann die Außenwelt nicht in das Denken einfließen. Meist wirkt ja eine ganze Symphonie von Eindrücken im Alltag auf uns ein, das meiste davon wird automatisch von uns ausgeblendet. Die gezielte Überwindung dieser Filtermechanismen ist aber entscheidend, wenn es darum geht, Eindrücke zu gewinnen, die als Quelle der Inspiration dienen können. Im Unterschied zwischen Sehen und Betrachten wird das ebenso deutlich wie in der psychologisch so unterschiedlichen Bedeutung von Suchen und Finden.

Eine wichtige Rolle spielen dabei die Fähigkeit zu einer «tiefen Beobachtung» und einer «fokussierten Wahrnehmung» sowie besonders der Tagtraum. Ein Wechselspiel von zielgerichteter Aufmerksamkeit und einem von jeglichen Zielen losgelösten Denken ist die Basis, um Impulse, Beobachtungen und Erfahrungen in neue Zusammenhänge zu stellen und so Ideen und Erkenntnisse zu entwickeln – um «inspiriert» zu sein.

Iris Döring . Bettina Mittelstraß

Inspiration

Wie Gedanken in den Kopf kommen und daraus Ideen entstehen

Rowohlt Taschenbuch Verlag

ORIGINALAUSGABE Veröffentlicht im Rowohlt Taschenbuch Verlag, Reinbek bei Hamburg, Mai 2017 Copyright © 2017 by Rowohlt Verlag GmbH, Reinbek bei Hamburg Umschlaggestaltung ZERO Media Agentur Umschlagabbildung Fine-Pic®, München Innengestaltung Daniel Sauthoff Satz Tisa Pro OTF (InDesign) bei Pinkuin Satz und Datentechnik, Berlin Druck und Bindung CPI books GmbH, Leck, Germany ISBN 978 3 499 63192 4

Inhalt

Ein Quentchen Genialität?   153

Inspiration – ein modernes Konzept?   205

Danke   217

Anhang   219

Ermutigung

Inspiration ist ein vielversprechendes Wort. Es verheißt das Ende einer Suche, an deren Anfang man sich vermutlich leer gefühlt hat, einfallslos, ratlos, gehemmt, blockiert wie vor einer Wand ohne Aussicht auf Auswege. Und jetzt?

Inspiration. Ist der verheißungsvolle Zustand einmal eingetroffen, gleichen sich die Beschreibungen. Das Ende der Ausweglosigkeit geht plötzlich über in euphorische Schaffens- und Gestaltungskraft. Mut, Befreiung, Erregung, Bestärkung, Freude, Begeisterung herrschen vor, ein «Selbstläuferprogramm» wird gestartet, zielsicher, beflügelt, frei, unbekümmert, stark, beschwingt, wie von sich selbst fremdgesteuert, entgrenzt und voller Energie fühlen sich die Menschen, die wir im Vorfeld dieses Buches nach ihren Erfahrungen mit Inspiration befragt haben. Inspiriert sein sei ein Finden, nicht ein Suchen, schrieb uns einer der Befragten zurück. Und dieses Finden sei ein rarer Glückstreffer.

Es gibt dieses Glück – tausendfach beschrieben in der Kulturgeschichte. Ein schweifender und damit unvollständiger Blick in die Geschichte des Begriffs zeigt, dass die Idee der Inspiration durch Jahrtausende Geltung hat und dabei immer dem Wandel unterliegt. Inspiration kommt als eine essenzielle Grundvoraussetzung für das schöpferische Tun in Frage und wird zugleich immer wieder

> *Wie fühlen Sie sich, wenn Sie inspiriert sind?*
>
> «Ich fühle mich, nachdem ich alle Ideen aufgeschrieben oder auch gleich umgesetzt habe, sehr leicht, und eine schöne Zufriedenheit entsteht.»
>
> *René Talmon l'Armée, Goldschmied*

in Frage gestellt. Als Quelle für den Gestaltungsprozess wird sie bei Göttern oder ausschließlich bei dem einen Gott verortet, auf Bergen, im Himmel, im Dickicht, in der Vergangenheit, in der Erinnerung, in der Tradition, in der intellektuellen Auseinandersetzung, im Handwerk, in der Arbeit. Die Bereiche, in denen diese Debatten stattfanden, sind vorwiegend Theologie, Wissenschaft und Kunst, allen voran die Dichtkunst – nicht aber lebensweltliche Gefilde. Es sind Literaten, Musiker, bildende Künstler, Wissenschaftler, Gottesfürchtige, alle Dichtenden oder Denkenden, die seit der Antike für sich an- oder in Anspruch nehmen, an der Startposition ihres Schaffens jenseits der Grenzen des Alltäglichen *den* «Einfall» haben zu können oder zu dürfen – dort, wo das *Außer*gewöhnliche oder eben das Göttliche vermutet wird. Wichtig scheint zu sein, dass Menschen von einem *dort* den entscheidenden Impuls für die eigene Gestaltungskraft empfangen: Inspiration.

In den glitzernden Schaufenstern der Moderne findet man das Etikett «Inspiration» aber nur noch irgendwo zwischen Sehnsucht und Lifestyle: als vergangene Aura, transportiert mit der neuesten Duftkreation, als windiger Hauch von Frische, wo eigentlich der Schweiß das Sagen hat, abgetaucht in der Kaffeetasse oder entsorgt als schmückender Aufdruck auf einer Sonderedition Klopapier: Inspiration am A...

Auch Künstler distanzieren sich heute vom Begriff der Inspiration. An die exponierte Stelle dessen, was unter dem Stich-

«Inspiration? – Wer oder was soll aber in diesem Moment ‹begeistern› – den Geist einhauchen? – Solange die Götter noch nicht im Exil waren, sollte es ihre Aufgabe sein – solange eine christliche Heilswirklichkeit angezielt war, besorgten dies die Engel, Propheten, Apostel und Visionäre – solange die Drogenkultur des 20. Jahrhunderts berauschte, war das keine Frage – aber heute in einer entspiritualisierten designhaften-eventmodischen Postmoderne ist die Frage überflüssig – vielleicht finden wir die Initialzündung des Gestaltungsprozesses im Phänomen der Imagination ...»[1]

Bert Gerresheim, Bildhauer

wort *Inspiration* debattiert wurde, treten andere Begriffe: Intuition etwa oder Imagination. Sie bezeichnen nur konsequent einen sich eher ausschließlich im Subjekt vollziehenden Vorgang. Intervention von außen steht in den Begriffsdefinitionen nicht im Fokus, auch wenn die Interaktion mit der Umgebung letztlich für keinen Denkprozess ausgeklammert werden kann. Nach 1945 scheint außerdem ein neues Konzept breitbeinig Karriere zu machen – die «Kreativität», in den 1920er Jahren ins Feld geführt von dem Psychologen Graham Wallas. Kreativität für jedermann heißt die Devise in einer Welt, die nach den Kriegserfahrungen in jeder Hinsicht auf Neuerungen, auf Innovationen setzen muss und auf die wirtschaftliche Leistungsfähigkeit ihrer «Schaffenden» angewiesen ist. Kreativ zu sein avanciert zu einer erlernbaren Kompetenz. Unzählige Methoden für das kreative Denken und Handeln werden entwickelt, die auf einer Abfolge klar identifizierbarer Phasen basieren, welche sich heute im Internet wiederum blitzschnell für den Hausgebrauch recherchieren lassen. Kreativität definiert das Gabler Wirtschaftslexikon online als «die Fähigkeit eines Individuums oder einer Gruppe, in phantasievoller und gestaltender Weise zu denken und zu handeln», und referiert dann den Einsatz von Techniken, die zum kreativen Produkt führen, das seinerseits «gleichzeitig neu und angemessen, nützlich oder wertvoll für die Lösung eines Problems» ist.[2] Der Kreationsprozess als planbarer Denkprozess wird Kriterien von Effizienz unterworfen. Was herauskommt, muss vorhersagbar und später evaluierbar sein, die Interaktion mit der Umgebung tritt auch hier eher in den Hintergrund.

Inspiration ist in den neuen Kontexten ein offenbar zu schwammiger und aufgeladener Begriff. Außerdem ist er bei genauem Hinsehen mit einem Vertrauensvorschuss verbunden. Irgendwie muss man nämlich immer *warten*, bis *Etwas* passiert.

Dieses *Etwas* und die Wucht, mit der *Es* auftritt, scheint jeder mindestens einmal im Leben empfunden zu haben. Der Zustand bleibt unvergessen – mehr noch, man will ihn wieder haben. Aber wie? Wie genau kommt man von der erlebten Leere zur unerwarteten Fülle? Was ist diese Inspiration? Und warum kann man ihrer nicht unmittelbar habhaft werden, genau dann, wenn man sie braucht? Muss das sein, diese lästige Warterei?

Warten scheint zur Inspiration dazuzugehören. Immerhin, das Warten kann und sollte man – wie im Verlauf der Lektüre dieses Buches unter «Inspirationsquellen» beschrieben – füllen: mit (einsamen) Wanderschaften oder (trostloser) Langeweile wie der antike Dichter Ovid, mit (Menschen-)Beobachtungen wie Marcel Proust, mit (starren) Blicken wie der Maler vor der leeren Leinwand. Inspirierende Vorlagen für solche Warterei finden Sie im Kapitel «Ein Quentchen Genialität».

Auch Schlaf hilft, wenn gar nichts mehr geht. Aber in Zeiten, in denen der Mittagsschlaf abgeschafft wurde, die bequeme Couch aus den Großraumbüros flog und die allgegenwärtige Kontrolle der Schaffensprozesse erstes Gebot ist, wird nicht mehr «sinnlos» gewartet, werden keine Löcher mehr in die Luft gestarrt. Es ist weder angesagt noch angemessen, Eingebungen und Ideen im Müßiggang oder in magischen Momenten zu suchen. Arbeitsstress ist en vogue, abwartendes Empfangen dagegen scheint fast ein Zeichen für Versagen zu sein. Unter dem Stichwort «Scheinstress» veröffentlichte «Die Zeit» am 4. August 2016 einen kleinen Artikel zum Zeitgeist von Fritz Habekuss mit dem Titel «Im Chor der Erschöpften. Nur wer ausgebrannt ist (oder so tut), gilt etwas». Das Seufzen, Jammern und «Erschöpfttun» sind in Mode gekommen, Begeisterung oder Enthusiasmus sind geradezu befremdlich und suspekt, gelten gerne als blind oder naiv. Begeistert bei der Arbeit? Der hat doch keine Ahnung!

Nimmt man das kollektive Jammern nach fehlender Inspiration – «Mir fällt doch eh nichts ein!» – ernst, dann muss man zunächst einmal anmerken: Inspiration ist nicht nur Dichtern und Denkern vorbehalten, wie es vielleicht der kulturgeschichtliche Streifzug im Kapitel «Ein Quentchen Genialität» suggeriert. Auch jeder andere Tätige kann den Zustand erfahren, von dem durch Jahrhunderte hinweg die Rede war, es war einfach nur noch nicht von jedermann die Rede. Wenn sich Künstler oder Wissenschaftler gegen die Uninspirierten abgrenzen, ist das allenfalls der Selbstinszenierung oder einem Nimbus geschuldet, der sie als Kreierende umgibt. Aber ob aus inspiriertem Gestaltungsdrang am Ende Kunst oder Wissenschaft entsteht, ist eine ganz andere Frage, die hier nicht zur Debatte steht. Über die Kreationen und Ergebnisse «inspirierter» Arbeit möge die Gesellschaft urteilen. Davon losgelöst spricht nichts dagegen, jedem Menschen Schaffenskraft zu unterstellen und die Verwendung des Begriffs *Inspiration* zu demokratisieren. Das versucht dieses Buch, das Sie in der Hand halten.

Was Sie darin finden werden, lässt sich als Ermutigung beschreiben: die Ermutigung, Inspiration in Alltag und Arbeitsleben zu integrieren. Was Sie auch finden werden, ist die Behauptung, dass das geht, wenn Sie zugleich erfahren haben, wieso – und zwar ohne Überhöhungen, Mystik, Götter und Brimborium. Nur geht es nicht gänzlich ohne grundlegende Bereitschaft, aktiv zu werden. Selbst ein gemütliches Ambiente zu schaffen bedarf, wie jeder weiß, auch ein wenig Arbeit. Einrichtungsprofis können vielleicht Vorschläge machen, aber was «gemütlich» ist, muss am Ende aus einem endlosen Katalog der Möglichkeiten jeder selbst entscheiden – und dann entlang der eigenen Bedürfnisse zusammenstellen.

Auf der Suche nach Ihrem persönlichen Ambiente für mögliche Inspiration kann dieses Buch also nützlich sein. Das erste Kapitel bietet Einblicke in die psychologischen Grundlagen und versucht mit Rückendeckung der modernen Hirnforschung eine Antwort darauf zu geben, wie Inspiration eigentlich funktioniert und welch entscheidende Rolle die Wahrnehmung, der Tagtraum und die Erinnerung dabei spielen. Auch eine Aufforderung, das Vertrauen in die eigene Gestaltungskraft zurückzugewinnen, können Sie hier entdecken, verbunden mit einigen Vorschlägen zum «wie» – unter dem Titel «Musenküsse für den Eigenbedarf». Streifzüge durch die beliebtesten «Inspirationsquellen im Test» erweitern die Recherche zur Inspiration. Und schließlich plaudert das Buch aus dem Nähkästchen vieler Inspirationsempfänger, zeigt das viele tausend Jahre alte und noch immer große Bedürfnis nach einer Antwort auf die Frage, wie das Neue in die Welt kommt, und bietet ausgewählte Einblicke in die religions- und literaturtheoretischen Überlegungen, die sich mit dem Begriff Inspiration verbinden. Abschließend finden Sie Überlegungen zum Wert eines alten Konzepts für eine moderne Welt, die nach dem Neuen, dem Innovativen, ruft.

So tritt das Buch insgesamt mit dem Wunsch an, dem Begriff der Inspiration auf der Grundlage seiner alten Wertschätzung auch eine neue und moderne zu verleihen – auch wenn es und vielleicht gerade weil es eine Verallgemeinerung der vielen möglichen Beschreibungen nicht geben kann. Der Wortschatz für das Inspirationserlebnis ist immer individuell und zugleich kulturell geprägt. Wir können heute statt der Einhauchungen von Gott und Göttinnen die Erkenntnisse der Psychologie zu Hilfe nehmen und deren Begrifflichkeit zugrunde legen, wir können das Phänomen aber auch weiterhin als *Inspiration* bezeichnen und ihm eine moderne, eine breitere Bedeutung verpassen. Die Bedeutung von Begriffen verändert sich immer im Zuge ihrer Verwendung – solange man sich bewusst ist oder gut begründet, was man tut. Wie die *neuen Ideen* in den Kopf kommen, beschäftigt die Neugier und den Wissensdurst ohne abschließendes Ergebnis, und das

Rätseln geht weiter. Aber ein bisschen mehr erhellen kann man das außergewöhnliche Geschehen vielleicht doch.

Hilfreich für dieses Vorhaben sind eben die modernen Erkenntnisse aus Psychologie und Hirnforschung. Wenn jeder denkende und schaffende Mensch theoretisch inspiriert sein kann – ob er daraus Kunst oder Wissenschaft schafft oder nicht –, muss das Gehirn an sich die Möglichkeit besitzen, solche Zustände zu erfahren oder zu erzeugen. Es sind die Psychologie und die Neurowissenschaft, die sich heute auch dem Thema widmen, wie Einfälle zustande kommen, und die daher wertvolle Hinweise geben können, um zu verstehen, was unter dem Zustand «Inspiration» eigentlich passieren muss oder passiert. Und es sieht so aus, als müsse es eher darum gehen, Begeisterung und Enthusiasmus, Muße und Müßiggang – die «lange Weile» – zu rehabilitieren und in diesem Sinne Inspiration möglich zu machen, sprich, die Bedingungen zu schaffen, unter denen Inspiration erfahren werden kann.

Wir plädieren für mehr Aufnahmebereitschaft, für mehr Mut, den verlässlichen Pfaden auch mal den Rücken zu kehren, für mehr Empfänglichkeit als Sendungsbewusstsein, für weniger Kontrolle und mehr Bereitschaft für Überraschungen, Begeisterung und Enthusiasmus. Ob sie sich ein Leben ohne Inspiration vorstellen könnten, haben wir in die Runde gefragt. Nein, war die einhellige Antwort, schrecklich, eintönig, tödlich, voller Wiederholungen, langweilig, trostlos, wie im Koma, leer und lieblos hieß es da, und am schönsten hat uns diese Antwort gefallen: «Ein Leben ohne Inspiration wäre die Lebensform eines Aktenordners.»

Wir wünschen eine inspirierende Lektüre.
Iris Döring und Bettina Mittelstraß

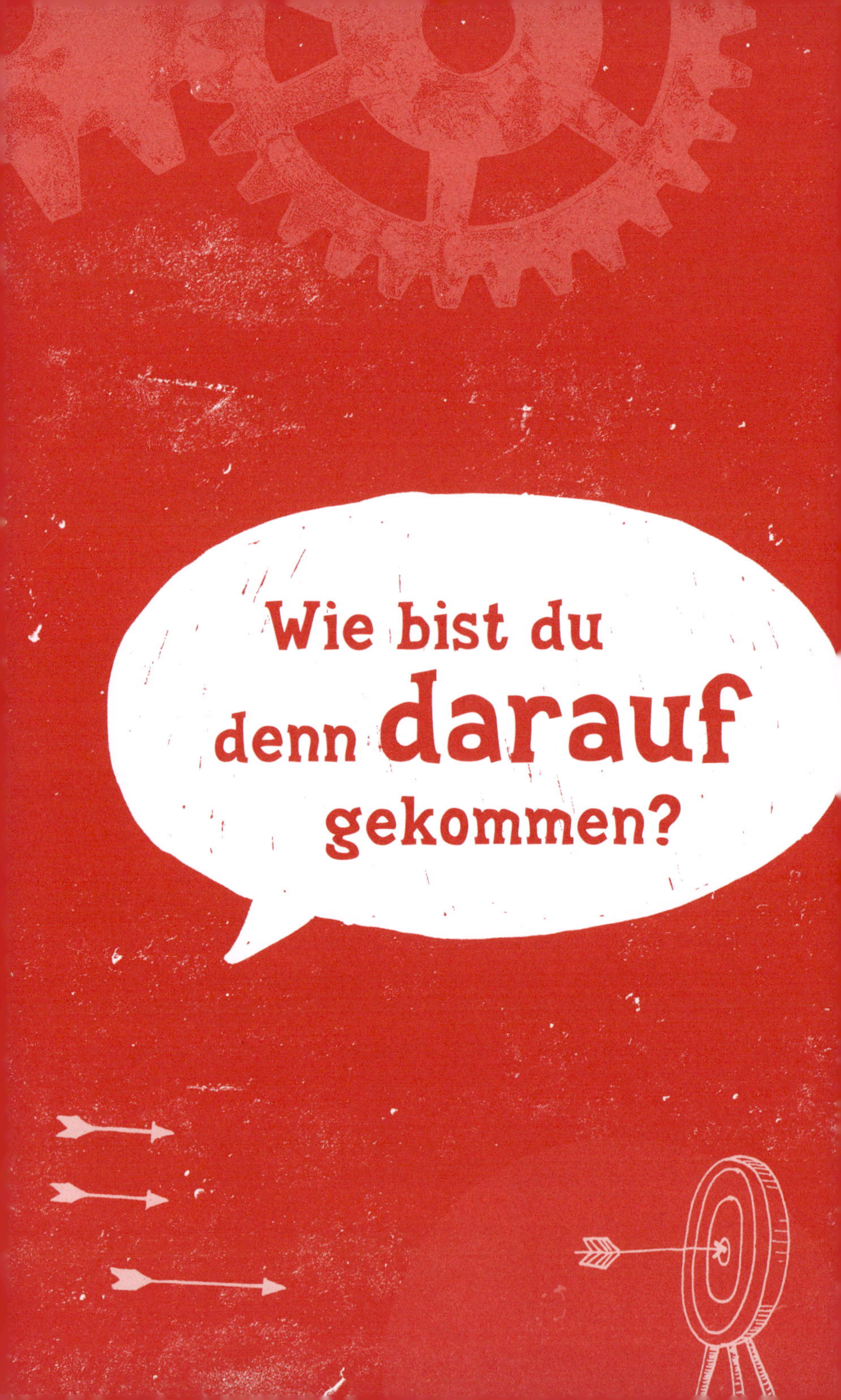
Wie bist du denn darauf gekommen?

Wie funktioniert Inspiration?

Wahrnehmung oder «Ich sehe was, was du nicht siehst»

Sind Sie schon einmal mit einem gut gelaunten Kind durch einen Supermarkt gelaufen? Dann könnten Sie eine Situation wie die folgende erlebt haben:

Erwachsener: Wo steht denn hier das Waschmittel? Komm mit ... hier lang.

Kind: Schau mal, siehst du dahinten die Frau? Die hat aber schöne lange Haare.

Erwachsener: Kann sein. Los! Wir müssen in diese Richtung.

Kind: Wie lange dauert es, bis die Haare so lang sind?

Erwachsener: Na, du stellst Fragen, keine Ahnung. Nicht trödeln.

Kind: Oh – warte mal, das Zeug hier in der bunten Dose, was ist das? Kann man das essen?

Erwachsener: Was weiß ich. Da steht das Waschpulver!

Kind: Da ist ein Osterhase auf dem Regal! Der ist süß.

Erwachsener: Jetzt komm mit zur Kasse. Ich will hier schnell wieder raus.

Kind: Warum müssen wir denn schon gehen? Ich will noch gucken.

Erwachsener: Hier gibt es doch nichts zu sehen.

Zwei Menschen befinden sich in derselben Situation, nehmen jedoch völlig unterschiedliche Dinge wahr, wie kann das sein?

In dem oben beschriebenen Szenario bewegen sich die beiden in der gleichen Umgebung: Während einer von ihnen jedoch offen und neugierig völlig unterschiedliche Dinge entdeckt, geht die andere Person mit zielgerichtetem Blick durchs Geschehen und ist für Nebensächlichkeiten scheinbar blind. Mit dem Beispiel geht nicht die Behauptung einher, Kinder seien grundsätzlich offener als Erwachsene. Das ist nicht der Fall. Dennoch sind wir als Erwachsene die meiste Zeit genauso unterwegs wie die erwachsene Person in der Szene – was nicht verwundert. Die meisten Menschen sind in einem eng getakteten Alltag ständig damit beschäftigt, etwas Bestimmtes zu erledigen, Termine zu halten oder schlicht von A nach B zu gelangen. Das Kind hingegen hat offensichtlich Muße und lässt sich von den Reizen der Umgebung ansprechen. Es verfügt über eine Form von Wahrnehmung, die die gesamte Umgebung erfasst. Unser Erwachsener hingegen hat eine eingeschränkte Sicht auf die Dinge, die von klaren Zielvorgaben dominiert wird. Offener Blick contra Zielfernrohr.

Warum sieht also das Kind im Beispiel oben so viel mehr als sein Begleiter? Oder anders gefragt: Warum übersieht der Erwachsene die allermeisten Dinge, die sich in dem Supermarkt befinden? Wie kommt es, dass von den vielen Informationen und Reizen, die uns ständig umgeben, nur die allerwenigsten wirklich wahrgenommen werden und in das Bewusstsein vordringen? Und welche Faktoren sind es, die dafür verantwortlich sind, dass manche Dinge ausgeblendet werden, während andere direkt ins Auge springen oder auf eine andere Art die Aufmerksamkeit erregen?

Antworten auf diese Fragen sind begehrt. Die «Aufmerksamkeit» als Forschungsthema beschäftigt Psychologen, Neurowissenschaftler, Pädagogen und Philosophen, aber auch Werbefachleute und andere Experten. Um es vorwegzunehmen: Es gibt viele unterschiedliche Theorien darüber, wie Menschen die Welt sehen und begreifen und wie etwas in das Bewusstsein und damit in das verarbeitende Denken vordringt. Was dabei aber genau im Kopf geschieht, ist wissenschaftlich nicht abschließend geklärt. Auf den folgenden Seiten werden einige wichtige Überlegungen zur Erklärung der menschlichen Wahrnehmung und Aufmerksamkeit genauer beleuchtet. Denn ohne dass sich Eindrücke in den eigenen Gedanken manifestieren – ohne «bewusste» Wahrnehmung –, ist Inspiration nicht möglich. Anders ausgedrückt: Was ich nicht im Kopf habe, kann ich auch nicht denkend verarbeiten. Und in den Kopf muss «es» erst mal rein.

Der unsichtbare Gorilla

Eines der berühmtesten Experimente zur Selektivität der Aufmerksamkeit ist der «unsichtbare Gorilla» – ein Versuch, der die beiden Psychologen Christopher Chabris und Daniel Simons Ende der 1990er Jahre durchführten. Die Wissenschaftler zeigten ihren Probanden einen 70 Sekunden dauernden Film, in dem sich eine Mannschaft in weißen Trikots und eine in schwarzer Sportbekleidung gegenseitig Basketbälle zuwerfen. Die Aufgabe bestand darin, die Ballwechsel nur einer Mannschaft zu zählen, die der Gegenmannschaft jedoch dabei zu ignorieren – eine Tätigkeit, die höchste Konzentration erfordert. Etwa gegen Mitte des Filmes läuft ein Gorilla (in Wahrheit eine als Riesenaffe verkleidete Person) auf das Spielfeld, bleibt kurz stehen, schaut in die Kamera und verlässt das Feld dann zur anderen Seite. Erstaunlicherweise gaben rund 50 Prozent der Versuchspersonen später an, nichts Besonderes in dem Film bemerkt zu haben. Obwohl der Gorilla etwa neun Sekunden lang im Bild zu sehen war, war er für die Hälfte der Zuschauer unsichtbar. Ihr Blick war durch die Zählaufgabe so sehr auf ein bestimmtes Detail fixiert, dass selbst der Gorilla keine Chance auf Aufmerksamkeit hatte.[3]

Wie funktioniert Inspiration?

Filter gegen Flimmern im Kopf

Nur wenig von dem, was um uns herum passiert, nehmen wir bewusst wahr – und man kann sagen: zum Glück! Stellen Sie sich folgende Alltagssituation vor: Sie stehen an einer Verkehrskreuzung und wollen eine stark befahrene Straße sicher überqueren. Neben Ihnen befindet sich eine lärmende Baustelle, auf der anderen Seite eine Gruppe ebenfalls laut diskutierender Touristen, es naht ein heranfahrendes Polizeiauto, überall flimmern Leuchtreklamen an den Gebäuden, Menschen bevölkern die Gehsteige, Fahrzeuge parken oder starten, Wind geht und lässt die Blätter der Bäume rauschen und treibt leere Plastiktüten vor Ihre Füße, Sie riechen frischen Teer, Backwaren, Frittierfett, Parfüm. Nähme man all das gleichberechtigt wahr, würde eine solche Situation die meisten Menschen überfordern – wären da nicht die feinen Filter, die es ermöglichen, relevante von unwichtigen Informationen zu trennen.

Was ist relevant? Was ist unwichtig? Für die beschriebene Situation ist vermutlich das relevant, was wir an Informationen benötigen, um die Kreuzung ohne Schaden zu überqueren (Verkehr, Polizeiauto). Für jeden Menschen gibt es darüber hinaus Eindrücke, die interessant erscheinen (etwa fremdsprachige Menschen) und daher die Aufmerksamkeit auf sich ziehen. Andere Reize werden ganz einfach ausgeblendet (zum Beispiel der Wind, die Plastiktüten). Würden wir uns auf diese für die Situation als irrelevant eingestuften, ignorierten Reize konzentrieren, wäre es an sich kein Problem, jene Reizquellen im selben Ausmaß zu erfahren wie alle anderen. Aber in der beschriebenen alltäglichen Situation werden sie in das allgemeine Grundrauschen eingefügt, das uns umgibt. Wir blenden aus und können das Ausgeblendete später in der Regel auch nicht mehr spontan erinnern.

Aber ist es nicht theoretisch doch möglich, alles gleichzeitig und mit der gleichen Intensität zu erfahren? Immerhin hören die Ohren ja ständig mit, und auch das Auge unterbricht den Sehvorgang nicht, solange es geöffnet ist.

Die Antwort auf diese Frage liegt auf der Hand: Das menschliche Gehirn kann nur eine begrenzte Menge von Reizen und Informationen gleichzeitig verarbeiten. Wäre unser Kopf ein Computer, würde man sagen: Das Gehirn hat einen limitierten Arbeitsspeicher. Wissenschaftler sprechen von einem Engpass in der Verarbeitung, einem sogenannten «Bottleneck» (dt. Flaschenhals), der die Auswahl oder Selektion von Informationen notwendig macht.[4] Das wird deutlich, wenn zwei Sinneseindrücke gleichzeitig verarbeitet werden sollen. Versuchen Sie zum Beispiel mal, während Sie diesen Text lesen, gleichzeitig einem Gespräch zu folgen oder den Nachrichten im Radio zu lauschen. Es wird Ihnen kaum möglich sein.

Im täglichen Leben ist es ohne Zweifel hilfreich und notwendig, dass diese Filtermechanismen unermüdlich arbeiten und uns von Nebensächlichem und vermeintlich Irrelevantem abschotten. Sie bieten einen wertvollen Schutz vor Überforderung und helfen uns, uns auf das zu konzentrieren, was wir gerade tun möchten. Dem inspirierenden Blick, der Sicht auf das Neue, stehen diese Wächter der eigenen Wahrnehmung hingegen oft im Weg. Denn sie verhindern, dass dieses Neue überhaupt zu uns vordringt.

«Die unerhörte Menge dessen, was man zwischendurch sieht und sehen muss, obwohl man es nicht sehen will, soll man übersehen oder überwölben oder ausblenden; die Selektionsseher schweigen sich darüber aus, wie man technisch mit dem Überangebot umgeht. Sie erkennen nicht, dass ihre selbstgewisse Maxime gerade das ausschließt, was sich ersatzweise (und mit Gewinn) erblicken lässt.»[5]

Wilhelm Genazino, Schriftsteller

Alarm!

Nach welchen Kriterien wählt der Kopf aus, was ihm relevant erscheint und welche Informationen ausgeblendet werden? Dafür sind verschiedene Faktoren entscheidend. Zunächst ist da die Intensität eines Reizes. Sie hat häufig einen großen Einfluss darauf, ob wir eine Reizquelle bemerken oder nicht. Besonders im visuellen Bereich gibt es wahre Marktschreier unter den Reizen. Ein Preisschildchen für ein Sonderangebot zieht in der Regel durch seine knallfarbige Aufmachung den Blick auf sich und macht gegenüber weniger bunten Artgenossen das Rennen. Ein buntes und großes Plakat transportiert seine Botschaft wirksamer als eine dezente Hinweistafel. Beim Riechen ist dieses Phänomen besonders ausgeprägt. Gerüche werden häufig gar nicht bewusst wahrgenommen, es sei denn, sie sind besonders intensiv (frischer Kaffee), ungewohnt oder funktionieren wie ein Alarmsignal (zum Beispiel Brandgeruch). Auch beim Hören gilt oft die Devise: Je lauter es schallt, desto eher wird es gehört (man denke an die Radiowerbung, das Martinshorn oder eine Autohupe). Aber nicht immer ist das, was sich unserer Wahrnehmung in den Vordergrund drängt, das eigentlich Interessante. Oft bleiben Dinge unbemerkt, die einen zweiten Blick lohnen würden.

Einfluss auf die Aufmerksamkeit hat nicht nur die Vehemenz, mit der eine Information auf die Sinne trifft. Eine Rolle spielt auch die Art und Weise, wie wir unsere Umwelt interpretieren und aus der Wahrnehmung ein inneres Bild formen. Denn der Eindruck, den ein Mensch von seiner Umgebung hat, ist keine schlichte Kopie der äußeren Begebenheiten. Es geht vielmehr um das Erkennen von Mustern – also um eine Art Abgleich der äußeren Welt mit inneren Vorstellungen und Gedankenspuren, die im Kopf bereits vorhanden sind. Wie ist das zu verstehen? Ein Beispiel: Häuser können in ihrer Form, Gestalt und Größe sehr unterschiedlich sein, und trotzdem wird es Ihnen mühelos möglich sein, ein beliebig abstrakt geformtes Gebilde als Haus zu identifizieren. Es ist völlig egal, ob es sich dabei um eine archaische Grashütte, einen modernen Bungalow, einen futuristischen Wolkenkratzer oder einen Supermarkt handelt: Sie werden in allem ohne Mühe ein Haus erkennen. Verantwortlich dafür ist etwas, was Psychologen als «interne Repräsentationen» bezeichnen. Diese internen Repräsentationen sind Gedankenspuren, die wichtige Merkmale und Eigenschaften von Dingen bündeln und ein Erkennen möglich machen.[6] Um beim Beispiel des Hauses zu bleiben: Hier nimmt der Betrachter Komponenten wie Fenster, Dach oder Wände nicht als einzelne, eigenständige Gegenstände wahr, sondern als Teile eines Dinges, das sie als «Haus» erkennen und benennen können. Der Gestaltpsychologe Christian von Ehrenfels beschreibt diese Form des Wahrnehmens als «übersummativ»: Der Eindruck, der beim Betrachter entsteht, ist also mehr als die Summe der Dinge, es entsteht etwas Neues, Ganzes, eine sogenannte «Gestalt». Ehrenfels macht diese Erkenntnis am Hören von musikalischen Harmonien fest. Wir hören nicht die einzelnen Töne, sondern durch die Kombination von Klängen entsteht ein eigenes Klangbild, das beim Hörer eigene Assoziationen weckt. Er stellt fest: «Hierbei ist es bemerkenswert, dass die Gestaltqualität sich mitunter so sehr in den Vordergrund drängt, d. h. unsere Aufmerksamkeit in Anspruch nimmt, dass es schwerfällt, ihre Grundlage in die Elemente aufzulösen.»[7] Man könnte auch sagen: Oft sehen wir vor lauter Wald die Bäume nicht.

Während die Leistungsfähigkeit und Sensibilität der Sinnesorgane darüber entscheiden, welche Reize und Informationen aus der Umwelt überhaupt über bestimmte Rezeptoren aufgenommen werden (so kann das menschliche Auge beispielsweise nur einen begrenzten Teil der Lichtwellen wirklich sehen), entscheidet die innere Welt über die qualitative Bewertung unserer Eindrücke. Sehen Ihre Augen also Wände, eine Tür, Fenster, ein Dach usw., so entsteht erst durch die mentale Verarbeitung daraus der Eindruck «Haus».

Im Umkehrschluss bedeutet das jedoch nicht, dass Dinge, die keiner internen Repräsentation entsprechen, nicht wahrgenommen werden können. Zweifelsohne können Sie zum Beispiel eine Topinambur-Knolle oder einen Plattenwärmetauscher in Augenschein nehmen, jedoch nicht unbedingt erkennen und benennen. Ein Beispiel aus dem Leben gegriffen: Ein Dreijähriger begeistert sich für die Cartoonfigur «Spongebob», eine Art gelb gelöchertes Schwammtier, und jubelt: «Ein sprechender Käse!» Er hat offenbar noch nie einen Schwamm gesehen, Käse hingegen schon oft auf dem Teller gehabt. Ihm fehlt die interne Repräsentation von «Schwamm», und das kann zu einer völlig anderen Beurteilung des Gesehenen führen.

Noch wahrscheinlicher als eine Fehlinterpretation aber wird sein, dass für einen Menschen das, was er nicht kennt, ganz einfach nicht auf dem eigenen Radar erscheint, auch wenn es ihm öfter begegnet. Das unbekannte Gemüse wird nicht in Ihrem Einkaufskorb landen, auch wenn Sie es immer wieder einmal in der Auslage Ihres Supermarktes angeboten bekommen. Erst ein zufälliger Kontakt damit – etwa im Rahmen einer Einladung zum Abendessen: «Oh, wie köstlich! Das ist Topinambur?» – wird Ihnen das Lebensmittel näherbringen. Sie legen eine Gedächtnisspur an, können sich später an die Knollen erinnern und werden sie beim nächsten Einkauf vermutlich auch erkennen. Vielleicht inspiriert Sie das Abendessen sogar dazu, selbst einmal etwas damit zu kochen. Der Grundstein wäre gelegt.

Ein Gegenstand, ein Bild oder Musik kann bei einem Menschen Interesse oder Neugier, bei einem anderen Desinteresse oder einfach Abneigung hervorrufen. Die einzelnen Komponenten – bei

Musik zum Beispiel die unterschiedlichen Klänge der Instrumente – beachtet der Laie eher nicht. Was ein Mensch sieht, hört, riecht oder taktil fühlt, ist immer eine Komposition aus vielen einzelnen Sinneswahrnehmungen und Empfindungen, die stark von jenen ganz persönlichen inneren Bildern beeinflusst werden, die für eine Beurteilung und ein Erkennen unerlässlich sind.

Wie weit diese «interne Revision» geht, lässt sich am Sehsinn verdeutlichen. Während die «Rohdaten» eines visuellen Eindrucks von den Nervenzellen des Auges geliefert werden, erhält die primäre Sehrinde – jener Teil der Großhirnrinde, der für die visuelle Wahrnehmung zuständig ist – geschätzte 90 Prozent ihrer Informationen aus dem Gehirn und nicht von der Netzhaut.[8] Erst die Verbindung von sinnlicher Empfindung und subjektiver Innenschau, der sogenannten «Introspektion», lässt schlüssige Wahrnehmungsinhalte entstehen.[9]

Genau das ist für die Inspiration von großer Bedeutung. Es besagt, dass Dinge, von denen ein inneres Bild besteht und die wir somit decodieren können, viel eher erkannt und wahrgenommen werden als solche, von denen wir keine Spuren im Gedächtnis haben. Oder andersherum: Was wir nicht kennen, ignorieren wir gerne mal.

Noch ein Beispiel gefällig? Sie sind auf einer Party, und um Sie herum schwirren Gruppen von Menschen in schicker Kleidung und mit Smalltalk beschäftigt. Was tun Sie? Vermutlich das, was die meisten Leute tun würden: Sie lassen den Blick schweifen, suchen ein bekanntes Gesicht. Ergibt es sich dann, dass Sie einen Bekannten oder eine Kollegin erspähen, werden Sie sich freuen und das Gespräch suchen. Die anderen Gäste werden Ihre Aufmerksamkeit vermutlich erst dann erlangen, wenn sie etwas sehr Ungewöhnliches tun – sehr ausgefallene Kleidung tragen oder besonders laut lachen – oder wenn sie von sich aus mit Ihnen in direkten Kontakt treten. Was bedeutet das? Sie werden auf dieser Party vermutlich nicht viel Neues erleben, Sie konzentrieren sich auf diejenigen Leute, die Sie bereits kennen, und versuchen, sich auf möglichst vertrautem Terrain zu bewegen. Das Unbekannte hingegen wird eher ausgeblendet.

Inspiration verlangt jedoch nach Ihrer Neugier und danach, vermeintlich Vertrautes genau zu betrachten, um neue Aspekte darin zu entdecken. Das Neue ist da und umgibt Sie ständig, Sie müssen diese Begegnung allerdings auch suchen.

> «Die Conception des Genies ist eine willenlose leidende Empfängniss, sie kommt ihm beim angestrengtesten Suchen gerade nicht, sondern ganz unvermuthet wie vom Himmel gefallen, auf Reisen, im Theater, im Gespräch, überall wo es sie am wenigsten erwartet und immer plötzlich und momentan.»[10]
>
> *Eduard von Hartmann, Philosoph*

Antennen auf Empfang!

Die gute Nachricht zuerst: Es ist jederzeit möglich, die Aufmerksamkeit auf einen bestimmten Punkt zu richten und so die inneren Filter zu umgehen. Aber: Es handelt sich dann um einen willentlichen, bewusst gesteuerten Akt.

Begeben wir uns noch einmal zurück zu der Party, die im vorangegangenen Kapitel als Beispiel diente: Sie plaudern nun also locker mit einer Bekannten. Trotz Musik, Sprechgeräuschen und dem Klingen von Gläsern können Sie dem Gespräch mühelos folgen, denn Ihr Gehirn blendet alles andere so weit wie nötig aus. Sie können sich also ganz entspannt auf die Erzählung Ihres Gegenübers konzentrieren. Plötzlich nehmen Sie im Stimmengewirr aus einiger Entfernung den Namen eines neuen Arbeitskollegen wahr. Dort wird anscheinend gerade über diesen Typen getratscht. Das könnte für Sie interessant sein. Sie sperren die Ohren auf, um ja nichts zu verpassen. Erst der fragende Blick Ihrer Gesprächspartnerin holt Sie in die Situation zurück, wenn sie sagt: «Ich habe dich gerade etwas gefragt, hörst du mir überhaupt zu?» Darauf können Sie nur mit einer entschuldigenden Miene erwidern: «Ich war gerade woanders, kannst du es bitte noch mal sagen?»

Was hier passiert, beschreibt der Kognitionswissenschaftler Colin Cherry als «Cocktailparty-Phänomen».[12] Cherry erforschte in den 1950er Jahren das Hören unter schwierigen akustischen Bedingungen. Dabei stellte er fest, dass es nicht zwangsläufig die stärksten Signale sind (hier im Beispiel die klare und gut hörbare Stimme einer gegenüber stehenden Person), auf die sich die Aufmerksamkeit richtet. In einem lauten Gewirr von Geräuschen kann das Hören auch auf relevant erscheinende Dinge fokussiert werden, die deutlich leiser oder undeutlicher zu hören sind. Kognitionswissenschaftler sehen hierin den Beweis, dass es offensichtlich in der Umgebung viele Informationen gibt, die niederschwellig registriert, jedoch nicht bewusst verarbeitet werden. Anders wäre es im vorhin beschriebenen Beispiel nicht möglich gewesen, bei der weiter entfernten Nennung des Namens eines Kollegen überhaupt hellhörig zu werden.

Wir können unsere Aufmerksamkeit demnach gezielt auf einen selbstgewählten Punkt lenken. Um sich inspirieren zu lassen, ist das enorm wichtig. Wie oft passiert es, dass wir etwas potenziell Faszinierendes übersehen, weil die Wahrnehmung auf das Vordergründige gerichtet ist? Wie oft bewegen wir uns in einer Art Autopilot-Modus, ohne die Umgebung genauer zu betrachten? Wer sich

> «Das Gehirn als Ganzes registriert jedoch sehr viel mehr von dem was ist, ohne dass wir das bemerken, und es erinnert sich an diese Ereignisse, ohne dass wir je in der Lage wären, diese Erinnerungen ins Bewusstsein zu heben. Denn nur solche Inhalte können bewusst abgerufen werden, die zum Zeitpunkt des Erlebens mit Aufmerksamkeit belegt und bewusst erfahren wurden.»[11]
>
> *Wolf Singer, Hirnforscher*

> «Turn and face the strange»
>
> *David Bowie (aus dem Song «Changes»)*

Zeit nimmt, die Umgebung jenseits des Vordergrunds zu betrachten und zu beobachten, wird erstaunt sein, wie viel Interessantes und Inspirierendes es zu entdecken gibt.

Neues Kleid? Wenn Anpassung blind macht

Kennen Sie den? Eine Frau kommt nach Hause und fragt ihren Mann: «Schatz, fällt dir was an mir auf?» Er: «Du warst beim Frisör.» Darauf Sie: «Nein, das ist es nicht. Schau doch mal genau!» Es antwortet der Mann: «Ein neues Kleid? Hast du abgenommen? Neue Schuhe?» Sie: «Nein, das alles ist es nicht.» Er: «Dann muss ich passen, was ist denn heute anders an dir?» Darauf antwortet die Gattin: «Ich trage eine Gasmaske.»

Unter Gewöhnung versteht man im allgemeinen Sprachgebrauch das Sich-Einstellen auf einen Umstand, eine Situation oder eine Person. Gewöhnt ein Mensch oder Tier sich jedoch an einen bestimmten Reiz so sehr, dass eine Reaktion darauf unterdrückt wird, so spricht man von «Habituation»[13]. Wird der Impuls zu einer Handlung oder einem Feedback beim ersten Kontakt mit dem Stimulus noch heftig ausgelöst, so verschwindet dieser nach häufiger Wiederholung, und der Reiz wird irgendwann so gut wie nicht mehr wahrgenommen. In der Hundeerziehung beispielsweise spielt Habituation eine große Rolle. Junge Tiere werden darauf trainiert, das Türklingeln zu ignorieren und nicht mehr laut loszubellen, indem ihnen dieses Geräusch immer wieder vorgeführt wird. Für Menschen spielt Habituation eine wichtige Rolle bei der Anpassung an bestimmte Lebensverhältnisse. Wer an eine belebte Straße umzieht, wird sich zunächst von nächtlichen Verkehrsgeräuschen gestört fühlen. Nach einigen Wochen sind Motorengeräusche für den Tiefschlaf kein Problem mehr. Es kann sogar sein, dass erst die ungewohnte nächtliche Stille bei einem Urlaub in den Bergen daran erinnert, wie laut es eigentlich zu Hause ist.

Gewöhnung und Habituation sind wichtig, um sich an unterschiedliche Lebensbedingungen anzupassen. Aber Gewöhnung kann im Alltag auch blind für das machen, was direkt vor der eigenen Nase passiert. Was nehmen z. B. Sie an Ihrem Arbeitsweg noch wahr?

Inspiration kann auch bedeuten, sich das ganz Vertraute mit frischem Blick anzuschauen. Sie werden Neues entdecken oder Eigenschaften wiedersehen, die irgendwann unsichtbar geworden sind. Oder Sie entdecken, dass sich etwas oder jemand sichtbar weiterentwickelt hat, ohne dass Sie es bemerkt haben. Was nicht verwunderlich wäre, schließlich ist die Welt ja ständig in Bewegung.

Der deutsche Kinderarzt Albrecht Peiper publizierte im Jahr 1925 eine frühe Studie zum Nachweis von Habituation beim Menschen. Er stellte fest, dass bereits neugeborene Babys auf ein bestimmtes Tonsignal reagierten. Daraufhin wollte er herausfinden, ob auch ungeborene Kinder auf dieses Geräusch eine Reaktion zeigen. Da es zu der Zeit noch keine Ultraschalluntersuchungen gab, ertastete er die Bewegungen und das Strampeln der Kinder. Er kam zu dem Ergebnis, dass die Reaktion der Ungeborenen umso schwächer ausfiel, je öfter sie die Signale zu hören bekamen, und stellte so einen Zusammenhang zwischen der Heftigkeit einer Reizreaktion und der Häufigkeit, mit der ein Mensch diesem Reiz ausgesetzt ist, her.[16]

«Dabei bin ich oft auf der Suche nach dem überraschenden Bild; nicht weil ich unterhaltungssüchtig oder schönheitsfixiert wäre, sondern weil ich hoffe, ein frappierendes Bild werde einen neuen Text auslösen. Oder ein mich perplex machendes Bild werde einen schwer zugänglichen Bereich des eigenen Innenlebens aufschließen oder wenigstens einen Einfall über diese Innenwelt auslösen.»[14]

Wilhelm Genazino,
Schriftsteller

«Die Wunder gründen in der Unkenntnis vom Wesen der Natur, nicht in dieser selbst. Die Gewohnheit trübt das Auge unsres Urteils.»[15]

Michel de Montaigne,
Philosoph

Hören – sehen – riechen – schmecken

Eine Situation aus dem Leben: Die Opernvorstellung ist zu Ende, und im Foyer äußert sich ein Architekt gegenüber einer Bekannten über das soeben Erlebte. Begeistert zeigt er einen Stapel von Skizzen und Zeichnungen, die er während der Inszenierung angefertigt hat. Völlig hingerissen meint er, so etwas Wunderschönes hätten seine Augen schon lange nicht mehr gesehen. Und die Musik? Das sei eine «wunderbare Untermalung für ein derart fulminantes Bühnenbild» gewesen. An musikalische Details kann er sich nicht erinnern.

Kann man Opern sehen, einen Besuch im Museum riechen, einen Spaziergang am Abend hören? Mit allen Sinnen wahrnehmen – das sagt sich so leicht. Hören, sehen, schmecken, riechen – zusätzlich zu diesen Sinnen verfügt der Mensch über ein feines Geflecht an Fühl- und Tastsinnen. Dazu gehören der Sinn für das eigene Körpergefühl (Somatosensorik), das passive Berührungsgefühl (Haptik), die Wahrnehmung der Körperbewegung (Kinästhetik), der Gleichgewichtssinn (vestibuläre Wahrnehmung) und die Schmerzwahrnehmung (Nozizeption).

«Unsere Nahrung ist geruchsdicht verpackt und tiefgekühlt im Laden. Wie kann man sich heute noch mit seinem Geruchssinn in der städtischen Umgebung orientieren? Wie wäre es, wenn die noch vorhandenen Einzelhandelsläden ihre charakteristische Duftmarke auf die Straße strömen ließen – hier ein Café, dort ein Lederwarengeschäft, ein Obstladen, eine Buchhandlung wirbt mit dem Geruch von Druckerschwärze, selbstverständlich zeigen Wein-, Käse- und Backwarenläden dem Vorübergehenden olfaktorisch an, was sie verkaufen. Das Leben wäre um eine verlorene Dimension reicher.»[17]

Hans Hacker, Neuroradiologe

Diese Sinne ermöglichen es, die Umwelt überhaupt zu erfassen und ihre Beschaffenheit, aber auch Veränderungen zu erkennen. Dabei lassen sich die verschiedenen Sinne nicht, wie man vielleicht denken würde, immer einem bestimmten Sinnesorgan zuordnen.

Beim Gleichgewichtssinn sind Ohr, Auge und die Körperwahrnehmung über die Muskeln beteiligt. Auch bringen uns nicht alleine die Sinnesorgane mit der Umwelt in Kontakt. Für die Verarbeitung von Reizen und Informationen sind komplexe Sinnessysteme zuständig. Dabei setzen sich die Sinnessysteme wie folgt zusammen: aus den äußeren Sinnesorganen, den Nervenleitungen, die Informationen zum Gehirn leiten, und den jeweiligen Gehirnarealen, die durch eine Sinneswahrnehmung stimuliert werden. Wir sind einer Symphonie von Eindrücken ausgesetzt, die über Augen, Ohren, Mund, Nase und Haut auf uns einströmen. Aber die Informationen der verschiedenen Kanäle werden unterschiedlich stark wahrgenommen.

Den Schlüssel zu einer ganzheitlichen Beobachtung bildet die sogenannte «sensorische Integration». Der Mathematiker und Neurobiologe Christoph Kayser untersucht diese Phänomene anhand von Magnetresonanzmessungen, einem bildgebenden Verfahren. Sein Team fand heraus, dass Informationen verschiedener Sinnessysteme nicht getrennt voneinander verarbeitet werden, sondern binnen Sekundenbruchteilen miteinander kombiniert und zu einem Gesamtbild zusammengefügt werden.[18] Es ist also nicht möglich, *nur* zu hören oder *nur* zu fühlen oder zu sehen – all das passiert gleichzeitig und praktisch pausenlos. Jedoch wird die Aufmerksamkeit fast immer einem bestimmten Sinn zugewendet, und das geschieht meist automatisch.

Ein Beispiel: Sie sehen ein Auto heranfahren und hören das brummende Motorengeräusch. Zusammengefügt ergeben diese beiden Eindrücke das Ereignis: Auto fährt heran. Sollten Sie sich später diese Begebenheit ins Gedächtnis rufen, werden Sie sich vermutlich an die Form oder die Farbe des Wagens erinnern, jedoch kaum an das, was Sie gehört haben. Unser Bild von der Außenwelt besteht also immer aus sehr vielen Einzelteilen, doch die wenigsten nehmen wir so bewusst war, dass wir uns später daran erinnern könnten. Wissenschaftler sprechen hier von modaler Dominanz. Das bedeutet, es gibt meist einen Sinneseindruck, der im Vordergrund steht. Im Alltag ist es oft das Sehen, das alle anderen Eindrücke überlagert.[19] Abhängig vom Kontext kann aber auch das Hören (zum Beispiel im Konzert), das Riechen (im Parfümgeschäft) oder ein anderer Sinn im Vordergrund stehen.

Die Umwelt mit allen Sinnen wahrzunehmen bedeutet vor diesem Hintergrund, die eigene Empfänglichkeit für alle Empfindungen zu schärfen. Gehen Sie auf Empfang und nutzen Sie Ihre vielseitigen Antennen. Wenn Sie sich in einer Situation befinden, die Ihnen bemerkenswert erscheint, erforschen Sie, was Sie darin alles wahrnehmen können. Was gibt es zu hören, zu sehen, wie fühlt es sich an, wie riecht es? Inspiration liegt nicht selten in einem Detail, das sich erst durch eine empfangsbereite Hingabe an die Situation erschließt.

Ein bekanntes und beeindruckendes Beispiel für das Verändern einer Sinnesdominanz ist der 1874 erschienene Klavierzyklus «Bilder einer Ausstellung» von Modest Mussorgski. Der Künstler beschreibt in seiner Komposition den Rundgang durch eine Ausstellung seines verstorbenen Malerfreundes Viktor Hartmann. Mussorgski war von der Gemäldeschau so beeindruckt, dass er das Gesehene in Musik übertrug.

Wer weiß, was bewusst ist?

Immer wieder tauchte nun das Wort «bewusst» auf – etwas «bewusst», mit Bewusstsein wahrnehmen, darauf scheint es anzukommen, damit man aus dem bewusst Wahrgenommenen eines Tages schöpfen kann, wenn es wie plötzlich aus «der Versenkung» wieder auftaucht. Die Geisteswissenschaftler arbeiten mit einer Definition von Inspiration, in der das (Un-)Bewusstsein auch eine wichtige Rolle einnimmt, wenn nämlich «inspiratio» «das plötzliche Aufleuchten von Ideen, Einsichten und Einfällen, die nicht dem Bewusstsein dessen entsprechen, dem sie aufleuchten»[20], bezeichnet.

Was wir tatsächlich in das bewusste Denken aufnehmen, ist nur ein Bruchteil dessen, was uns tatsächlich umgibt. Alleine die Aufmerksamkeit entscheidet darüber, welche Eindrücke in das Bewusstsein einfließen und welche im Unbewussten versinken. Aber: Bewusstsein, was ist das eigentlich? Ein Anästhesist wird auf diese Frage eine andere Antwort geben als ein Psychologe oder ein Philosoph. Allein in der Philosophie hat der Begriff eine so wechselvolle Geschichte und ist einem so vielschichtigen Bedeutungswandel unterworfen, dass eine eindeutige Zuordnung im Grunde unmöglich ist. So hat der Terminus zum Beispiel lange Zeit auch eine Doppelbedeutung gehabt und eine Beziehung zum «Gewissen» aufgewiesen. Das liegt an dem ursprünglich lateinischen Begriff «conscientia», der im Französischen oder Englischen noch vorhanden ist und vor allem bei der Übersetzung Schwierigkeiten bereitet. «Conscience» kann noch immer Bewusstsein und Gewissen bedeuten.

In der Geschichte des Bewusstsein-Problems – also hinsichtlich der Frage, was Bewusstsein eigentlich anthropologisch ist – sind historisch die Philosophen René Descartes und Gottfried Wilhelm Leibniz wichtige Stationen auf dem Weg zu modernen Debatten über das, was «Bewusstsein» ist. Bis heute wird in verschiedenen Disziplinen auf ihre grundlegenden Differenzierungen zurückgegriffen. Dennoch bleibt das, was uns so selbstverständlich erscheint und uns ständig begleitet – das Bewusstsein

Wie funktioniert Inspiration?

sowie der Zustand des «Unbewussten» –, Gegenstand permanenter wissenschaftlicher Auseinandersetzungen. Die verschiedenen Erklärungsansätze, die heute auch tief in die Theorien der Hirnforschung führen, einfach und eingängig darzustellen ist vielfach versucht worden und sicher noch weitere Bücher, Artikel und Abhandlungen wert. So geben zum Beispiel neurobiologische Untersuchungen nützliche Hinweise auf die Arbeitsweise unserer Gehirnstruktur, Psychologie kann Denkmuster analysieren, Philosophie weitere logische Überlegungen anstellen. Doch warum uns was «bewusst» wird, warum der eine Mensch beim Anblick eines Schmetterlings von Einsichten oder einem Glücksgefühl erfüllt wird, während einem anderen das Geräusch von Tafelkreide so ins Bewusstsein drängt, dass ihm die Haare zu Berge stehen, darüber gibt es keine absoluten Gewissheiten. Das Allgemeingültigste, was dazu zu sagen ist, steht vielleicht im Historischen Wörterbuch der Philosophie, wo Bewusstsein als ein «menschliches Grundphänomen» bezeichnet wird, «das durch zwei Pole charakterisiert ist: Gegenstände, Dinge, kurzum Welt auf der einen, Ich, Subjekt(ivität), Selbst auf der anderen Seite».[21] Das «Bewusstsein» umfasst beides oder bildet, wenn man so will, eine entscheidende Schnittstelle.

Im Kontext von Inspiration, wie sie hier beleuchtet wird, ist das am Ende auch der relativ einfache Knackpunkt: Auf beide Pole kommt es an. Bewusstsein wäre eben immer als ein Zustand zu beschreiben, in dem ein Mensch nach außen und innen gerichtete Aufmerksamkeit aufbringt und das, was er dabei empfindet, betrachten im Sinne von verwerten und reflektieren kann. Es ist dabei nicht nur bedeutsam, dass wir etwas Äußeres wahrnehmen und damit ermöglichen, dass es uns prägt, sich uns eben *ein*prägt. Es ist ebenso wichtig, *wie* es uns subjektiv erscheint, wie wir es uns subjektiv «bewusst» machen, wie wir sehen, was uns prägen könnte, auf eine jeweils ganz persönliche und letztlich unvergleichliche Art und Weise. Wenn es nun also um das «plötzliche Aufleuchten von Ideen, Einsichten und Einfällen geht, die nicht dem Bewusstsein dessen entsprechen, dem sie aufleuchten» – sprich um Inspiration –, dann muss an der Stelle gesagt werden: Bewusst kommen die Ideen vielleicht nicht (sonst wären sie ja nicht so erstaunlich), aber bewusst können wir dafür sorgen, dass die Quelle Wasser trägt, damit Ideen sprudeln könnten. Bewusstseins bedarf es, um das Außen und Innen so wahrzunehmen, dass es als Quelle für Inspiration fungieren könnte. So könnte die Devise also heißen: Bewusst beobachten – um unbewusst abschöpfen zu können, was sich unbewusst neu zusammensetzt.

> Einen eigenen Blick auf die Dinge hatte der Maler und Bildhauer Pablo Picasso, als er einen Fahrradsattel in Augenschein nahm und plötzlich einen Stierschädel darin erkannte. Zusammen mit einem Rennradlenker als Hörnern kreierte er aus den beiden zweckentfremdeten Gegenständen 1943 die weltberühmte Skulptur «Stierschädel». Picasso, der zeit seines Lebens eine große Freude am zweiten Blick und an Doppeldeutigkeiten hatte, ließ sich von seiner Umgebung stets anregen und schenkte der Beobachtung seiner Umwelt große Bedeutung.

Abgehalfterte Scheuklappen

Für das Erlebnis von Inspiration gehören Offenheit und Unvoreingenommenheit zu den wichtigsten Voraussetzungen. Das liegt auf der Hand, will man die Welt mit neuen Augen sehen. Aber warum klappt das mit der «Offenheit» häufig nicht so ohne weiteres? Was meinen wir eigentlich mit «Offenheit»? Und warum hängen Menschen gern hartnäckig an einmal gefassten Meinungen und Vorstellungen?

Jeder Mensch verfügt über eine Art Weltwissen – gemeint ist damit eine riesige Sammlung an Glaubenssätzen und Überzeugungen darüber, wie die Welt beschaffen ist. Dieses Wissen wird von Beginn des Lebens an zusam-

> «Die Stimme der Kritik ist der Tod aller Inspiration.»[22]
>
> *Daniel Goleman, Autor*

mengetragen und ist unter anderem der Grundstein für Moral-
vorstellungen, Werte, aber auch für das Bild, das wir von der
Welt haben. Sätze wie «Paris ist die Hauptstadt von Frankreich»,
«Es ist gesund, viel Obst und Gemüse zu essen» oder «In Eng-
land regnet es fast täglich» können solche Überzeugungen sein.
Je nach Herkunft, Sozialisierung und Alter können auch Dinge
wie «Berlin ist ein gefährliches Pflaster», «Westdeutsche sind
arrogant» oder «Teenager waschen sich zu selten» zu jenen
unumstößlichen Wahrheiten gehören. Während es jedoch eine
nachprüfbare und zweifelsfreie Tatsache ist, dass Paris der Sitz
der französischen Regierung ist, ist der Wahrheitsgehalt bei den
anderen Aussagen eher ungewiss. Ob es gesund ist, viel Obst und
Gemüse zu essen, ist relativ und hängt mit der restlichen Ernäh-
rung sowie dem Gesundheitszustand eines Menschen zusammen.
Wenn Sie Ihre braun gebrannten Nachbarn auf der Straße treffen
und diese erzählen Ihnen von einem Englandurlaub, in dem es
keinen einzigen Regentag gab, werden Sie vielleicht ungläubig
die Stirn runzeln. Und sicher sollte man in Berlin sein Auto nicht
unverschlossen stehen lassen, aber die Städte mit der höchsten
Kriminalitätsrate in Deutschland heißen Frankfurt am Main und
Köln.[23]

Die meisten solcher Gewissheiten haben zwei Dinge gemeinsam: Sie sind erstens so tief im Kopf verwurzelt, dass sie intuitiv
und ohne gezieltes Nachdenken praktisch sofort und spontan
erscheinen, sobald ein entsprechender Themenkomplex berührt
wird. Zweitens erinnern wir uns meist nicht mehr an die Herkunft dieser Aussagen, sodass es fast unmöglich ist, die Zuver-
lässigkeit der entsprechenden Informationsquelle zu prüfen.
Manches davon entspringt früheren Erfahrungen. Meistens
jedoch handelt es sich um Behauptungen, die man irgendwann
mal irgendwo gehört hat.

Solche Überzeugungen haben gemeinsam, dass wir sie eigentlich nie in Frage stellen. Wir ziehen meist nicht in Erwägung, dass sich etwas vielleicht anders verhalten könnte, als wir meinen. Der Psychologe Daniel Kahneman schreibt in seinem Buch «Schnelles Denken, langsames Denken»:

«System 1 [Anm. der Autoren: Gemeint ist das intuitive Denken oder Bauchgefühl] ist leichtgläubig und neigt dazu, Aussagen für wahr zu halten; System 2 [Anm. der Autoren: Gemeint ist das bewusste Nachdenken] ist dafür zuständig, Aussagen anzuzweifeln und nicht zu glauben, aber System 2 ist manchmal beschäftigt und oft faul.»[24]

Für unsere Wahrnehmung ist diese Diagnose ein wichtiger Punkt. Wenn ich der Überzeugung bin, dass die neue Studenten-WG in der Wohnung gegenüber sowieso nur Ärger machen wird, werde ich vielleicht gar keinen Versuch machen, die Bewohner kennenzulernen. Wenn ich den verkochten und in weißer Glibbersoße schwimmenden Rosenkohl aus meiner Kindheit nicht mochte, werde ich vielleicht nie wieder welchen probieren. Dabei könnte ich in beiden Fällen positiv überrascht werden.

Eine Panne und eine sorgfältige Beobachtung führten zu einer der wichtigsten Entdeckungen in der Medizin des 20. Jahrhunderts. Der Arzt und Bakteriologe Alexander Fleming hatte im Jahr 1928 versehentlich, wie viele seiner Kollegen zuvor, eine zu Forschungszwecken angelegte Bakterienkultur mit einem Schimmelpilz verunreinigt. Eine solche «verdorbene» Kultur wäre normalerweise sofort in den Müll gewandert. Fleming nahm sich allerdings die Zeit, diese Kultur genauer zu betrachten. Ihm fiel auf, dass rund um die Sporen des Pilzes Penicillium notatum der Bakterienbefall dünner geworden war, die Keime schienen abgestorben zu sein. Allerdings wollte von seiner Entdeckung zunächst niemand Kenntnis nehmen. Erst 1941 wurde Penicillin an Menschen getestet und seine Wirksamkeit bestätigt.[25]

Wie funktioniert Inspiration?

Körperentscheidungen

Der eigene Körper hat einen entscheidenden Einfluss auf unsere Wahrnehmung. Dazu gehören nicht nur die Beschaffenheit der Sinnesorgane (zum Beispiel scharfe Augen oder eine Sehschwäche, empfindliche Haut oder Hornhaut auf den Fingerkuppen), sondern auch die eigene räumliche Position oder die Körperbewegung. Wer zum Beispiel durch einen Raum rennt, wird andere Dinge wahrnehmen als jemand, der auf leisen Sohlen schleicht. Wer in die Hocke geht, sieht ein Szenario anders, als würde er auf den Zehenspitzen stehen. Das klingt banal, ist aber von größter Tragweite und in jüngster Zeit unter Wahrnehmungsforschern ein heiß diskutiertes Thema. Vergleicht man die Eindrücke, die ein Mensch aufnimmt, mit einem Film, so verfügt der Betrachter demnach nicht nur über eine eingebaute Kamera und die dazugehörige Bearbeitungssoftware, er ist auch der Kameramann oder die Kamerafrau, und das unaufhörlich. Diese Erkenntnis hat auf das Erleben und die Interaktion mit der Außenwelt einen riesigen Einfluss, der lange unterschätzt wurde.

Der Philosoph Alva Noë von der Universität Berkeley vergleicht Wahrnehmung und Bewusstsein eher mit einem Tanz. Ein Mensch benötigt zum bewussten Erleben selbstverständlich ein Gehirn, doch Neurone alleine genügen nicht. Seine These: Es gibt kein Bewusstsein ohne Handeln. «Bewegung, Wahrnehmung und Welterfahrung verschmelzen dabei.»[26] Gestützt werden diese Ansätze auch durch die Theorien des Psychologen Jerome Gibson, der den Begriff der «Ökologischen Wahrnehmungtheorie» geprägt hat. Er kommt zu dem Schluss, dass der

«In den psychologischen Lehrbüchern steht immer noch, dass Denken im Gehirn stattfinde – in neuronalen Netzen, mentalen Modellen oder bunten Bildern. Denken entsteht aber erst in der Interaktion von Kopf und Umwelt.»[27]

Gerd Gigerenzer, Psychologe

Blickwinkel und die Eigenbewegung bei jeder Betrachtung unsere Sichtachsen verändern – und damit das Bild unserer subjektiven Wirklichkeit.[28] Die Sache mit dem Blickwinkel ist hier also wirklich wörtlich zu verstehen. Sie können das leicht selbst testen, indem Sie beim nächsten Spaziergang mal versuchen, vor allem nach oben zu schauen. Oder legen Sie sich in einer Kirche mal der Länge nach auf eine Bank. Die Wahrnehmung wird eine andere sein. Fotografen und Filmleute machen sich diesen Umstand zunutze, um bestimmte Stimmungen zu erzeugen. Auch für das alltägliche Erleben der Umgebung ist es spannend, die gewohnten Sichtachsen zugunsten neuer Perspektiven zu verändern.

Der Schluss liegt hier nahe zu behaupten: Menschen sind Regisseure ihres eigenen Lebensfilmes. Wir treffen persönliche Entscheidungen bei der Wahl der Perspektive, des Blickwinkels, der Linse, durch die wir die Welt sehen. Die Einsicht, dass bereits die eigene Körperbewegung unsere Sichtweise erheblich beeinflusst, kann ganz wörtlich zu völlig neuen Ansichten und Einsichten führen.

Inspiration – eine Frage der Wahrnehmung

Die Welt steckt voll von Dingen, die uns auf neue Gedanken bringen können, doch das meiste davon übersehen wir. Unsere Wahrnehmung wird gefiltert, sodass nur ein winziger Teil der Umweltreize in das bewusste Denken durchdringt. Wer Inspiration sucht, sollte lernen, die Aufmerksamkeit zu lenken und den Blick zu schärfen für das, was auf den ersten Blick verborgen ist. Nur was wir bewusst erfahren, können wir später einbeziehen in unsere Ideen, Pläne und Vorstellungen. Dabei geht es nicht nur darum, die Umwelt offen und neugierig zu beobachten. Auch die innere Welt will aufmerksam betrachtet werden. Wer mit wachen Sinnen seiner Umwelt begegnet, erfährt diese von einer völlig anderen, überraschenden und aufregenden Seite. Es sind diese ungewohnten, neugewonnenen Sichtweisen und Einblicke, die als Inspiration unser Denken verändern und neue Wege öffnen.

In den Kopf hinein – Musenküsse für den Eigenbedarf

Neugier – der Schlüssel zu neuen Einsichten

Wer sich neuen Eindrücken öffnet, seine Sinne schärft und sich mit einer schlichten Muster- oder Objekterkennung nicht zufriedengibt, hat beste Chancen auf neue Impulse und Anregungen. Entscheidend ist dabei, einem Drang nach neuen Erfahrungen nachzugeben und die eigene Neugier ernst zu nehmen.

Im Alltag gestaltet sich das nicht immer einfach. Oft ist die Liste der Aufgaben, die noch abzuarbeiten sind, lang, der Terminkalender voll und die Zeit für Muße praktisch gleich null. Doch Inspiration und Anstöße aus der Umgebung werden von den meisten Menschen als wichtig für persönliche Entscheidungen und die eigene Entwicklung betrachtet. Man könnte sagen: Es ist vernünftig, der vermeintlichen Unvernunft nachzugeben und die Dinge auf sich wirken zu lassen, zu beobachten und zu erforschen. Der Wert neuer Erfahrungen erschließt sich nicht sofort. Wer sich von der Welt überraschen lässt, wird staunen, was für Möglichkeiten sich letztendlich dort erschließen, wo man es nicht unbedingt erwartet. Neugier und die Freude am Beobachten ermöglichen eine Welterfahrung, die jenseits von festgelegten Meinungen und Bewertungen liegt.

Schau genau!

Wie ist es nun möglich, die eigene Fähigkeit zu einer bewussten und umfangreichen Wahrnehmung zu stärken? Der Schlüssel hierzu ist eine umfassende Art von Beobachtung, die man als «Fokussierte Wahrnehmung» bezeichnen könnte. «Fokussiert» soll in diesem Zusammenhang allerdings nicht bedeuten, sich ausschließlich auf einen bestimmten Aspekt oder ein Detail einer Beobachtung zu beschränken, sondern vielmehr, eine Situation oder einen Beobachtungsgegenstand als Ganzes und in seinem Kontext zu erfassen – also sich *auf* die Wahrnehmung selbst zu fokussie-ren. Ganz Fokus sei für einen Moment: die Wahrnehmung. Wann haben Sie sich das letzte Mal Zeit genommen, etwas genau und umfassend zu beobachten?

«Ich werde mich in
dieses Zimmer setzen und
abwarten, ob seine Atmo-
sphäre mich inspiriert.
Ich glaube an den genius
loci. Sie lächeln,
Freund Watson. Na, wir
werden ja sehen.»[30]

*Sherlock Holmes,
Meisterdetektiv
(aus: «Tal der Angst»)*

42

Ein Beispiel:

Ein Mann bleibt bei einem Besuch im Zoo vor einem Tiergehege stehen, um ein Tier zu betrachten – sagen wir vor einem Nashorngehege. Er sieht die Größe der Tiere und schaut sich das Geschehen einige Augenblicke an. Dann geht er weiter. Es war nicht das erste Mal, dass er ein Nashorn gesehen hat. So weit, so gut.

Was bedeutet in diesem Fall fokussierte Wahrnehmung? Es würde heißen, dass der Zoobesucher sich mehr Zeit für die Betrachtung nimmt und die eigenen Gedankengänge dabei deutlich wahrnimmt.

Manche Menschen betrachten Tiere, und ihnen fallen Ähnlichkeiten mit Menschen aus ihrem Leben auf – mit dem Chef, der Lehrerin, dem Nachbarn. Eine fokussierte Wahrnehmung des Tieres könnte bedeuten, dass sich der Betrachter Gedanken darüber macht, wie das Tier in den Zoo gekommen ist – und eine Herkunftsgeschichte imaginiert. Die Betrachtung des Horns könnte die Frage auslösen, weshalb diese Tiere in freier Natur um ihrer Hörner willen brutal gejagt werden – potenzstärkend soll das Horn sein, so der für das Tier fatale Mythos. Wenn der Blick fokussiert auf der schrundigen, faltigen Haut des Tieres liegt – was für Assoziationen kommen? Gebirge? Schroffe Klippen? Landschaften? Erkennt der Betrachter Muster? Faltensysteme? Wäre er ein Grafiker – wohin würde ihn die Betrachtung der Falten treiben? Wenn die Augen zu den Ohren des Tieres wandern, könnte sich die Frage einstellen: Was hört das Tier? Was hört der Betrachter? Hören sie dasselbe? Nimmt das Tier den Betrachter wahr wie er das Tier? Oder: Wie ist das Verhältnis an diesem Tierkörper von weich und grob? Von bullig und geschmeidig? Welche Geschwindigkeit und Kraft könnte dieses Tier entfalten? Und warum tun wir das so gerne – Kraft mit Tieren in Verbindung bringen? Mit Stoßkraft, mit Antriebskraft? Wäre unser Betrachter ein Werbefachmann – wohin leitet ihn seine Wahrnehmung dann? Wäre er ein Automechaniker, was fällt ihm an dem Tier auf? Am Hinterbein des Tieres leuchten Markierungen wie aus einer Sprühdose. Was bedeutet das? Wäre unser Betrachter ein Arzthelfer: Wie verletzbar ist ein solcher Dickhäuter? Gedanken wandern im Verlauf solcher fokussierten Betrachtungen. Wie verletzbar ist vielleicht das eigene Leben? Wie dünnhäutig sind wir? Und ist es Zeit für eine dickere Haut? Ein dickeres Fell? Hat ein Nashorn eigentlich Fell? Suchen Sie danach. Im vorderen Teil des Geheges befindet sich vielleicht ein Ball – ist unser Nashorn ein Sportsfreund? Wie «spielt» wohl ein solches Tier? Kann es das überhaupt: spielen?

Wenn sich der Mann aus seiner intensiven Betrachtung gelöst hat und weitergeht, wird etwas im Gedächtnis bleiben. Das fokussiert Wahrgenommene hat Gedankengänge ausgelöst, die wiederum andere Gedanken evozieren könnten – vielleicht nicht unmittelbar, aber zu gegebener Zeit. Vielleicht stellt sich beim Umgang mit Stoffen, Motoren, Architektur oder Chefs das Bild der furchigen Haut, die Wahrnehmung der Kraft, die Vorstellung der Energie, der Anblick der Ruhe dieses Tieres wieder ein – es werden Verknüpfungen hergestellt, die einen Einfluss auf kommendes Handeln oder Denken haben können. In dem Fall kann man sagen: Das Tier hat inspiriert.

Die Autorin dieses Buches (I. D.) veranstaltet gelegentlich Workshops zum Thema Inspiration. Teilnehmer sind Erwachsene aus den unterschiedlichsten Berufsfeldern. Bei diesen Veranstaltungen zeigt sich immer wieder, dass Kursteilnehmer, die sich im Rahmen einer Übung zur fokussierten Wahrnehmung auf Beobachtungstour begeben, zu höchstens fünfzig Prozent Dinge und Fakten festhalten, die sie tatsächlich vor sich sehen. Der weitaus größere Teil ist der nach innen gerichteten Reflexion gewidmet. Gemeint sind damit persönliche Assoziationen, Bewertungen und Perzeptionen wie zum Beispiel: Ist mir das Gesehene angenehm, oder macht es mir Angst? Finde ich es ungewöhnlich oder irritierend? Woran erinnert mich diese Betrachtung? Dass die eigenen Gedanken so viel Raum einnehmen, ist nicht verwunderlich, schließlich mischen interne Repräsentationen und Gedankenspuren beim Erkennen und Wahrnehmen der Umwelt immer mit. Fokussierte Wahrnehmung bedeutet schließlich auch nicht, nur die äußere Umgebung wie mit einer Kamera zu filmen. Ebenso reicht es nicht aus, losgelöst von allem Äußeren nur die eigenen Gedanken zu begutachten. Erst eine Mischung aus detaillierter Beobachtung und eigenem, subjektivem Empfinden setzt den Betrachter mit der Umwelt in Beziehung und eröffnet so die Möglichkeit zum Erkenntnisgewinn.

> «Es gibt im Erscheinungsbild der Dinge keine umfassendere Eigenschaft als die Verschiedenheit und Vielfalt.»[31]
>
> *Michel de Montaigne, Philosoph*

Schau genauer!

Wählen Sie für diese Übung einen Ort aus, der sich durch eine Besonderheit von anderen Orten unterscheidet. Das kann eine Tiefgarage sein, ein Spielplatz, ein Bahnsteig, eine Einkaufsstraße oder ein Café. Der Ort sollte sich nicht in Ihrer eigenen Wohnung befinden, darüber hinaus sind der Wahl keine Grenzen gesetzt. Es ist nicht so wichtig, ob dieser Ort neu für Sie ist oder ob Sie schon mal dort gewesen sind.

Nehmen Sie sich einige Blatt Papier, eine Schreibunterlage (zum Beispiel ein Klemmbrett) und einen Stift mit. Los geht's.

Unterteilen Sie nun mindestens zwei Papierseiten mit einer Linie in der Mitte und etwa neun bis zehn Linien in der Horizontalen, sodass Sie pro Seite etwa 20 voneinander getrennte Kästchen oder Felder haben.

Nun schauen Sie sich in Ihrer Umgebung um, lassen Sie das Gesehene einige Augenblicke auf sich wirken.

Beginnen Sie nun, Ihre Beobachtungen zu Papier zu bringen.

Wichtig: Tragen Sie jede Beobachtung, jedes Detail, das Sie sehen und jeden Gedanken, der Ihnen durch den Kopf geht, in ein eigenes Feld ein. Schreiben Sie alles nieder, egal wie banal es scheinen mag.

Als Anregung können Sie folgende Liste zu Hilfe nehmen:

Was genau sehe ich?

Welche Details fallen mir auf?

Was rieche, höre, spüre ich?

Wie ist das Licht, Farben, die Luft …?

Was fiel mir als Erstes auf?

Hat der Ort eine Funktion? Was genau passiert hier?

Was fehlt hier?

Was ist typisch?

Was ist ungewöhnlich?

Ist es ein hektischer oder ruhiger Ort?

Was für ein Tempo herrscht hier?

Welche Stimmung herrscht hier?

Warum gibt es diesen Ort?

Wie empfinde ich es, hier zu sein?

An was erinnert mich das hier?

Welche Assoziationen bieten sich außerdem an?

Hat der Ort eine Geschichte?

Hat der Ort eine soziale Funktion?

Was gefällt mir besonders?

Was fällt mir sonst noch zu diesem Ort ein?

Gehen Sie bei Ihrem Beobachtungstrip ein wenig herum, verändern Sie die Perspektive, indem Sie in die Hocke gehen, oder klettern Sie irgendwo drauf (zum Beispiel auf eine Mauer, wenn sich eine anbietet). Schauen Sie nach oben und nach unten, erfassen Sie den Ort in seiner ganzen Dimension. Geben Sie sich für zehn Minuten ganz Ihrer Betrachtung hin.

Anschließend verlassen Sie Ihren Beobachtungsposten und begeben Sie sich an einen Platz, an dem Sie die Möglichkeit haben, etwas Ruhe zu finden und an einem Tisch zu sitzen.

Nehmen Sie Ihre Notizen und teilen Sie die einzelnen Felder mit einer Schere, sodass Sie für jeden aufgeschriebenen Gedanken ein eigenes Kärtchen erhalten. Es sollten mindestens 20 sein.

Priorisieren Sie nun Ihre Eindrücke, indem Sie die Kärtchen auf dem Tisch ordnen: Was Ihnen wichtig und bedeutsam erscheint, kommt nach oben, was eher unwichtig oder nebensächlich ist, kommt nach unten. Fixieren Sie nun diese Reihenfolge mit einem langen Streifen Klebefilm, den Sie der Länge nach über die Zettelreihe kleben.

Schauen Sie sich Ihr Ergebnis in Ruhe an. Was denken Sie? Hätten Sie diesen Ort ohne eine gründliche Beobachtung anders gesehen und bewertet? Gibt es etwas, das Sie überrascht?

Sind Ihnen Gedanken in den Kopf gekommen, die mit Ihrer persönlichen Situation zusammenhängen?

Nehmen Sie sich Ihre Aufzeichnungen noch mal zur Hand und notieren Sie für jedes tatsächlich beobachtete Detail (zum Beispiel ein Fahrrad, einen Hund, Regen etc.) ein «F» für «Fakt». Markieren Sie alle Kärtchen mit introspektiven Gedanken («Mochte den Ort nicht», «Erinnert mich an …») mit einem «I» für introspektiv. Haben Sie deutlich mehr «F» als «I» oder umgekehrt? Sind Sie ein eher nüchterner Beobachter, oder überwältigen Sie die eigenen Assoziationen? Es gibt hier kein Richtig und kein Falsch. Diese Auswertung zeigt lediglich, zu welcher Art von Beobachtung Sie tendieren.

Wie funktioniert Inspiration?

Expertenblick

Dies ist keine Übung im eigentlichen Sinne, sondern eher eine Anregung, die Welt durch die Brille eines anderen Menschen zu betrachten. Erhöhen Sie Ihre Sensibilität für die Sichtweise anderer Personen und für die Tatsache, dass zwei Menschen zwar dasselbe Objekt betrachten können, aber niemals das Gleiche darin sehen.

So geht's: Machen Sie sich eine Liste von Freunden und Bekannten, die Sie in irgendeiner Art und Weise als Experten für etwas bezeichnen würden. Dabei kann ein Beruf jemanden zum Experten machen, aber auch ein Rollstuhlfahrer ist Experte für nervige Bordsteine, ein Kind ist Experte für Spielzeuggeschäfte etc. Fragen Sie nun Ihre Experten, ob sie Lust hätten, mit Ihnen ein bestimmtes Terrain zu erkunden. Ihr bester Freund ist Koch? Dann besuchen Sie ein Schnellrestaurant mit ihm. Ihre Freundin ist Botanikerin? Machen Sie mit ihr einen Waldspaziergang. Versuchen Sie nun, zu verstehen, was an der Sichtweise des anderen unterschiedlich ist. Tun Sie Erklärungen nicht als Fachsimpelei ab (wozu man gerne mal neigt), sondern stellen Sie Fragen und finden Sie heraus, was der andere durch seine Expertenaugen sieht. Hören Sie zu, stellen Sie Ihre eigene Meinung hintenan und konzentrieren Sie sich darauf, wie der andere die Situation erlebt, welche Dinge er Ihnen zeigt, die Sie vermutlich nicht bemerkt hätten.

Hören und Schnuppern

Diese Übung können Sie zwischendurch an einem belebten Ort machen, etwa einem Bahnhof oder einem Wochenmarkt. Stellen Sie sich mitten ins Gewühl und schließen Sie die Augen – vielleicht mit Sonnenbrille auf der Nase, das irritiert andere Menschen weniger. Versuchen Sie jetzt, alle Geräuschquellen zu identifizieren. Gesprächsfetzen, technische Geräusche, Klingeltöne – versuchen Sie die Richtung zu orten, aus der das Geräusch kommt. Gibt es ein Geräusch, das Sie mögen? Haben Sie keine Sorge, umgerannt zu werden. Die anderen werden einen Bogen um Sie machen. Nach dem Lauschen versuchen Sie – ebenfalls mit geschlossenen Augen – Gerüche zu erkennen. Eine Bäckerei, ein schönes Parfüm? Versuchen Sie auch dieses zu orten. Sie können auch bei einem Waldspaziergang auf Lausch- und Schnupperkurs gehen, ganz wie Sie mögen.

Atemreise

Eine kleine Übung ist die sogenannte Atemreise. Sie müssen dafür nicht mehr tun, als in einem möblierten Zimmer all die Dinge und Gegenstände herauszufinden, die Sie allein mit Ihrem Atem in Bewegung versetzen können. Reicht ein leichter Hauch, oder müssen Sie kräftig pusten? Probieren Sie es aus.

Helden in der U-Bahn

Beobachten Sie gerne Menschen? Dann ist diese Übung für Sie ideal. Begeben Sie sich an einen Ort, an dem sich viele Menschen aufhalten und ein wenig verweilen. Das kann eine U-Bahn sein, ein Café oder ein Wartezimmer. Schauen Sie sich nun aufmerksam die Leute in Ihrer Umgebung an. Wer fällt Ihnen auf? Gibt es jemanden, der glücklich, traurig oder verliebt auf Sie wirkt? Trägt jemand eine besondere Berufsbekleidung? Suchen Sie sich eine Person aus und entwickeln Sie aus dem, was Sie sehen, eine Geschichte. Das darf abwegig sein, die Person erfährt es ja nicht. Führt der schlaksige Typ von gegenüber ein bizarres Doppelleben? Ist die Frau mit dem Hund auf dem Schoß eine untergetauchte Whistleblowerin? Menschen zu beobachten ist keineswegs unverschämt, sondern das tägliche Brot vieler Schriftsteller und Autoren. Vielleicht inspiriert Sie Ihre Beobachtung sogar, selbst eine Geschichte zu Papier zu bringen.

Zweiter Blick

Die Filtermechanismen im Kopf zu überwinden ist nicht so leicht. Mit ein paar Tricks kann es jedoch gelingen:

1. Benennen Sie das Augenscheinlichste in einer Situation, also das, was Ihnen als Erstes ins Auge springt. Stellen Sie sich vor, es wäre nicht da. Was bliebe dann übrig?
2. Welcher Sinn wird gerade dominant angesprochen? Stellen Sie ihn ab, indem Sie sich zum Beispiel die Augen oder Ohren zuhalten. Was nehmen Sie jetzt wahr?
3. Identifizieren Sie in einer Situation diejenigen Details, die Sie für überflüssig halten und Ihnen am ehesten egal sind (das ist oft gar nicht so leicht, wie es klingt).
4. Identifizieren Sie in einer Situation das, was Ihnen am ehesten vertraut ist, und das, was Ihnen fremd ist.

Das Gedächtnis mischt mit

Im vorigen Kapitel haben Sie erfahren, wie durch Wahrnehmung oder Perzeption Gedankeninhalte in den Kopf gelangen. Diese Vorgänge bilden eine der wichtigsten Grundlagen für Inspiration, wie sie in Psychologie und Neurowissenschaft konzipiert ist, denn sie liefern die Rohmaterialien – unverzichtbare Elemente, aus denen Ideen geschmiedet werden.

Was passiert nun mit diesen Gedankeninhalten, sind sie erst mal im Kopf «angelangt»? Wie werden Inhalte gespeichert und wieder genutzt? Was ist Erinnerung? Kann ein Mensch von seinen gesammelten Eindrücken wirklich profitieren, und was kann man tun, damit wertvolle Beobachtungen und Eindrücke nicht dem Vergessen anheimfallen?

Jeder Mensch ist einzigartig. Inspiration nährt sich aus einem reichhaltigen und individuellen Schatz an Gedanken, Erinnerungen und persönlichen Erfahrungen. Diese Anregungen zu bewahren und für sich als nutzbar zu erhalten ist ein wichtiger Teil von Inspiration. Was nützen die kostbarsten Momente

> «Du bist ein Mashup von all dem, was du in dein Leben lässt. Du bist die Summe deiner Einflüsse.»[32]
>
> *Austin Kleon, Künstler*

und Anregungen, wenn wir keinen Zugang dazu haben, uns nicht an sie erinnern und sie nicht in unsere Überlegungen und Pläne einbinden können? Aber einen Gedanken festhalten, geht das denn so einfach?

Ein Verschiebebahnhof für Gedanken

Um zu begreifen, wie Inspiration – verstanden als das wechselseitige Zusammenwirken von Wahrnehmung, internen Gedanken und neuen Ideen – funktioniert, ist es wichtig zu verstehen, wie das Gedächtnis beschaffen ist. Hier laufen alle Vorstellungen und Empfindungen zusammen, werden eingeordnet, gehortet, zur Bildung neuer Gedankenverbindungen bereitgestellt oder aber eingeschlossen und gar gelöscht. Vergleicht man die Gedanken mit Güterzügen, die Informationen durch unsere geistige Welt befördern, so ist das Gedächtnis der Verschiebebahnhof oder – eine heute wohl eher gebräuchliche Analogie – das Logistikzentrum.

Im digitalen Zeitalter lag es offenbar nahe, das menschliche Gedächtnis wie einen computerähnlichen Speicher mit vielen Speicherplätzen und einer Art lebender Festplatte zu zeichnen. IT-Vergleiche finden sich auch heute noch häufig, wenn es um das Gedächtnis geht. Da ist von Kapazität, Arbeitsspeicher, von Konfiguration und Echtzeit die Rede. Tatsächlich ist die Leitstelle des Denkens weit mehr als das. Vor allem ist sie viel komplexer und dynamischer, als ein Computer es je sein könnte.

Um sich dem Phänomen zu nähern, muss man zunächst verstehen, dass das, was wir als Gedächtnis bezeichnen, ein abstraktes Modell oder Konzept ist. Im Gegensatz zur Lunge oder dem Herzen besitzen wir kein Organ, das «Gedächtnis» heißt. Zwar gibt es im Gehirn und im Nervensystem so etwas wie das physische Korrelat dazu, aber Gehirn und Gedächtnis gleichzusetzen wäre ein Fehler. Man kennt noch längst nicht alle Einzelheiten unseres hochkomplexen Gedankenverarbeitungssystems. Vor allem auf neuronaler Ebene gibt es verschiedene Erklärungsansätze, die lebhaft diskutiert werden.

Unser Gedächtnis ist eine faszinierende Sache. Eine detaillierte Betrachtung würde allerdings den Rahmen dieses Buches sprengen. Daher möchten wir im folgenden Kapitel einen kompakten Überblick geben und somit ein Grundverständnis vermitteln. Denn Gedächtnis, Wahrnehmung und das Erlebnis von Inspiration scheinen unmittelbar miteinander verbunden zu sein.

Was ist das Gedächtnis?

Unter Gedächtnis versteht man im neurologischen und psychologischen Sinne ein System zur Kodierung und Speicherung von – durch Wahrnehmung und Lernen – gewonnenen Informationen sowie zum späteren Abrufen und zur Reproduktion dieser Inhalte. Dabei verändert sich die neuronale Struktur durch jede gedankliche Bewegung.[33]

Als einer der Begründer der modernen Gedächtnisforschung sei an dieser Stelle der deutsche Psychologe Hermann Ebbinghaus erwähnt, der Ende des 19. Jahrhunderts im Selbstversuch vor allem Lern- und Merkprozesse erforschte. Er stellte fest, dass eine Wiederholung von Lerninhalten nachweislich zum besseren Behalten beiträgt und dass in den ersten Stunden nach Einprägen von Informationen der größte Gedächtnisverlust eintritt. Er schuf damit die Basis für spätere Theorien wie das in den 1960er Jahren von Richard Atkinson und Richard Shiffrin entwickelte Mehrspeichermodell, welches das Gedächtnis in die Untersysteme Langzeitgedächtnis, Kurzzeitgedächtnis und Ultrakurzzeitgedächtnis einteilte.[34]

Das Gehirn, jenes Organ, das dem Gedächtnis physisch zugeordnet wird, beherbergt etwa 100 Milliarden Nervenzellen, die Neuronen. Diese wiederum bestehen aus einem zentralen Zellkörper sowie einem länglichen Fortsatz, dem Axon, und bis zu 10 000 kleinen Verästelungen, den sogenannten Dendriten. Axone und Dendriten bilden Leitbahnen, die stimulierende Erregung innerhalb des weiten Geflechts von Nervenzellen weitergeben und somit unablässig Verknüpfungen und Bezüge herstellen. Als Synapse bezeichnet man eine am Dendriten befindliche Kontaktstelle, die einen Impuls von einer Nervenzelle zu einer anderen Zelle überträgt. Jeder neue Gedanke, aber auch jede körperliche Tätigkeit verändert die Neuronenstruktur, das Gehirn besitzt also eine enorme Plastizität.[35]

Was passiert im Gedächtnis?

Der Gedächtnisprozess lässt sich schematisch in drei Phasen unterteilen:
1. Einspeichern (man spricht auch von Enkodierung),
2. Verfestigen (auch Konsolidierung genannt) und
3. Abruf von Gedächtnisinhalten.

Einspeicherung oder Enkodierung von Gedächtnisinhalten

Die Informationsaufnahme findet zunächst über sensorische Reize statt, die über unsere Sinneskanäle – beispielsweise Augen, Ohren, Nase, Haut – auf uns einströmen und dann subjektiv interpretiert werden. Abschließend wird die neugewonnene Information als Gedächtnisspur abgespeichert. Wahrnehmung und Enkodierung finden also fast zeitgleich statt.

Das Einspeichern von Gedächtnisinhalten ist abhängig von der Aufmerksamkeit. Demnach wird das, was Beachtung findet, bewusst verarbeitet, was irrelevant erscheint, geht hingegen verloren oder wird unterbewusst gespeichert. Wissenschaftler sprechen von impliziten und expliziten Verarbeitungsprozessen.

Man geht heute davon aus, dass das Einspeichern erfolgt, indem neue, durch Wahrnehmung erworbene Informationen mit bereits vorhandenen Gedächtnisinhalten verglichen werden. Zeigen sich dabei neue Aspekte, so werden diese analysiert und mit ähnlichem, schon abgespeichertem Wissen in Beziehung gesetzt, also abgeglichen.

Diesen Vorgang bezeichnet man als Bindungsprozess (binding process). «Binding» bedeutet die Zusammenführung von Dingen, die zunächst lose nebeneinander existieren und die durch die Kombination mit anderem Reizmaterial einen Sinn erhalten. Der Neurophysiologe Wolf Singer entwickelte eine maßgebliche und vieldiskutierte Theorie, was dabei auf neuronaler Ebene geschieht. Singer geht davon aus, dass Oszillierungsprozesse in der Hirnrinde zu zeitgleichen Neuronenaktivierungen führen, wodurch neu eingespeicherte Inhalte mit bereits vorhandenen synchronisiert werden. Diese Prozesse vollziehen sich innerhalb sehr kurzer Zeit. Kommt es nachfolgend zu einer Festigung des neu erlangten Wissens, so spricht man von Konsolidierung.[36]

Festigung und Konsolidierung von Gedächtnisinhalten

Werden Gedächtnisinhalte nach dem Einspeichern für längere Zeit aufrechterhalten, nennt man diesen Vorgang also Konsolidierung oder Festigung. Ein in der Psychologie am häufigsten verwendetes Standardmodell der Konsolidierung stammt aus den 1970er Jahren und geht auf den Neurowissenschaftler David Marr zurück. Es wurde im Laufe der Zeit von anderen Neurowissenschaftlern immer wieder weiterentwickelt. Demnach geht man heute davon aus, dass bestimmte Gehirnteile im Bereich des *medialen Temporallappens* (abgekürzt MTL) und der Neokortex hierfür eine wichtige Rolle spielen. Der MTL beinhaltet neben der *Amygdala* und dem *Hippocampus* auch die sogenannten *rhinalen kortikalen Areale*, beim Neokortex handelt es sich um einen Teil der Großhirnrinde, der unter anderem für Sinneseindrücke, Bewegungen und Assoziation zuständig ist. Vermutlich werden während des Konsolidierungsprozesses Repräsentationen eines Reizes zunächst lose im Neokortex verteilt. Der MTL bildet dann etwas, was man als Koordinationsinstanz bezeichnen könnte: Er vereinigt diese Informationen zu zusammenhängenden Gedächtnisspuren, die dauerhaft im Neokortex gespeichert werden. Schätzungen über den zeitlichen Rahmen bewegen sich zwischen wenigen Minuten bis hin zu mehreren Wochen.

Für dauerhaftes Behalten spielt das Wiederholen – Wissenschaftler sprechen von einem *Replay* – von Inhalten eine wichtige Rolle. Sie erinnern sich bestimmt, wie Sie als Schüler oder Schülerin Vokabeln gebüffelt haben. Je öfter Sie sich die Worte vorgesagt haben, umso größer wurde die Chance, dass diese Begriffe bei einer späteren Klassenarbeit erinnert wurden. Dasselbe

Träumende Ratten

Werden im Schlaf Erlebnisse des Tages verarbeitet? Am MIT in Massachusetts wurde dazu im Jahr 2001 ein aufschlussreiches Experiment gemacht. Die Forscher setzten Ratten in einen ringförmigen Gang, in dem die Nager ständig im Kreis laufen konnten. Immer wenn die Tiere an bestimmten, markierten Positionen dieses Ganges vorbeikamen, maßen die Wissenschaftler die Hirnaktivität der Tiere, die an dem jeweiligen Ort einem regelmäßigen Muster folgte. So feuerte zum Beispiel Neuron 1 immer dann, wenn Position 1 passiert wurde, Neuron 2, wenn die Ratte Position 2 erreichte. Die Aktivitätsmuster wiederholten sich, da die Tiere ja im Kreis liefen. Später, als die Tiere schliefen, wurde dann die Aktivität dieser Zellen im Traum beobachtet. Es zeigte sich, dass die Erregungsmuster der träumenden Ratten hohe Ähnlichkeit hatten mit dem, was zuvor bei den wachen Tieren gemessen wurde. Zwar «liefen» die Ratten im Traum etwas langsamer, aber die Forscher kamen zu dem Schluss, dass die schlafenden Tiere das zuvor Erlebte erneut durchspielten und somit mental festigten.[38]

Phänomen kennen wir vom Einprägen einer neuen Geheimzahl für die EC-Karte.

Vieles spricht dafür, dass die Festigung von Gedächtnisinhalten zu großen Teilen im Schlaf stattfindet. Man geht heute davon aus, dass das Gehirn Aktivitätsmuster während des Schlafes erneut durchspielt und so die damit verbundenen neuronalen Verknüpfungen festigt.[37] Das berühmte Lateinbuch unterm Kopfkissen macht also durchaus Sinn, vorausgesetzt, man hat vorher auch tüchtig geübt.

Erinnerung und Abruf von Gedächtnisinhalten

Ob und wie ein Gedächtnisinhalt abgerufen wird, steht in engem Zusammenhang mit seiner Einspeicherung. Für Dinge, die wir als persönliche oder autobiographische Erinnerungen verarbeiten, spielt häufig die emotionale Verfassung beim Einspeichern sowie beim Abrufen eine wichtige Rolle. Ein Beispiel:

Ein Mann besucht nach einem eher unerfreulichen Zahnarztbesuch (sein Kiefer tut noch immer weh) zusammen mit seiner Lebensgefährtin ein Möbelhaus, denn ein neues Sofa soll ausgesucht werden. Eine Entscheidung kommt an diesem Nachmittag nicht zustande, aber als das Gespräch einige Tage später auf das Einrichtungshaus kommt, betont der Mann, dass er den Laden nicht mag und in Zukunft dort nicht mehr einzukaufen gedenkt. War das Angebot dort schlechter als bei der Konkurrenz? Die Antwort lautet: Nein. Der Ärmste hat sich dort einfach unwohl gefühlt, eine Folge der Zahnbehandlung. In seiner Erinnerung hat er jedoch abgespeichert: «Es macht keinen Spaß, dort einzukaufen. Und ein Sofa habe ich zudem auch nicht gefunden.»

Hätte das Paar den Einkauf auf den nächsten Tag verschoben, hätte das Geschäft sicher einen anderen Eindruck hinterlassen.

Unsere Erinnerungen und unser Wissen sind also durch unsere Gefühle und Assoziationen gefärbt.

Ein eindrucksvolles Beispiel liefert an dieser Selle der französische Autor Marcel Proust. In «Auf der Suche nach der verlorenen Zeit» wecken «die Wahrnehmung der ungleichen Fliesen, die Steifheit der Serviette, der Geschmack der Madeleine» beim Erzähler plötzliche Gedächtnisinhalte auf. Im Archiv des Erzählergedächtnisses befindet sich «die einfachste Geste, die einfachste Handlung wie in tausend undurchlässige Gefäße eingeschlossen, von denen jedes Objekte von absolut verschiedener Farbe, Duftbeschaffenheit und Temperatur enthält».[39] Im Aufleuchten der Erinnerung, provoziert durch eine sinnliche Wahrnehmung, erkennt der Erzähler spontan in einem Inspirationserlebnis das Wesen wieder, «das ich zuvor gewesen war», weil es ihm «außerzeitlich wurde und daher den Wechselfällen der Zukunft unbesorgt gegenüberstand. Nur außerhalb des Handelns und unmittelbaren Genießens war dieses Wesen zu mir gekommen, hatte es sich manifestiert, sooft das Wunder einer Analogie mich der Gegenwart enthob.»[40]

Erinnerungen aus dem Gedächtnis werden besser abrufbar, wenn die äußeren Umstände beim Einspeichern und Abrufen einander ähneln. Sie erkennen zum Beispiel eine Arbeitskollegin innerhalb Ihres Arbeitsumfeldes sofort. Würde dieselbe Frau in einer Fernsehshow als Löwenbändigerin auftreten, würde es eventuell einige Sekunden dauern, bis Sie feststellten: «Mensch, das ist ja Frau Wiechmann!»

Zudem spielt die Verarbeitungstiefe eine wichtige Rolle. Setzt man sich mit einer Tatsache gründlicher auseinander, so wird sie später eher erinnert als bei einer oberflächlichen Betrachtung.

Erinnerung kann durch gezieltes Überlegen herbeigeführt oder durch einen bestimmten Auslöser provoziert werden. Manchmal tauchen Erinnerungen aber auch ganz von selbst auf. Die Assoziation spielt eine wichtige Rolle beim spontanen Abrufen von Gedächtnisinhalten. Darunter versteht man die Verknüpfung mentaler Inhalte, wie etwa den Gedanken an Schmerz und den Anblick einer Injektionsspritze.

Das Erkennen – zum Beispiel von Gesichtern – ist ebenfalls eine wichtige Form des Abrufens, ebenso wie die Suche nach gespeichertem Wissen («Wie heißen die ersten zehn Primzahlen?» oder «Wo hab ich mein Ladekabel für das Handy hingelegt?»).

Das Einprägen und Abrufen von Informationen spielt in der Pädagogik eine große Rolle. Lehrer beschäftigen sich sehr viel damit, wie Wissen erhalten werden kann. Vieles spricht dafür, dass die Kombination von verschiedenen Sinneseindrücken beim Einspeichern ein späteres Erinnern begünstigt. Die Psychotherapeuten Claudia Oehler und Armin Born beschäftigen sich seit Jahren mit dem Lernverhalten von ADS-Kindern (ADS steht für Aufmerksamkeitsdefizit-Störung.)
Ihr Fazit: Die Erinnerungswahrscheinlichkeit für etwas Gehörtes ist fast doppelt so hoch, wenn die akustische Quelle um einen visuellen Eindruck ergänzt wird. Wird das neue Wissen schließlich noch einer anderen Person erklärt, steigt die Chance auf ein dauerhaftes Erinnern nochmals erheblich. Eine mögliche Erklärung bietet die im Text erwähnte Verarbeitungstiefe, die vermutlich für festere Verknüpfungen auf neuronaler Ebene sorgt.[41]

Unser Gedächtnis beherbergt einen großen Teil der Informationen, die in unsere Ideen einfließen. Es bildet den Nährboden für Inspiration. Und es unterliegt ständiger Veränderung. Zudem werden dort nicht nur «harte» Fakten wie der Name des aktuellen Papstes oder die Öffnungszeiten der örtlichen Bücherei archiviert, sondern auch sehr emotionale Eindrücke oder schwer greifbare Ahnungen wie zum Beispiel die Angst vor dem Nachbarshund oder etwa das diffuse, unangenehme Bauchgefühl beim nächtlichen Gang durch ein verlassenes Parkhaus. Alles, was ein Mensch im Leben erfahren hat und was ihn an Gedanken begleitet, landet hier. Man sagt: «Es ist mir im Gedächtnis haftengeblieben.» Oder: «Es wurde mir ins Gedächtnis gebrannt.» Natürlich bleibt nicht alles, was seinen Weg einmal ins Gedächtnis gefunden hat, auf alle Ewigkeit dort. Auch das Vergessen kann im weitesten Sinne als wichtige Gedächtnisleistung betrachtet werden, denn es hilft uns, den Kopf «frei zu bekommen» und empfänglich für Neues zu bleiben.

Gedächtnistypen

Das Gedächtnis ist nicht nur für das Aufbewahren von Langzeiterinnerungen zuständig. Im Gegenteil: Der größte Teil der Reize und Gedanken, die das Gedächtnis passieren, verschwindet innerhalb kürzester Zeit wieder. Daher teilt man das Gedächtnis in verschiedene Gedächtnistypen ein:

Das **Ultrakurzzeitgedächtnis** (auch Ultrakurzzeitspeicher oder sensorisches Gedächtnis genannt) speichert für einen winzigen Zeitraum eine große Anzahl von Informationen aus der Wahrnehmung (Bewegungen, Farben, Geräusche etc.). Dies geschieht oft knapp an der Bewusstseinsgrenze, meist bewegt sich die Zeitspanne je nach Sinneseindruck zwischen Sekundenbruchteilen bis hin zu wenigen Sekunden. So lösen sich visuelle Eindrücke bereits nach etwa 15 Millisekunden auf, Gehörtes hingegen wird ungefähr zwei Sekunden lang gespeichert.[42] Das Ultrakurzzeitgedächtnis ermöglicht es, Handlungen oder Gespräche zu verfolgen, aber auch auf motorische Abläufe zu reagieren, zum Beispiel beim Autofahren. Eine Möglichkeit, Informationen vor dem Zerfall zu retten, besteht darin, die Aufmerksamkeit gezielt darauf zu richten. Geschieht dies, so werden die Gedanken genauer analysiert und eine entsprechende Gedächtnisspur angelegt.[43]

Auf das Beispiel des Autofahrens bezogen bedeutet es, dass von den vielen Eindrücken, die wahrgenommen werden, diejenigen gezielt bearbeitet werden, die in der Situation eine Reaktion einfordern – zum Beispiel eine Ampel oder ein Verkehrsschild. Man könnte daher das Ultrakurzzeitgedächtnis auch als Schwelle zur bewussten Wahrnehmung oder Pforte zum Arbeitsgedächtnis verstehen.

Wie fühlen Sie sich, wenn Sie inspiriert sind?

«:-) Happy, mit kritischer Überprüfung, dann versuche ich sofort alles zu dokumentieren, weil es 5 Minuten später wieder weg sein kann.»

Adele Kurdziel, Tontechnikerin

Werden Gedanken und Information aktiv bearbeitet, so ist das **Arbeitsgedächtnis** dafür zuständig. Es umfasst eine Zeitspanne von einigen Sekunden bis hin zu mehreren Minuten. Es ist unser «Hier-und-Jetzt-Gedächtnis», denn es ermöglicht das bewusste Festhalten von mehreren Umweltinformationen gleichzeitig. Das Arbeitsgedächtnis ist nötig, um die Umgebung zu verstehen und davon ausgehend mentale Repräsentationen, also Gedankenspuren, abzuleiten. Damit ein Eindruck uns bewusst erreicht und somit inspirierend sein kann, muss er also erst mal den Weg in das Arbeitsgedächtnis finden.

Der Begriff geht zurück auf den englischen Psychologen Alan Baddeley, der dieses Gedächtnismodell als Weiterführung der bis dahin geläufigen Theorie des Kurzzeitgedächtnisses entwickelte. Man ging davon aus, dass visuelle Eindrücke und phonologische Codes (gemeint sind Dinge, die in sprachlicher Form wiedergegeben werden können, zum Beispiel ein Name oder eine Telefonnummer) zunächst zwischengespeichert, dann in einem aktiven Prozess weiterbearbeitet und von einer übergeordneten Kontrollinstanz mit bereits abgespeicherten Gedächtnisinhalten verglichen werden. Dieses Modell wird inzwischen von immer mehr

Wie funktioniert Inspiration?

Wissenschaftlern kritisiert, da es nur die Sinnesmodalitäten Hören und Sehen einschließt. Ein Mensch erfasst jedoch sehr viel mehr von seiner Umwelt, Wahrnehmung findet auf vielen Kanälen statt, und längst nicht alle Eindrücke sind in Worten oder Bildern erfassbar.[44]

Eine neuere und mittlerweile vielbeachtete Theorie stammt von dem amerikanischen Psychologen Nelson Cowan. Er nennt seinen Ansatz *Embedded-Processes-Model*, was frei übersetzt so viel bedeutet wie *Modell der eingegliederten Prozesse*.

Kern dieser Theorie ist folgende Aussage: Beim bewussten Nachdenken (zum Beispiel beim Lösen einer Rechenaufgabe) sowie beim Verarbeiten von Umweltreizen werden zeitgleich Einträge aus dem Langzeitgedächtnis aktiviert und verfügbar gemacht. Diese alten Gedächtnisinhalte – durch neue Reize belebt – geraten in den Fokus der Aufmerksamkeit und helfen so, die aktuelle Aufgabe zu lösen oder neue Eindrücke zu verarbeiten. Dies kann gezielt passieren, es kann aber auch zu einer Verarbeitung jenseits der aktuellen Aufmerksamkeit kommen. Eine zentrale Kontrollinstanz koordiniert die Verarbeitung und lenkt die Aufmerksamkeit kontinuierlich auf das, was relevant erscheint.

Betrachtet man den Ansatz des *Embedded-Processes-Model* unter dem Aspekt der Inspiration, also des Zusammenspiels von äußeren Reizen und mentalen Schaffensprozessen, so offenbart sich der große Charme dieser Theorie für das Konzept Inspiration. Das Modell könnte erklären, warum die Konfrontation mit einem bestimmten Reiz oder Stimulus in uns eine wahre Kaskade an

> «Listen! This is my hard drive, and it only makes sense, to put things in there that are useful. Really useful. Ordinary people fill their heads with all kind of rubbish. And that makes it so hard to get at the stuff that matters. Do you see?»
>
> *Benedict Cumberbatch als Sherlock Holmes (aus der britischen TV-Serie «Sherlock – The Great Game»)*

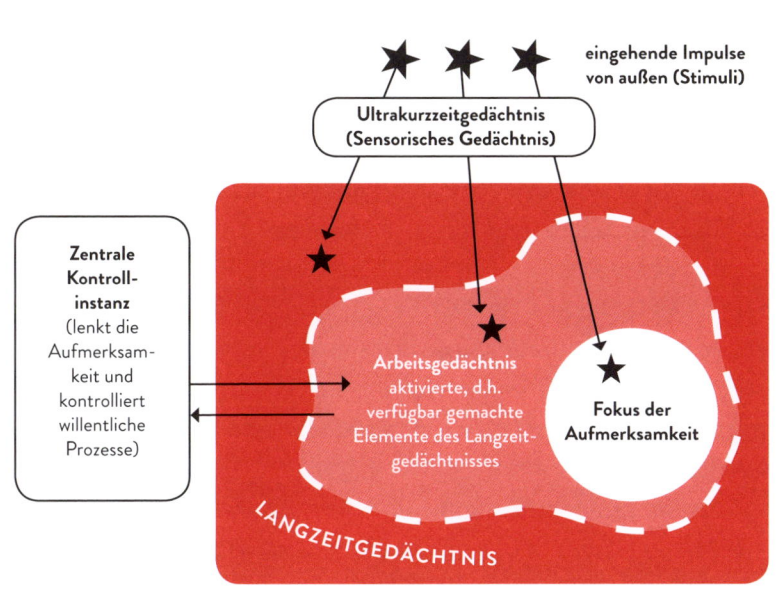

Schematische Darstellung des Embedded-Processes-Model

Assoziationen und Gedankenspielen auslöst. Das Arbeitsgedächtnis stellt die Verbindung zwischen alten und neuen Gedanken her und setzt diese in Beziehung. Es nimmt bei Inspirationsprozessen möglicherweise eine zentrale Rolle ein.

Vor dem Hintergrund dieses Modells leuchtet dann auch ein, warum der Sprung von «fast schon vergessen» zu «völlig präsent» so unvermittelt stattfinden kann wie ein aufleuchtender Blitz. Und schließlich unterstreicht die Theorie die Tatsache, dass unser Gedächtnis ein dynamisches und sich ständig veränderndes Konstrukt ist, das sich mit Hilfe unserer nach innen und nach außen gerichteten Aufmerksamkeit stets weiterentwickelt.

Werden Erinnerungen oder Wissensinhalte langfristiger abgespeichert, so spricht man vom **Langzeitgedächtnis**. Hier lagern Informationen, die über Stunden, Tage, zum Teil auch ein Leben lang abrufbar bleiben.[45] Einige Informationen, die im Langzeitgedächtnis liegen, sind allerdings so gut verstaut, dass wir sie nicht auf Anhieb finden können. Das kann man sich so ähnlich vorstellen wie einen Lagerraum, in dem Dinge, die häufig gebraucht werden, griffbereit am Eingang liegen (bei einem Heimwerker läge da beispielsweise die Bohrmaschine), selten Genutztes jedoch irgendwo in den hinteren Regalen verstaut wird. Durch gezieltes Suchen sind diese Dinge dann meist auch auffindbar, sie fallen einem jedoch selten von selbst in die Hände.

Werden Gedächtnisinhalte aus dem Langzeitgedächtnis neuerlich aufgerufen, so gelangen sie in das bewusste «Blickfeld» des Arbeitsgedächtnisses und werden dort abermals verarbeitet. Geschieht das häufiger, so festigen sich diese Gedankenstrukturen, es findet eine Konsolidierung statt.[46] Sie können das beobachten, wenn Sie zum Beispiel Ihre Sprachkenntnisse aus der Schulzeit auffrischen. Waren Sie der Meinung, kein Wort Französisch mehr zu sprechen, so stellen Sie nach einigen Übungen fest, dass Sie noch eine ganze Menge an Vokabeln und Wortwendungen parat haben. Sie erinnern sich an Begriffe, die Sie vergessen glaubten. Auf neuronaler Ebene bedeutet es, dass bereits angelegte Strukturen gestärkt und weiter ausgebaut werden.

Durch Wiederholung werden jedoch nicht nur Inhalte aus dem Langzeitgedächtnis frisch gehalten, auch die Übertragung vom Arbeitsgedächtnis funktioniert in der Regel so. Das gilt nicht nur für das Pauken von Vokabeln. Wer etwa immer wieder alte Vorurteile oder Ressentiments heraufbeschwört, zementiert so diese Gedanken ebenfalls.

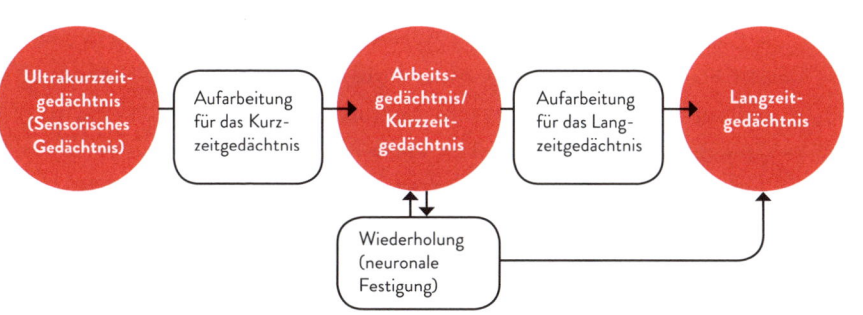

Schematische Darstellung der Gedächtnistypen: Durch Wiederholung werden Gedächtnisinhalte gefestigt und schließlich langfristig abgelegt.

Unfassbare Gedanken

Hatten Sie schon einmal Zahnschmerzen? Wie binden Sie eine Schleife? Erinnern Sie sich an die Familie Ihres besten Schulfreundes? Zucken Sie beim Anblick einer Spinne vor Schreck zusammen? Wie fühlt sich Wasser an? Wie viele Bundesstaaten vereinigt die USA?

Das Wissen, das in unserem Kopf gespeichert ist, könnte unterschiedlicher nicht sein. Manches davon lässt sich in Worten benennen, als Bild visualisieren oder auf andere Art willentlich aufrufen. Andere Gedächtnisinhalte hingegen sind bewusst nicht fassbar, der Abruf geschieht spontan und wird in der Regel nicht willentlich gelenkt. Der kanadische Gedächtnisforscher Endel Tulving unterteilte daher das Langzeitgedächtnis in ein *explizites Gedächtnis* und ein *implizites Gedächtnis.* Im expliziten Gedächtnis lagern Dinge wie etwa persönliche Erlebnisse, Weltwissen,

Faktenwissen und Sprache. Das implizite Gedächtnis hingegen umfasst unter anderem motorische Fähigkeiten wie das Fahrradfahren oder das Schwimmen, die klassische Konditionierung (darunter versteht man ein antrainiertes Reaktionsverhalten) und auch die Gewöhnung an Reize (Habituation).[47]

Meist sind es die Inhalte des *expliziten Gedächtnisses*, die im Allgemeinen mit dem Gedächtnis in Verbindung gebracht werden. Dinge wie Gehirnjogging, Gedächtnistraining oder Übungen zur Merkfähigkeit haben in den letzten Jahren einen beträchtlichen Stellenwert erlangt. Unser Kopf umfasst jedoch eine riesige Anzahl von unbewussten Informationen, Dinge, die wir empfinden oder die uns prägen, die wir willentlich nicht fassen können. Diese Gedankenmuster fließen – ebenso wie unsere bewussten Vorstellungen – in unsere Betrachtungen, Überlegungen und Bewertungen ein und beeinflussen unser Denken maßgeblich. Wer sich dem Phänomen der Inspiration auf Basis der Psychologie nähert, sollte sich diese Tatsache unbedingt bewusst machen.

Gedächtnis und Inspiration – aus Gedanken entstehen Ideen

Wer neue Erfahrungen macht, setzt sie immer mit bereits vorhandenem Wissen in Bezug. Nur so ist es möglich, Dinge zu erkennen, zu bewerten und einzuordnen. Inspiration findet statt, wenn frische Impulse von außen auf bereits vorhandene Gedächtnisinhalte treffen. Doch das Gedächtnis verändert sich ständig. Manche Gedanken sind flüchtig, andere begleiten uns ein Leben lang. Wir erinnern uns an Gerüche, an mathematische Formeln oder an das Gesicht eines Schulfreundes. All das sind Dinge, die in unsere Einfälle einfließen können. Wer Inspiration finden will, sollte begreifen, dass unsere innere Welt auf die Entstehung neuer Ideen ebenso viel Einfluss hat wie die äußere. Das Gedächtnis ist ein Schatz, den es zu pflegen gilt. Wer neugierig beobachtet, Erinnerungen bewahrt und wichtige Momente verinnerlicht, schafft eine gute Grundlage für inspirierende Erlebnisse.

Im Kopf – Musenküsse für den Eigenbedarf

Betrachtet man das Gedächtnis, seine Komplexität und seine unglaubliche Fähigkeit zur Wandlung und Entwicklung, so wird klar, wie kostbar und einzigartig es ist. In einem alten Volkslied heißt es: «Die Gedanken sind frei!» Und ja: Die innere Welt, die wir in uns tragen – von solch intimer und persönlicher Prägung –, ist unser engster Weggefährte, Berater und Begleiter. Unsere Gedanken bedingen zugleich die Wahrnehmung der äußeren Welt stets und ständig. Eine Inspiration oder ein Geistesblitz kann niemals losgelöst von der eigenen Gedankenwelt betrachtet werden. Unser Kopf braucht Anregungen und Denkanstöße. Ein inspirierendes Erlebnis vermag dabei ebenso wie ein klassischer Lernprozess neue Strukturen des Denkens anzulegen und die Gedankenwelt zu verändern.

> Die Gedanken sind frei!
> Wer kann sie erraten?
> Sie fliegen vorbei
> wie nächtliche Schatten.
> Kein Mensch kann sie wissen,
> kein Jäger erschießen,
> es bleibet dabei:
> Die Gedanken sind frei!
>
> *Deutsches Volkslied*

Gedankliche Vorbereitung und Inspiration

Vergegenwärtigen Sie sich bitte noch einmal, was Sie über das Arbeitsgedächtnis gelesen haben: Das Arbeitsgedächtnis hält alle diejenigen Inhalte parat, die aktuell aktiv verarbeitet werden. Man könnte sagen, es gehört auf der Verfügbarkeitsebene zu den schnellsten Anbietern. Außerdem sind Gedächtnisinhalte, die erst kürzlich abgespeichert, bearbeitet oder abgerufen wurden, in der Regel eher greifbar als Dinge, die lange nicht erinnert wurden.

Es liegt also der Schluss nahe, dass die Verfügbarkeit von Gedächtnisinhalten und deren Einbindung in neue Gedanken, Ideen oder Einfälle in einem zeitlichen Zusammenhang stehen können.

Haben Sie sich beispielsweise kürzlich mit einem bestimmten Sachverhalt oder einer Problemstellung beschäftigt und bekommen nun aus anderer Quelle neue Anregungen – zum Beispiel durch ein Gespräch, einen Zeitungsartikel oder eine persönliche Beobachtung –, so wird der Kopf vermutlich zuerst die neuen Informationen mit den Gedanken in Verbindung bringen, die Ihnen sowieso gerade im Kopf herumschwirren. Das klingt profan, ist es aber nicht. Denn es bedeutet, dass wir durchaus einen Einfluss darauf haben, wie interne Gedanken und äußere Reize aufeinandertreffen und dadurch zu etwas Neuem verbunden werden.

Das Timing, die zeitliche Abfolge, ist also durchaus entscheidend, wenn es darum geht, zu welchen internen Gedanken und Fragestellungen äußere Reizeinflüsse in Bezug gesetzt werden.

Ein Beispiel: Eine Frau spielt mit dem Gedanken, sich beruflich zu verändern, da die Tätigkeit in einem Großkonzern sie nicht mehr ausfüllt. Sie hat bereits darüber nachgedacht, welche Aspekte der neuen Tätigkeit für sie wichtig wären (Vereinbarkeit von Job und Familie, Unabhängigkeit, flexible Arbeitszeit, Freude an der Arbeit). Ihre Gedanken kreisen nun immer wieder mal um das Thema, aber eine konkrete Idee hatte sie bisher noch nicht. Auf einer Veranstaltung plaudert sie mit einem Autor, der Kurse für kreatives Schreiben unterrichtet und vor kurzem seine Lebenspartnerin geheiratet hat. Etwas neidvoll lauscht sie den Ausführungen über seinen Beruf und denkt in etwa: «Das klingt spannend, aber Schreiben war noch nie meine Stärke. Schade eigentlich.»

Als sie später im Bett liegt und das Gespräch noch einmal Revue passieren lässt, kommt ihr in den Sinn, dass der Mann von seiner Hochzeitsfeier geschwärmt hatte, aber auch über die zeitraubenden Vorbereitungen für das große Fest gestöhnt hatte. Sie erinnert sich plötzlich daran, dass sie selbst viele Veranstaltungen für ihr Unternehmen organisiert und durchgeführt hat und darin erfolgreich war. Ihr fällt ein, dass es in ihrem Bekanntenkreis einige Paare gibt, die in nächster Zeit eine Zeremonie planen. In den nächsten Tagen recherchiert sie zu dem Thema und stellt fest, dass sie mit einem Geschäftsmodell, das Veranstaltungen und außergewöhnliche Hochzeiten plant, gut aufgestellt wäre und dass sie bereits über einige gute Kontakte zu entsprechenden Dienstleistern verfügt. Sie zieht erstmals in Erwägung, diesen neuen Weg einzuschlagen.

Betrachtet man die Zusammenhänge von mentaler Vorbereitung (im obigen Beispiel hatte sich die Frau gezielt mit ihrem Wunsch nach einem neuen Beruf auseinandergesetzt) und der zufälligen Begegnung mit einem neuen Impuls (in dem Fall der Autor, der von der Hochzeit erzählt), so stellt sich die Frage: Kann man eine solche Verbindung auch gezielt herbeiführen?

Die Behauptung hier ist: Ja. Natürlich wissen wir nie genau welche Anregungen und Reize die Umwelt anbieten wird. Wir haben aber einen Einfluss darauf, welche internen Gedanken durch äußere Einflüsse stimuliert werden. Die gedankliche Vorbereitung ist dabei vermutlich ein sehr wichtiger Schritt. Es scheint tatsächlich möglich, Inspiration für bestimmte Fra-

«Es ist wahrscheinlich nicht so einfach, Inspiration ‹heraufzubeschwören›, doch es hilft mir sehr, mich an positive Erfahrungen der Vergangenheit und das damit verbundene Gefühl zu erinnern.»

Anja Haberlandner,
Assistenzärztin für
Kinder- und Jugend-
psychiatrie und -psycho-
therapie

gestellungen oder Aufgaben zu forcieren, wenn man sich diese Themen im Vorfeld ins Gedächtnis ruft.

Für welche Bereiche oder Tätigkeit(en) in ihrem Leben brauchen / suchen Sie Inspiration?

«Die Gestaltung meiner Wohnung und meines dauernden Lebensumfeldes ist mir wichtig. Harmonisch soll sie sein, und mich erfreuen, das inspiriert dann ja auch wieder.»

Adele Kurdziel, Tontechnikerin

«Wann immer man mit Menschen tun hat, insbesondere in der Erziehung der Kinder.»

C. D., Praxismanagerin

«Sowohl im beruflichen als auch im privaten Bereich, immer wenn es um die Lösung von Konflikten geht.»

Dietmar Reiprich, Richter

«Ich bin abhängig von der Gewohnheit wie der Gewissheit des Alltäglichen und brauche die Abwechslung / das Neue als Salz in der Suppe für meine Seele.»

*Hans-Klaus Etspüler, FA für Innere Medizin,
Psychosomatische Medizin und Psychotherapie*

«In festgefahrenen Situationen, bei denen Alternativen fehlen (z. B. im Umgang mit Kindern) oder bei der Alltagsgestaltung.»

Angela, Grundschullehrerin

«Wenn ich Reden vorbereite und Vorträge halte.»

Eva Högl, Bundestagsabgeordnete

Das analytische und bewusste Herangehen an einen Sachverhalt oder an ein Problem wird auch als *Briefing* bezeichnet. Der Begriff stammt ursprünglich aus dem Militärjargon und bezeichnete die Lagebesprechung, bei der die Tagesbefehle ausgegeben wurden. Ein Briefing hat die Aufgabe, ein Problem oder eine Situation knapp, jedoch genau zu analysieren, die Lösung aber zunächst offenzulassen. Für Inspirationsprozesse kann ein Briefing hilfreich sein, wenn es darum geht, Gedanken gezielt verfügbar zu machen und somit für weitere Verknüpfungen, Ideen und Entwicklungen bereitzustellen. Wer also mit einem Sachverhalt «schwanger geht», hat große Chancen, dass neue Impulse auf die aktuellen Themen treffen und so damit in Verbindung gebracht werden. Es scheint also Sinn zu machen, sich mit der Frage auseinanderzusetzen: «Wofür wünsche ich mir Inspiration?»

Über das (nicht) Vergessen

Wenn ein Mensch nicht vergessen könnte, wäre das Leben ziemlich unerträglich. Kein Liebeskummer würde je vorbeigehen, kein Streit sich schlichten. Wir hätten den Kopf voller alter Fernsehnachrichten, belanglosem Geplapper und Dingen, die uns schon lange nicht mehr interessieren. Obwohl der Prozess des Vergessens im allgemeinen Sprachgebrauch eine eher negative Konnotation hat, ist es aus Sicht der Gedächtnisforschung ein wichtiger Vorgang, denn er hilft dabei, mit der begrenzten Kapazität des kognitiven Systems umzugehen.

Es gibt allerdings auch Dinge, die man in Gedanken festhalten möchte. Wie beschrieben, verhindert das Erinnern oder Wiederholen von Gedächtnisinhalten, dass diese Dinge in Vergessenheit geraten. Aus neurologischer Sicht spielen sich beim Erinnern ähnliche Prozesse ab wie beim Wiederholen – beispielsweise von Wortlisten –, denn das erneute Abrufen verstärkt bereits bestehende Gedächtnisspuren. Folgt man dieser Tatsache, so wird klar, dass wir uns Dinge in der Regel am ehesten gegenwärtig halten können, indem wir an sie denken.

Nun stellt sich die Frage: Was gibt es an Erinnerungen, an früheren Denkanstößen, aber auch an aktuellen Impulsen und neuen spannenden Eindrücken, die es festzuhalten lohnt? Gibt es Dinge, die Sie vor dem Vergessen bewahren möchten? Das ist eine sehr persönliche Frage. Jeder Mensch hat andere «Schätze», die es zu bewahren gilt. Ob ein Erlebnis oder ein Eindruck wertvoll ist, liegt ganz im Auge des Betrachters. Es ist allerdings für die eigene Inspiration ein wichtiger Schritt, darüber nachzudenken. Haben Sie heute, gestern oder in den letzten Tagen etwas erlebt, was Sie als Impuls oder Denkanstoß bewerten würden oder einfach gerne erinnern möchten? Wie sahen die letzten Tage generell aus? An dieser Stelle soll auf keinen Fall der Eindruck erweckt werden, dass das Leben ausnahmslos aus besonders intensiven und auf-sehenerregenden Ereignissen bestehen sollte. Wir erleben nicht jeden Tag das große Abenteuer. Aber die schlichte Frage «An welches meiner Erlebnisse möchte ich mich später erinnern kön-nen?» gibt doch Aufschluss darüber, ob Sie sich in Ihrem Umfeld inspiriert fühlen.

Sammelleidenschaften

Die meisten Erinnerungen kommen einem in den Sinn, wenn sie durch etwas anderes ausgelöst werden. Das ist der Grund, warum Fotoalben niemals aus der Mode kommen werden. Es macht einfach Freude, Bilder von längst vergangenen Momenten zu betrachten und die Situation noch einmal lebendig werden zu lassen. Manchmal lösen diese Erinnerungen starke Gefühle aus. So kann es vorkommen, dass man beim Lesen eines alten Briefes Tränen in die Augen bekommt oder in schallendes Lachen aus-bricht. Oft lösen Bilder, Schriftstücke aber auch Gegenstände oder Gespräche Erinnerungen an Dinge aus, die man schon lange vergessen glaubte. Ohne einen äußeren Anreiz, beispielsweise ein Foto oder eine alte Notiz, würde man sich nicht erinnern. Daher macht es Sinn, sich ein persönliches Archiv anzulegen. Darin finden nicht nur Dinge aus der Vergangenheit ihren Platz. Eine Sammlung ermöglicht es auch, aktuelle Eindrücke zu bewahren und in zukünftige Gedankengänge einzubinden. Wie ein Erinnerungsarchiv aussieht, ist jedem überlassen. Es sollte sich vielleicht in Ihre Lebensgewohnheiten einfügen und so gestaltet sein, dass Sie es gerne anschauen. Ein paar Beispiele:

Die Reminder-Box

Wer gerne Zeitungsartikel ausschneidet, Fotos in Händen hält und Notizen mit der Hand schreibt, wäre mit einer Reminder-Box gut bedient. Legen Sie alles ab, was Ihnen erhaltenswert erscheint. Es ist nicht zwingend wichtig, dass die Dinge schön aussehen, der Erinnerungswert ist entscheidend. Faltkarton, Schublade oder Pappkoffer eignen sich gut zum Verstauen. Benutzen Sie das Behältnis ausschließlich für diesen Zweck und gewähren Sie anderen nicht unbedingt Einblick in Ihre Sammlung. Sie ist zuallererst allein für Ihre Augen bestimmt, ähnlich wie ein Tagebuch.

Notizbücher und Tagebücher

Wer gerne schreibt, für den sind Notizbücher wunderbar. Kaum ein Journalist oder Autor kommt ohne ein solches Hilfsmittel aus. Besonders nützlich macht sich solch ein Büchlein, wenn es stets verfügbar ist. Es sollte also in die Tasche passen. Der Vorteil von Notizbüchern liegt darin, dass man ohne großen technischen Aufwand Beobachtungen, Gedächtnisstützen und Gedanken direkt am Ort des Geschehens festhalten kann. In einem «analogen» Buch können Sie außerdem Sachen verwahren oder kleine Skizzen anfertigen.

Manche Menschen führen Tagebuch. Auch das ist eine gute Möglichkeit, Eindrücke zu bewahren. Wer etwas aufschreibt und das Geschehene auf diese Weise Revue passieren lässt, verarbeitet zudem seine Erlebnisse.

Digitale Sammlungen

Mobile Geräte bieten heute ebenfalls viele Möglichkeiten, Eindrücke festzuhalten. Es gibt zahlreiche Apps, die ein Notizbuch weitgehend ersetzen. Dabei können neben handschriftlichen Anmerkungen auch Fotos und Videos festgehalten werden. Wichtig ist es, die digitale Sammlung nach Möglichkeit so anzulegen, dass Sie gut darin stöbern können.

Die Schranktür

Manche Menschen hängen gerne Sachen an die Wand. Das hat den Vorteil, dass man das Gesammelte sehr häufig zu Gesicht bekommt. Um die Sammlung dennoch vor fremden Blicken zu schützen, bietet sich die Innenseite einer Schranktür an. Hier können zum Beispiel Post-its oder Bilder ihren Platz finden. Ist der Platz erschöpft, hilft die Schachtel. Die Schrank-Methode ist großartig, weil sie auf einen Blick eine Übersicht über aktuelle Themen und Gedanken vermittelt.

Egal wie Sie Ihr Archiv anlegen, ob als Karteikartensammlung, als Sammelalbum oder als Ordner auf Ihrem PC, wichtig ist es, dass Sie sich immer mal wieder anschauen, was dort abgelegt wurde. Warum erschienen Ihnen diese Dinge wichtig? Sind sie es noch immer? Was hat sich geändert? Welche Assoziationen lösen die Aufzeichnungen heute in Ihnen aus? Kommt Ihnen beim Betrachten Ihrer Sammlung ein Gedanke, den Sie gerne festhalten möchten?

Kein Ei gleicht dem anderen

Unser Gehirn legt bei jedem Eintrag in das Langzeitgedächtnis dauerhafte Gedächtnisspuren an. Diese Gedankenmuster dienen dem späteren Erkennen und Bewerten von Beobachtungen und sind bei jedem Menschen verschieden. Die Einzigartigkeit im Wesen eines Menschen zeichnet sich durch seine persönliche Gedankenwelt aus. Wie unterschiedlich jeder Mensch seine Umwelt interpretiert, lässt sich mit einem einfachen Experiment verdeutlichen:

Sie benötigen für diesen Test mehrere Personen. Eine gute Gelegenheit ist zum Beispiel ein gemeinsames Essen in der Familie oder mit Freunden. Bitten Sie alle Anwesenden, für 30 Sekunden die Augen zu schließen und an den Begriff «Ei» zu denken und sich ein Ei vor das geistige Auge zu holen. Anschließend bitten Sie alle beteiligten, ihr «Ei» zu beschreiben. Sie werden erstaunt sein, wie unterschiedlich selbst ein eher variationsarmes Objekt wie das Ei imaginiert wird. Sie können das Experiment auch mit den Begriffen «Tisch» oder «Haus» durchführen.

Unter dem Gesichtspunkt der Inspiration ist diese Übung recht aufschlussreich, denn sie macht deutlich, wie einzigartig Ihre Assoziationen sind. Jeder Auslöser (hier die Nennung des Wortes «Ei») weckt in Ihren Gedanken Vorstellungen, die außer Ihnen kein anderer Mensch exakt so haben könnte. Natürlich gibt es stereotype Bilder und Vorstellungen, aber bei genauerem Hinschauen werden Sie immer einen Unterschied feststellen.

Mentale Vorbereitung via Mind-Map

Die mentale Vorbereitung kann großen Einfluss auf ein Inspirationserlebnis haben. Es geht nicht zuletzt darum, sich gegenwärtig zu machen, für welche Fragestellungen oder Themen eine Anregung willkommen wäre. Egal ob Sie eine Skulptur erstellen möchten, ein Thema für eine Promotionsarbeit suchen, den Job wechseln wollen oder Ärger in der Partnerschaft haben, ein äußerer Wink könnte hierfür hilfreiche Einfälle bringen.

Eine schöne Übung für größere Projekte ist diese:

Nehmen Sie sich ein Blatt Papier und zeichnen Sie eine Mind-Map zu Ihrem Thema. Hätten Sie beispielsweise den Wunsch, beim Kochen in Zukunft neue Wege einzuschlagen, so schreiben Sie alle Gedanken auf, die Ihnen zu dem Wort «Kochen» kommen, und verbinden Sie diese anschließend über einen Strukturbaum zu sinnfälligen Themenbereichen. Es kann hilfreich sein, sich dabei an den W-Fragen zu orientieren: **Was** kann man kochen, **wie** kann man kochen, **wo** und **wann** kann gekocht werden, **warum** ist Ihnen kochen wichtig usw.

Wer mit der Technik des Mind-Mappings nicht vertraut ist, findet im Internet zahlreiche Anleitungen und Hilfestellungen dazu. Wichtig ist, dass Ihre Mind-Map eine mögliche Lösung zunächst völlig offenlässt. Es geht nur darum, verwandte Assoziationsgebiete zu benennen und somit Wege zu bahnen für gedankliche Verknüpfungen.

Sicher hat Ihr Mobiltelefon eine Erinnerungsfunktion. Erstellen Sie sich alle zwei bis drei Tage einen Termin, um sich Ihre Mind-Map kurz, jedoch konzentriert zu betrachten. Wenige Minuten reichen völlig aus, nach dem dritten Mal kennen Sie den Inhalt vermutlich sowieso fast auswendig. Wenn Sie beim Anblick Ihrer

Aufzeichnung in längeres Nachdenken verfallen, ist das auch in Ordnung. Versuchen Sie jedoch ansonsten, nicht allzu sehr über Ihr Thema nachzugrübeln. Durch die mentale Vorbereitung steigt die Wahrscheinlichkeit erheblich, dass äußere Impulse Ihnen bei der Suche nach neuen Einfällen auf die Sprünge helfen.

Tun Sie einfach mal nichts! Assoziationen, Inkubation und Tagträume

Inspiration und Ideen entstehen aus neuropsychologischer Sicht aus der Verbindung von internen Gedanken und neuen Impulsen. Diese gedanklichen Verknüpfungen nennt man auch Assoziationen. Eine Assoziationskette kann zum Beispiel so aussehen:

Wir haben kein Brot mehr ... Ich geh gleich zum Bäcker ... Die Bäckersfrau sieht aus wie Veronica Ferres ... Was läuft eigentlich heute im Fernseher? ... Doch lieber Kino? ... Habe Hans schon lange nicht mehr getroffen ... Heute Abend vielleicht besser keinen Alkohol, muss morgen früh raus ... Hab ich jetzt meinem Chef die wichtige E-Mail geschickt? ...

Assoziationen, lässt man den Gedanken freien Lauf, können über Stöckchen und Steinchen führen, eine scheinbar unendliche Variation von Querverbindungen schaffen und uns weit wegtragen vom Ausgangsgedanken. Sie begleiten uns ständig und sind der Grund, warum wir überhaupt in der Lage sind, eigene Schlussfolgerungen zu ziehen.

Heute weiß man, dass sogenannte Assoziationsareale im Gehirn die mentalen Inhalte verschiedener Bereiche und Sinnessysteme integrieren.[48] In der Kreativliteratur spielt Assoziation eine große Rolle. Kein Ratgeber kommt ohne Tipps aus, wie man möglichst gut «um die Ecke» denken kann, man spricht auch von divergentem Denken. Dabei geht es meist darum, möglichst weit hergeholte Querverbindungen herzustellen. Assoziation ist jedoch eine ureigene Tätigkeit des menschlichen Denkens. Wir tun es ständig und nicht selten unbemerkt. Ohne Assoziation wäre es nicht möglich, Sinneseindrücke zu sinnfälligen Gedanken zu formen oder mit bestehendem Wissen in Verbindung zu bringen. Wir könnten keine Inspiration erfahren, hätten wir nicht jene großartige Fähigkeit, unsere Gedanken scheinbar wahllos miteinander zu vermengen.

> «Auf einmal fühlte ich, wie mein Geist von tausend Lichtern geblendet wird, Massen von lebhaften Gedanken boten sich ihm mit einer Gewalt und in einer Unordnung dar, die mich in eine unaussprechliche Verwirrung stürzte.»[49]
>
> *Jean-Jaques Rousseau, Philosoph*

Heureka – ein Geistesblitz

Stellen Sie sich bitte Folgendes vor: Auf der Arbeit geraten Sie mit einem Mitarbeiter heftig aneinander. Während des Wortgefechts haut Ihnen Ihr Gegenüber eine Beleidigung nach der anderen um die Ohren. Das Ganze ist so ungeheuerlich, dass Ihnen die Worte wegbleiben. Sie können spontan nichts Passendes erwidern und stehen einfach nur mit offenem Mund da, verblüfft über das unverschämte Verhalten des rüpelhaften Kollegen. Nach einem langen Arbeitstag sitzen Sie im Bus auf dem Weg nach Hause und blicken geistesabwesend aus dem Fenster. Da trifft Sie die Erkenntnis wie ein Blitzschlag. Urplötzlich wissen Sie genau, was Sie dem frechen Kerl hätten erwidern sollen. Viele markige Sätze fallen Ihnen nun ein. Nur schade, dass Sie heute Mittag nicht darauf gekommen sind. Aber warum gerade hier und jetzt, viele Stunden später? Sie hatten schließlich schon lange nicht mehr an den Vorfall gedacht. Oder etwa doch?

Diese kleine Szene beschreibt, was man einen Aha-Moment oder auch Heureka-Erlebnis nennt, einen Geistesblitz oder eine Erleuchtung. Es gibt viele Bezeichnungen für diese Art plötz-

«Heureka» – altgriechisch heúrēka – heißt: Ich habe es gefunden. Der römische Architekt Marcus Vitruvius Pollio (Vitruv) lebte im 1.Jahrhundert v.Chr. und erzählt folgende Anekdote über den Mathematiker Archimedes von Syrakus, der im 3.Jahrhundert vor Christus lebte:

Archimedes sollte den Goldanteil einer Krone des Herrschers Hieron II. von Syrakus bestimmen, denn dieser war sich nicht sicher, ob seine neue Krone wie bestellt aus reinem Gold gefertigt wurde oder ob das Material mit billigem Metall gestreckt war. Archimedes sollte die Krone jedoch nicht beschädigen. Bei einem entspannten Wannenbad beobachtete Archimedes, dass aus dem randvollen Zuber jene Wassermenge über den Rand schwappte, die er mit seinem eigenen Körpervolumen verdrängte. Diese Beobachtung, die später als das «Archimedische Prinzip» bezeichnet wurde, hat ihn mit großer Begeisterung erfüllt. Nackt soll er daraufhin aus der Wanne gesprungen und laut rufend durch die Straßen gelaufen sein: Heureka! Ich hab's gefunden! Seither steht der Ausruf Heureka für eine plötzliche Erkenntnis.

Von seiner Entdeckung angeregt, tauchte er später zunächst einen Goldbarren, der genauso viel wog wie die Krone, unter Wasser, schließlich die Krone selbst. Die Krone verdrängte mehr Wasser als der Goldbarren, hatte also bei gleichem Gewicht mehr Volumen. Er schloss daraus, dass die Krone aus einem anderen Material als reinem Gold gefertigt sein musste.

Die «Heuristik» oder lateinisch «Inventio» ist im Übrigen die Erfindungskunst oder die Lehre von dem Verfahren, praktikable Lösungen für Probleme in den Wissenschaften zu finden, also Beweise oder Widerlegungen. In diesen Kontext gehören: das Aufstellen von Hypothesen, generelle Annahmen, Gedankenexperimente, Modelle, Vermutungen oder Analogien.[50]

licher Eingebung, die scheinbar aus dem Nichts zu kommen scheint. Geistesblitze sind Erkenntnisse oder Einsichten, Ideen oder Einfälle, die urplötzlich mit einer solchen Deutlichkeit im Raum stehen, dass man sich unweigerlich fragen muss, woher sie eigentlich so unvermittelt kommen. So wie ein Blitz eben, auch der taucht unvermittelt und mit Vehemenz am Himmel auf und erhellt die Szenerie für einen kurzen Augenblick.

Aber zurück zu unserem Beispiel: Die Geschichte beschreibt einen Konflikt oder ein Problem, dessen Lösung (falls Sie eine

Wie funktioniert Inspiration?

ordentliche verbale Retourkutsche als Lösung gelten lassen) sich viele Stunden später im Kopf eines Beteiligten formiert. Aber was ist in der verstrichenen Zeit zwischen dem Streit und dem plötzlichen Erscheinen der Erkenntnis geschehen? Irgendetwas musste passiert sein, damit sich diese Gedanken im Kopf formieren konnten, um dann scheinbar vollendet und logisch in die Welt zu treten. Der Schluss liegt nahe, dass diese Einfälle irgendwie gereift sein müssen – unbemerkt und ohne spürbare Mühe. Plötzlich traten sie als greifbare Sätze in das Bewusstsein, und da sind sie nun und schaffen neue Möglichkeiten, was den Umgang mit der Fragestellung – im Beispiel: «Wie kann ich dem Kollegen meinen Standpunkt deutlich machen?» – angeht.

Ideen im Brutkasten

Neurowissenschaftler und Psychologen bezeichnen dieses meist unbemerkte Ausarbeiten von Ideen und Lösungen im Kopf als Inkubation. Vielleicht sagen Sie jetzt: «Das klingt irgendwie nach Biologieunterricht.» Tatsächlich bedeutet das lateinische «incubare» wörtlich «ausbrüten». Man bezeichnet so unter anderem das Brüten von Vogeleiern, die mit Hilfe von Wärmequellen auf einer bestimmten Temperatur gehalten werden, sodass die Jungtiere schlüpfen können. Auch die Zeit, die ein Krankheitserreger benötigt, um sich bis zum Krankheitsausbruch unbemerkt im Körper zu vermehren, nennt man Inkubationszeit. Man kann also etwas salopp sagen, dass Ideen im Kopf ausgebrütet werden.

Der englische Psychologe Graham Wallas prägte diesen Begriff im Zusammenhang mit Kreativität. Zu Beginn der 1920er Jahre entwickelte er ein Modell, das kreative Prozesse in einzelne Phasen gliedert. Ein ähnliches Schema findet sich bis heute in abgewandelter Form in fast allen gängigen Theorien über Kreativität.

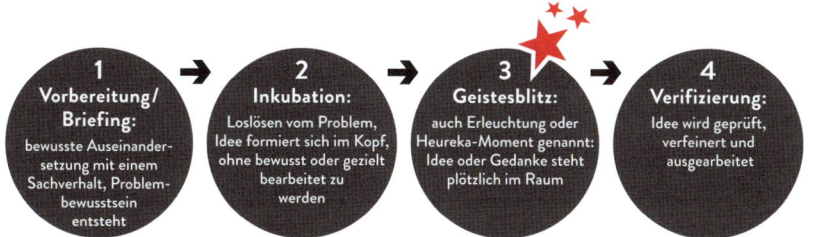

Phasen der Ideenbildung

Dieses Schema zeigt die vier Stufen, die den meisten Kreativitäts-theorien zufolge die Entwicklung von Ideen begleiten:

Phase 1 – Gedankliche Vorbereitung: beschreibt die Auseinander-setzung mit einem Sachverhalt. Das kann beispielsweise die gezielte Analyse eines Problems sein, aber auch eine konzentrierte Beobach-tung (siehe vorige Kapitel: «Schau genau» und «Mentale Vorberei-tung»). Daraus resultierende Denkanstöße können die gedankliche Basis für eine Ideenentwicklung schaffen.

Phase 2 – Inkubation: benennt den Prozess, während dessen sich eine Idee scheinbar ohne willentliche Anstrengung und wie von selbst im Kopf formiert.

Phase 3 – Geistesblitz: meint den Moment, in dem der Einfall oder die Erkenntnis ins bewusste Denken tritt. Meist geschieht das völlig unvermittelt. Dieser Augenblick wird auch «Heureka-Erlebnis» genannt und geht oft einher mit einem Gefühl der Freude oder Erleichterung.

Phase 4 – Verifizierung: bezeichnet die Begutachtung des frisch-gewonnenen Einfalls. Hier wird geprüft, ob die Idee tatsächlich zur Problemlösung herangezogen werden kann, ob sie umsetzbar ist und ob die neuen Ansätze noch einer Ausarbeitung, Verfeinerung oder Anpassung bedürfen.

Inkubation – das «Ausbrüten» – scheint also ein entscheidender Schritt bei der Entwicklung von Ideen und neuen Gedanken zu sein. Ein guter Grund, sich diesen nebulösen Zustand einmal genauer anzuschauen.

Alles nur geträumt?

Nehmen wir noch einmal das Beispiel: ein Streit, eine Beleidigung und ein verdutzter Mensch, dem erst Stunden später eine passende Antwort einfällt. Was könnte hier geschehen sein?

Lange Zeit hätten Psychologen bei einer solchen Schilderung vermutet, dass das verzögerte Entstehen der Idee oder Lösung schlicht auf einen Effekt der Entspannung zurückzuführen ist. Denn die Vorstellung, dass ein unbefangenes Gehirn eher dazu in der Lage ist, Ideen zu entwickeln, scheint erst mal naheliegend. Zum Teil mag das auch zutreffen. In unserem Beispiel des Kollegenstreits muss man davon ausgehen, dass die eine Person durch das übergriffige Verhalten der anderen sehr stark in ihrem Ärger gefangen war und vor lauter Wut überhaupt nicht klar denken konnte. Löste sich später der Groll und die Wut verflog, so konnte der Vorgang vermutlich in den Tiefen des Denkens noch einmal bearbeitet werden. Aber warum kommt die erlösende Idee dann so überraschend und in einem Moment, in dem die Gedanken ganz woanders sind? Nach neueren Erkenntnissen scheint es so zu sein, dass ein Gefühl von Entspannung nur einer der Faktoren ist, der in Inkubationsphasen zum Tragen kommt. Die entscheidende Frage ist, warum ein gelöster Geist offensichtlich so gerne Ideen entwickelt und Gedanken ausarbeitet. Was unterscheidet ein gezieltes Suchen nach einer Lösung (zum Beispiel beim Kopfrechnen) von einem gedankenverlorenen Löcher-in-die-Luft-Gucken, bei dem ebenfalls häufig recht brauchbare Ideen entstehen?

Tagträume für Ideen

Für die meisten Menschen bedeutet mentale Entspannung, sich in den eigenen Gedanken zu verlieren, Tagträumen nachzuhängen und ganz in sich zu versinken. Man döst so vor sich hin, man lässt die Seele baumeln.

In der Regel messen die wenigsten Menschen dem eine höhere Bedeutung und gar einen Nutzen bei, außer dass es manchmal recht wohltuend sein kann.

Der amerikanische Psychologe Jerome Singer war einer der ersten Wissenschaftler, die diese entrückten Zustände bereits in den 1960er Jahren in konkreten Zusammenhang mit kreativem Denken, Problemlösungen, Neugier, Entscheidungsfindung und einer erhöhten Fähigkeit zur Assoziation stellten.[52] Er nannte es das

«Wir lagen auf der Wiese und baumelten mit der Seele. Der Himmel war weiß gefleckt; wenn man von der Sonne recht schön angebraten war, kam eine Wolke, ein leichter Wind lief daher, und es wurde ein wenig kühl. Ein Hund trottete über das Gras, dahinten. ‹Was ist das für einer?›, fragte ich. – ‹Das ist ein Bulldackel›, sagte die Prinzessin. Und dann ließen wir wieder den Wind über uns hingehen und sagten gar nichts. Das ist schön, mit jemand schweigen zu können.»[51]

Kurt Tucholsky (aus: «Schloß Gripsholm»)

«positive, konstruktive Tagträumen», und er beschrieb damit bereits vor über 50 Jahren die zukunftsorientierte und schöpferische Ausrichtung der Tagträume. Singer erkannte in diesem Abschweifen der Gedanken wertvolle Momente, in denen das Gehirn wichtige Lösungsansätze für zukünftige Entscheidungen und aktuelle Fragestellungen entwickelt.

Allerdings fanden seine Ansichten lange Zeit wenig Resonanz. Dazu muss man sagen: Ob wissenschaftliche Erkenntnisse auf fruchtbaren Boden fallen, hängt nicht selten von der gesellschaftlichen, kulturellen und politischen Situation ab, auf die sie treffen. In den USA der frühen 1960er Jahre, die mit Raumfahrt, Kaltem Krieg und einer nie da gewesenen politischen und wirtschaftlichen Führungsrolle eine völlige Neuorientierung durchlebten, mag die Vorstellung, sich einfach zurückzulegen und die Gedanken schweifen zu lassen, reichlich befremdlich und vermutlich naiv geklungen haben. Im akademischen Umfeld wurden Singers Betrachtungen und seine Forschung weitgehend ignoriert und zum großen Teil als Unsinn abgetan. Dabei beschrieb er in seinen Schriften viele Dinge, die die meisten Menschen bei sich selbst beobachten können und die heute in der Forschung einen völlig anderen Stellenwert haben. Die Rolle des Tagtraumes oder Mind-Wanderings (was man frei übersetzen könnte als «Die Gedanken gehen auf Wanderschaft») beschäftigt heute eine wachsende Schar von Psychologen und Neurowissenschaftlern. Denn mittlerweile weiß man: Die Vorgänge unseres tagträumenden Gehirns sind kein Zufall. Und sie sind keine Fehlleistung unseres kognitiven Systems, sondern erfüllen wichtige Funktionen in unserem Denken.

«Kreative Menschen brauchen Zeit, einfach nur herumzusitzen und nichts zu tun. Einige der besten Ideen kommen mir, wenn ich mich langweile … Nimm dir Zeit, und trödle herum. Verliere dich. Schweife ab. Man kann nie wissen, wohin es einen führt.»[53]

Austin Kleon, Künstler

Wenden wir uns noch einmal unserem Beispiel zu: In der Geschichte begegnet einem Menschen eine zündende Idee während des verträumten Blickes aus dem fahrenden Bus. Das ist kein Zufall. Heute weiß man, dass das Gehirn, lässt man es nur «zur Ruhe» kommen, seine ganz eigenen Wege geht, um Informationen zu verarbeiten, Pläne zu schmieden und neue Eindrücke in Zusammenhang mit vorhandenem Wissen zu bringen. Und nicht selten wird dabei eine neue Erkenntnis geboren und eine gute Idee entwickelt. Tagträume spielen eine entscheidende Rolle bei Inspirationsprozessen.

Tagträumen im Labor

Erst seit Mitte der 1990er Jahre ist das Phänomen des Tagträumens oder Mind-Wanderings in den Fokus der Kognitionswissenschaften gerückt. Mit bildgebenden Verfahren versucht man heute, dem Gehirn beim Denken zuzusehen. Welche Rückschlüsse die entstehenden Bilder auf die funktionalen Arbeitsweisen des Gehirns während verschiedener Aktivitäten erlauben, ist nicht abschließend geklärt. Es ist allerdings möglich, die Aktivität des Gehirns anhand des Sauerstoffgehaltes im Blut zu messen – dies geschieht beispielsweise im Rahmen einer Magnetresonanztomographie (MRT) – und so zu sehen, ob bestimmte Bereiche besonders aktiv sind oder sich eher im Ruhezustand befinden. Ein bemerkenswertes Ergebnis solcher Untersuchungen scheint zu sein, dass das Gehirn mit unveränderter Kraft weiterarbeitet, wenn es gefühlt «nichts» tut. Wie kann das sein?

Konzentriertes Nachdenken, Rechnen, gezieltes Erinnern oder die Beschäftigung mit einer kniffligen Aufgabe erleben wir als Denkanstrengung. Durch willentliches und gezieltes Denken durchforsten wir unser Gedächtnis nach möglichen Lösungen

Wie funktioniert Inspiration?

und Querverbindungen. Redewendungen wie «Mir raucht der Kopf» machen deutlich: Denken kann ziemlich kräftezehrend sein.

Wer abschaltet und an nichts mehr denkt, erlebt dagegen häufig einen Zustand, der als mentales Nichtstun empfunden wird. Interessanterweise fällt unser Gehirn aber keinesfalls in einen Ruhezustand, wie man es vielleicht vermuten würde. Misst man die Aktivität in den einzelnen Bereichen, so stellt man fest, dass das Gehirn genauso agil ist wie beim gezielten Denken.

Unser Gehirn schränkt seine Arbeit also nicht ein. Vielmehr wechselt es verstärkt in einen anderen Denkmodus. Kognitions-

Der russische Komponist Dimitri Schostakowitsch hatte seine ganz eigene Art, zu komponieren. Viele seiner Werke entstanden ausschließlich im Kopf. Ein Kollege erinnerte sich später an eine Begebenheit während eines gemeinsamen Aufenthalts in einem Künstlerhaus:
«Er spielte etwa gerade Fußball und unterhielt sich mit Freunden, und plötzlich war er verschwunden. Nach vierzig Minuten tauchte er wieder auf. «Wie gehts? Lass mich mal schießen.» Danach aßen wir zu Abend, tranken Wein, gingen spazieren, und er war eine einzige Stimmungskanone. Ab und zu verschwand er für eine Weile und stieß dann wieder zu uns. Gegen Ende meines Aufenthalts war er gänzlich verschwunden. Wir sahen ihn eine Woche nicht. Schließlich tauchte er unrasiert und völlig erschöpft wieder auf.»[54] Schostakowitsch hatte soeben sein zweites Streichquartett vollendet.

wissenschaftler sprechen von einem sogenannten Default-Modus, einer Art Leerlauf des Denkens. Was das Gehirn in diesem Modus tut, scheint äußerst beachtlich zu sein. Wissenschaftler interpretieren die Hirnaktivität im Default-Modus als einen Blick nach innen, als Aufmerksamkeit, die von der Außenwelt abgezogen wird, als Gedanken, die sich frei und ungebunden innerhalb der eigenen mentalen Landschaft bewegen.[55] Wer losgelöst von äußeren Reizen und Zwängen vor sich hin träumt, setzt große Kapazitäten frei, um ungehemmt assoziieren zu können. Im Default-Modus kann unser Kopf in scheinbar unzähligen Variationen Gedankenverbindungen knüpfen, und das mühelos und ohne sichtbare Anstrengung. Der Neurowissenschaftler Simon Eickhoff beschreibt es so: «Wir gehen durch unser ganzes geistiges Repertoire in der Ruhe.»[56]

Für den Inspirationsprozess kann man das auf die Formel bringen: Wer neue Erfahrungen sammeln will, dem hilft die Fähigkeit zu einer tiefgehenden Wahrnehmung. Wer aus dieser Wahrnehmung neue Erkenntnisse und Ideen schöpfen will, sollte seine Tagträume nutzen!

Das lockere Schweifen der Gedanken macht es dem Gehirn erst möglich, sich von starren Mustern zu lösen. Gedankliche Impulse werden in freien, oft wilden Assoziationen mit älteren Gedächtnisinhalten verknüpft, und schlussendlich wird aus diesem Mix der neue, originelle Einfall geboren.

Denken im Leerlauf

Wer eine Idee ausbrütet, erlebt es meist so: Plötzlich steht er im Raum, der neue Gedanke. In der Geistes- und Kulturgeschichte wurden solche Erlebnisse zahlreich beschrieben und häufig als göttliche Eingebung betrachtet. Für einen Menschen ohne spirituellen Hintergrund hingegen scheint die Erleuchtung aus irgendeiner Windung des Gehirns herauszukrabbeln. Man könnte vermuten, dass sie erst in diesem Moment dort entstanden ist. Oder hockte sie dort – versteckt im Verborgenen – und «wartete» auf ihren großen Auftritt?

In der Sprache der neurowissenschaftlichen Forschung bezeichnet man den Prozess des Entstehens von Ideen, Gedanken, Geistesblitzen und Plänen im Gehirn wie an anderer Stelle bereits erwähnt als «Inkubation». Blickt man nun zurück auf die Vorstellungen, die Menschen seit der Antike darüber entwickelt haben, wie sich Ideen formieren – ob von Gott eingehaucht oder von den Musen eingegeben, ob aus Arbeit erwachsen oder in einem Zustand von Begeisterung und Enthusiasmus irgendwie «erhalten» –, dann beinhalten die meisten Beschreibungen in etwa das, was heute als Inkubationsphase bezeichnet wird. Zudem hat fast jeder schon einmal erlebt, dass einem die gute Idee beim Joggen kommt oder einen unter der Dusche überrascht.

Mittlerweile können Neurowissenschaftler durch Studien bestätigen, dass es diese Inkubation wirklich gibt. Die Untersuchung des Gehirns liefert viele neue Einsichten und Erkenntnisse, die für das Verständnis von kreativen Prozessen eine wesentliche Rolle spielen. Eine der aufregendsten Neuerungen ist die Entdeckung eines funktionalen Netzwerkes im Gehirn, des sogenannten Default-Modus-Netzwerkes. Als Netzwerk bezeichnet man in diesem Fall einen lockereren Verbund von interagierenden Gehirnarealen. Eine Besonderheit des Default-Modus-Netzwerkes besteht darin, dass es zum großen Teil im Unbewussten arbeitet. Wahrscheinlich bildet es die neuronale Basis von inspiriertem und schöpferischem Denken. Aber was genau macht das Gehirn in diesem «Pausenmodus»? Und warum wusste man so lange nichts von diesen wichtigen Vorgängen im Gehirn?

Mitte der 1990er Jahre untersuchte die amerikanische Neurowissenschaftlerin Nancy Andreasen von der Universität Iowa mit Hilfe der Positronen-Emissions-Tomographie (PET), eines bild-

> **Was tun Sie, wenn Inspiration auf sich warten lässt?**
>
> «Ich gehe laufen, quasi der Inspiration freien Lauf lassen. In der Bewegung formen sich Gedanken und schöpferische Einfälle.»
>
> *Katharina Jensen,*
> *Rechtsanwältin und*
> *Leiterin einer Stiftung*

gebenden Verfahrens, die Aktivierungsmuster im Gehirn von Versuchspersonen während bestimmter Denkaufgaben. Man wollte damals unter anderem herausfinden, welche Hirnareale bei der Erkennung von Gesichtern oder beim Auswendiglernen von Wortlisten aktiv sind – also bei zielgerichteten, logischen Denktätigkeiten. Um die Ergebnisse solcher Untersuchungen (in diesem Fall in Form von PET-Bildern) bewerten zu können, werden diese normalerweise mit einem sogenannten «neutralen Zustand» verglichen – wissenschaftlich spricht man auch von einer «Baseline». Allgemein wurde angenommen, dass sich das Gehirn, wenn es nicht durch bewusste, kognitive Tätigkeiten beansprucht wird, in einen neutralen Ruhezustand begibt, um sich von der anstrengenden Arbeit zu erholen, also ein wenig «Pause» zu machen. Man stellte sich das in etwa vor wie ein Auto, das sich im Leerlauf befindet: Das System ist aktiviert, erzeugt darüber hinaus aber keine besondere Leistung. Die Versuchsteilnehmer wurden gebeten, an nichts zu denken, und man maß die Aktivität des Gehirns, in der Annahme, dass diese deutlich niedriger sei als bei der vorher bewältigten Denkaufgabe. Allerdings stellte man überrascht fest, dass das Gehirn im Ruhezustand genauso viel Energie verbrauchte wie beim aktiven und aufgabenorientierten Denken.

Das stellte die Wissenschaftler vor ein Rätsel, und sie begannen, den Ruhemodus des Gehirns ebenfalls zum Gegenstand genauer Untersuchungen zu machen. Hierzu wurden die Versuchsteilnehmer gebeten, sich im PET-Scanner zu entspannen, wiederum an nichts Bestimmtes zu denken und Gedanken einfach kommen und gehen zu lassen. Was sich dann zeigte, bestätigte den Verdacht der Forscher: Die in der Ruhephase erzeugten Bilder zeigten keinesfalls ein schläfrig-dösendes Gehirn, sondern beschrieben ganz im Gegenteil eine sehr hohe Aktivität in vielen Bereichen.[57] So wurde zum Beispiel im Assoziationskortex (AC)

– das sind jene Gebiete im Frontal-, Parietal- und Temporalhirn, die Sinnesinformationen aus verschiedenen Hirnarealen aufnehmen und sie zu neuen Mustern zusammensetzen – sehr eifrig gearbeitet.[58]

«Was wir während der Ruhephasen sahen, war kein passives, ruhiges Gehirn, sondern im Gegenteil eines, das sehr aktiv Gedanken und Erfahrungen zueinander in Bezug setzte»[59], so das Fazit von Nancy Andreasen.

Zahlreiche Studien haben seitdem die selbsttätige Arbeitsweise dieses Default-Modus-Netzwerks (DMN) bestätigt. Vor allem die Entwicklung und Verfeinerung bildgebender Verfahren – allen voran die funktionelle Magnetresonanztomographie, abgekürzt fMRT oder fMRI (für englisch: functional magnetic resonance imaging) – ermöglicht heute eine genauere und differenzierte Betrachtung dieser faszinierenden Vorgänge.

Der Neurologe Marcus E. Raichle war einer der Ersten, der die entsprechenden Bereiche des Gehirns genau lokalisiert hat. Er stellte schon bald die provozierende Frage, ob es nicht vielleicht

---

Was tun Sie, wenn Inspiration auf sich warten lässt?

«Damit eine gute Idee entstehen kann, brauche ich ein inspirierendes Umfeld, einen inspirierenden Alltag, bestehend aus: ANREGUNGEN kreativer Art, ZEIT für Nichtstun, PRAKTISCHE Tätigkeiten & ausreichend Schlaf und Bewegung. Um Ideen zu beschleunigen, mache ich Folgendes: In jedem Fall den Schreibtisch verlassen und in keinem Fall intensiv über die ‹Angelegenheit› nachdenken. Ich formuliere eine Frage, für die ich Inspiration brauche, und wende mich dann anderen Dingen / Tätigkeiten zu und denke nicht mehr über die Frage nach. Stattdessen nehme ich mir praktische und handwerkliche Dinge vor (im Haushalt), oder ich gehe ins Freie, joggen, spazieren oder fahre mit dem Auto auf der Autobahn.»

Judith Zwick, Freie Kulturschaffende

sogar sein kann, dass das menschliche Gehirn eigentlich ständig im Default-Modus-Netzwerk mit dem Verarbeiten von Informationen und Gedanken beschäftigt ist und diese Arbeit vielmehr nur durch bewusstes und zielgerichtetes Denken zeitweise unterbrochen wird.[60] Sähe man es so herum, dann wäre die vermeintliche «Pause» der eigentliche Normalzustand und das Denken eine Art interessante «Störung» desselben. Fest steht, dass das Gehirn Ruhephasen aktiv nutzt, um weiter hergeholte Assoziationen zu erstellen, die im bewussten Denken so nicht stattfinden würden.[61]

In der Neurowissenschaft geht man also mittlerweile davon aus, dass das Gehirn im eigentlichen Sinn gar keine Verschnaufpausen kennt. Es existieren vielmehr zwei dynamische, unabhängig voneinander arbeitende funktionale Netzwerke, die im stetigen Wechsel aktiv sind und das Denken im Kopf organisieren: Das oben erwähnte Default-Modus-Netzwerk (DMN) ist besonders dann aktiv, wenn das Denken nicht auf konkrete Anforderungen gerichtet ist und die Aufmerksamkeit schweifen darf (man spricht auch von Stimulus-independent-Thought, also einem Denken, das von äußeren Reizen unabhängig stattfindet). Im Gegensatz dazu steht das Exekutiv-Netzwerk (EN), das vor allem beim zielgerichteten Denken tätig ist.[62]

Im EN arbeiten bestimmte Hirnareale (wer es genau wissen möchte: Es sind vor allem der dorsolaterale präfrontale Kortex DLPFC7[63] und der anteriore cinguläre Kortex ACC sowie der inferiore frontale Übergang IFJ[64]) zusammen an der Bewältigung konkreter Aufgaben, zum Beispiel bei aufmerksamer Beobachtung, beim Zählen und Rechnen und bei der gezielten Erinnerung an Erlebnisse oder an gelerntes Wissen. Wird das Gehirn jedoch nicht von solchen konzentrations- und aufmerksamkeitsstarken Tätigkeiten in Anspruch genommen, schaltet es um in den Default-Modus. Hier scheint das Gehirn eine große Zahl

Wie funktioniert Inspiration?

scheinbar zusammenhangloser Informationen und Muster zu verbinden und nach sinnfälligen Zusammenhängen zu suchen. Es leistet durch diese assoziativen Verknüpfungen einen entscheidenden Schritt, um kreative Lösungen zu finden.

«Es ist, als ob die assoziativen Bereiche auf neuronaler Ebene ihre Fühler ausstrecken auf der Suche nach möglichen Anknüpfungspunkten [...]. Eine regelrechte Ursuppe von Gedanken. Mitten aus dieser Ursuppe erwachsen schließlich Gedanken und Ideen, und zwar so lange, bis bestimmte Kombinationen zusammenpassen und einen Sinn ergeben»[65], sagt Nancy Andreasen. Dieses Phänomen wird auch als Gedankenschweifen, als Tagtraum bezeichnet und ist vermutlich nur ein – allerdings wesentliches – Produkt des DMN.

Bei manchen Menschen sind die Denkprozesse im DMN beeinträchtigt oder gestört. So weisen beispielsweise Personen mit autistischer Persönlichkeit eine stark eingeschränkte Vernetzungstätigkeit des DMN auf.[66]

Verschiedene wissenschaftliche Studien legen nahe, dass das Gehirn sogar um die 50 Prozent seiner Denkleistung im DMN generiert.[67] Findet es bei einem dieser unbewussten, assoziativen Puzzlespiele sinnvolle oder nützliche Zusammenhänge und Verbindungen, so erzeugt es ein erkennbares Signal. Die Idee tritt ins Bewusstsein und wird fassbar. Ein Geistesblitz flammt auf. Im bewussten Denken kann der neue Einfall dann genau betrachtet, abgewogen und weiterentwickelt werden. Ein reges Wechselspiel zwischen bewusstem, zielgerichtetem Denken und Tagtraum (oder zwischen DMN und EN) ist vermutlich von entscheidender Bedeutung, damit sich verschiedene Eindrücke überhaupt zu neuen Ideen formen können.

Neueste Theorien gehen sogar davon aus, dass das Gehirn im DMN nicht nur scheinbar zufällige Gedankenelemente verbindet, sondern vielmehr sehr gezielt Informationen neu organisiert,

Repräsentationen neu zuordnet und bewertet und Erinnerungen nach wesentlichen Merkmalen sortiert und strukturiert. So sagt eine vieldiskutierte Hypothese, dass das Tagträumen in sich bereits Aktivitäten beider Netzwerke, EN und DMN, im stetigen Wechsel vereinigt. Das könnte ein möglicher Hinweis darauf sein, dass unsere Tagträume sehr viel zielorientierter ablaufen, als bisher vermutet wurde.[68]

Ein Problem lösen – sich vom Problem lösen

Betrachtet man all diese Dinge im Zusammenhang mit dem, was Künstler, Kreative, Denker und auch andere Menschen in Bezug auf ihre Inspirationsmomente schildern, so kommt dem Tagtraum, jenem Loslassen vom bewussten und logischen Denken, eine sehr zentrale Rolle als Ideen-Generator zu. Es entspricht dem, was viele Menschen im alltäglichen Leben häufig an sich selbst beobachten können: «Wenn ich nicht mehr verbissen über ein Problem grüble, kommt mir die Lösung plötzlich einfach in den Sinn.»

Ein Beispiel aus dem Leben: Ein Angestellter ist mit einer kniffligen Aufgabe betraut. Er soll Ideen entwickeln, wie sein Team im nächsten Halbjahr gezielt auf potenzielle Neukunden zugehen könnte. Das Grübeln am Schreibtisch bringt ihn nicht weiter. Als der Mann sich im Laufe des Vormittags eine Verschnaufpause gönnt, um zur Toilette zu gehen, hat er auf dem Fußmarsch dorthin einen Einfall, wie man es machen könnte. Er notiert die Idee. Kurze Zeit später erhält er einen Anruf. Er soll sich auf den Weg in einen anderen Gebäudeteil machen, um ein Paket abzuholen. Wie er so über den verlassenen Flur wandert, kommt ihm erneut ein guter Gedanke. Der Mann bemerkt, dass diese kleinen

Ausflüge seinem Einfallsreichtum guttun, und beschließt nun, in regelmäßigen Abständen kleine «Spaziergänge» zu machen. Als er einen Kollegen trifft, der ihn fragt, ob denn alles in Ordnung sei, da er auffallend oft die Waschräume aufsucht und er irgendwie so in sich gekehrt sei, antwortet er: «Alles super, ich befinde mich auf einer geheimen Mission.» Am Abend ist sein Konzeptpapier voll von neuen Vorschlägen, die er mit einem guten Gefühl seinem Team präsentiert.

Inkubation findet also dann statt, wenn das Problem «gefühlt» sich selbst überlassen wird. Aus neurowissenschaftlicher Sicht wird es jedoch an das Default-Modus-Netzwerk übergeben, das dann fleißig daran arbeiten kann.

Einfall beim Kartoffelnschälen

Tagträume helfen, Einfälle zu entwickeln. Aber gibt es Faktoren, die den Tagtraum begünstigen und dem Gehirn beim Abschalten helfen? Würden Sie in diesem Moment die Aufforderung erhalten: «Denken Sie jetzt bitte an nichts!», so würde Ihnen das vermutlich sehr schwerfallen. Das Vertrackte an der Sache ist, dass wir in der Regel nicht bemerken, wenn wir tagträumen. Erst der leichte Ruck, der uns ins Hier und Jetzt zurückholt, macht

«Inspiration is like a holiday. But one doesn't know when it will come. You can't do without it, but one can't summon it. When it comes, it's a great blessing.»

Yael Neeman, Schriftstellerin

«Es ist zwecklos: es gibt keine breite Straße, die rasch zu den Musen führt.»

Properz, Liebeselegien 3.1, 1. Jh. v. Chr.

«Um mich in den Zustand der Inspiration zu versetzen, muss ich entspannt sein, sprich gedanklich und physisch nicht auf dem Sprung. Am besten ist, wenn Inspiration automatisch kommt, und das tut sie meist bei alltäglichen Verrichtungen (Wäsche zusammenlegen, staubsaugen), nebenbei. Bloß nichts forcieren!»

Annette, Journalistin

deutlich, dass wir wohl mit den Gedanken abgeschweift sind. Häufig fühlen sich Menschen ertappt, wenn ihnen bewusst wird, dass sie geträumt haben. «Starr keine Löcher in die Luft» ist ein Spruch, den wohl jeder schon einmal zu hören bekommen hat. Tagträumen gilt noch immer häufig als Zeitverschwendung. Der große Nutzen, der darin verborgen liegt, findet in der Regel wenig Beachtung. Sich daher Gedanken darüber zu machen, wie man diesen Zustand gar vorsätzlich herbeiführen kann, mag für manche Ohren sogar befremdlich klingen. Macht es Sinn, Tagträume gezielt zu suchen? Lässt sich bewusstes Nachdenken ausschalten?

Betrachten Sie bitte noch mal das vorangegangene Beispiel. In der kleinen Geschichte scheinen es die Schritte über den Gang zu sein, die den neuen Einfall in die Welt befördern. Laufen unterstützt offenbar den Einfallsreichtum. Wie das?

Gehen ist eine Tätigkeit, auf die man sich in der Regel nicht konzentrieren muss (es sei denn, Sie tragen zum ersten Mal Stöckelschuhe). Wir machen es automatisch und ohne große Anstrengung. Wissenschaftler bezeichnen diese Art von Beschäftigung als «undemanding Task» – anspruchslose Tätigkeiten. Fensterputzen, Spazierengehen, Aufräumen, Kartoffelschälen oder Dingesortieren, all diese Tätigkeiten haben gemein, dass sie tendenziell monoton im Ablauf sind (man könnte auch sagen, sie sind ein wenig langweilig), wir müssen nicht wirklich darauf achtgeben, was wir dabei tun, und sie sind uns so vertraut, dass wir sie routinemäßig ausführen.

Wenn Hirnforscher ihre Versuchspersonen

«Im Schreiben wie im Schlafen lernen wir, körperlich stillzuhalten, und ermuntern gleichzeitig unseren Geist, sich vom alltäglichen rationalen Denken zu befreien. Und genau so, wie sich Geist und Körper an eine bestimmte Menge Schlaf gewöhnen – sechs Stunden, sieben, vielleicht sogar die empfohlenen acht –, kann der wache Geist darauf hintrainiert werden, in einen schöpferischen Schlaf zu fallen und die lebhaften Wachträume heraufzubeschwören, aus denen erfolgreiche Literatur besteht.»[69]

Stephen King, Schriftsteller

in einen Tagtraum versetzen wollen – beispielsweise um die Tätigkeit des Gehirns im Default-Modus zu beobachten – können sie sie natürlich nicht herumlaufen oder Kartoffeln schälen lassen, da die Leute ja an einen Hirnscanner angeschlossen sind und sich kaum bewegen können. Dann helfen monotone Denkaufgaben wie etwa folgende: Man zeigt den Probanden minutenlang einstellige Ziffern, und sie sollen einfach nur sagen, ob es sich um eine gerade oder ungerade Zahl handelt. Eine tödlich langweilige Prozedur. Erstaunlicherweise hilft ein solches Vorgehen jedoch, Ideen zu entwickeln und Lösungen für Probleme zu finden. Ein Forscherteam der Universität Santa Barbara in Kalifornien um die Psychologen Jonathan Smallwood und Jonathan Schooler machte dazu ein sehr aufschlussreiches Experiment. Die Wissenschaftler baten die Versuchsteilnehmer, eine kreative Aufgabe zu lösen. Sie sollten sich innerhalb von zwei Minuten möglichst viele alternative Verwendungen für einen Alltagsgegenstand, beispielsweise einen Ziegelstein, einfallen lassen. Diese Art von Tests nennt man «Unusual-Uses-Test». Sie werden von Kognitionswissenschaftlern häufig angewendet, um Kreativität zu bewerten.

Anschließend wurde die Gruppe in vier Untergruppen aufgeteilt. Gruppe 1 sollte eine ganz normale Pause machen, Gruppe 2 wurde mit einer weiteren anspruchsvollen Denkaufgabe betraut, Gruppe 3 machte gar keine Verschnaufpause, und Gruppe 4 bekam die oben beschriebenen Ziffernreihen zu sehen und wurde so für einige Minuten in einen Tagtraum geführt. Anschließend wurden die Teilnehmer gebeten, sich noch einmal der ursprünglichen Kreativaufgabe zu widmen und des Weiteren eine neue, unbekannte Problemstellung zu bearbeiten.

Während alle Teilnehmer die neue Aufgabe etwa ähnlich gut lösten, zeigte die Tagtraum-Gruppe bei der Wiederholung der bereits bekannten Kreativaufgabe eine bemerkenswerte Leistungssteigerung. Die Tagträumer profitierten offensichtlich von ihrer Pause sehr viel mehr als die anderen Teilnehmer. Da sie allerdings nur die bereits bekannte Aufgabe mit sichtbar größerem Erfolg löste, gehen die Wissenschaftler davon aus, dass genau dieses Problem im Kopf weitergedacht wurde, obwohl das den Teilnehmern nicht bewusst war. Das Fazit der Wissenschaftler: «Auch wenn Tagträume im Allgemeinen eher mit einem Leistungsdefizit beim zielgerichteten Denken in Verbindung gebracht werden [...], so machte es doch den Anschein, dass sie eine Grundbedingung für Kreativität und Inspiration darstellen.»[70]

Hallo, wo bist du? Träum (nicht) rum!

Wird in einer Kultur der Effizienz dem Tagtraum zu wenig Beachtung geschenkt? Ein Interview mit Jonathan Schooler über die positiven Effekte schweifender Gedanken für die Entwicklung von neuen Ideen.

Der amerikanische Psychologe und Hirnforscher Jonathan Schooler ist Professor an der Universität von Kalifornien, Santa Barbara, und forscht in den Gebieten Kognition, Wahrnehmung und kognitiven Neurowissenschaften. Sein Ziel ist es, mehr über die Natur des geistigen Lebens der Menschen zu verstehen, und daher beschäftigt er sich mit Fragen wie: Wie funktioniert das Bewusstsein, wie können wir kreative Prozesse verbessern, oder was ist der freie Wille?

Herr Schooler, Sie beschäftigen sich seit vielen Jahren mit dem Phänomen des Tagträumens (engl. Mind-Wandering). Die Gedanken schweifen zu lassen – ist das gut oder schlecht?

Jonathan Schooler: Wir sind heute sehr darauf konditioniert, keine Zeit zu verschwenden und alles zu kontrollieren – da scheint das Träumen einfach nicht dazu zu passen. Es ist nicht von der Hand zu weisen, dass Tagträume mitunter der Grund für menschliches Fehlverhalten sind. Denken Sie zum Beispiel an Autounfälle, die durch mangelnde Aufmerksamkeit ausgelöst werden. Wenn Menschen träumen, konzentrieren sie sich in diesem Augenblick weniger auf das, was sie gerade tun. Auf der anderen Seite ist das Tagträumen aber unglaublich positiv: Es ist eine wunderbare Quelle für schöpferisches Denken, sehr hilfreich bei der Entwicklung von Ideen und die Basis für das, was Psychologen die kreative Inkubation nennen.

> Etwa die Hälfte der Denkarbeit leistet das Gehirn im Tagtraum

Was bedeutet kreative Inkubation?

Jonathan Schooler: Wenn Sie an einem Problem arbeiten und mittendrin eine Pause machen, kann Ihr Kopf im sogenannten Tagtraum-Modus weiter daran arbeiten. Das funktioniert besonders gut, wenn Sie etwas tun, das mit dem Problem rein gar nichts zu tun hat und Sie auch ansonsten nur wenig in Anspruch nimmt – zum Beispiel Duschen oder Spazierengehen. Gartenarbeit ist auch super. Wir haben in einer neueren Studie die Arbeitsweise von Schriftstellern und Physikern untersucht. Dabei haben wir festgestellt, dass etwa 40 Prozent der Ideen, die diese Leute entwickelt haben, entstanden sind, als sie gar nicht mit dem eigentlichen Problem beschäftigt waren, sondern etwas gänzlich anderes taten und dabei Tagtraumphasen hatten.

Sind die positiven Effekte des Tagträumens eine Neuentdeckung?

Jonathan Schooler: Die Psychologen Jerome Singer oder Eric Klinger haben bereits in den 1960er Jahren auf den Nutzwert von Tagträumen hingewiesen! Leider wurden ihre Studien auf breiter Ebene ignoriert und nur in einigen, teilweise obskuren Blättern publiziert. Als ich und meine Forschergruppe vor etwa 15 Jahren anfingen, uns mit dem Thema zu beschäftigen, konzentrierten wir uns zunächst wie fast alle Kollegen auf die negativen Effekte des Tagträumens – etwa auf die Unfähigkeit, einen Text zu lesen und richtig zu verstehen, wenn die Gedanken abschweifen. Nach einiger Zeit begannen wir uns aber ernsthaft zu fragen: Wenn das Träumen so ein Störfaktor ist, warum machen wir es dann? Und vor allem: Warum tun wir es so oft? Man geht ja mittlerweile davon aus, dass bis zu 50 Prozent aller Gedanken im Tagtraum gedacht werden, also die Hälfte der Denkarbeit! Es wäre doch völlig abwegig, dass sich ein funktionierendes System selbst sabotiert. Wir sagten uns: Das muss einen Sinn haben und für irgendwas gut sein.

Was, wenn das Gehirn nur einfach «nicht aufhört zu denken» – egal in welchem Zustand?

Jonathan Schooler: Manchmal wird die Beziehung zwischen Gehirn und Tagtraum mit einem Auto verglichen, das sich im Standgasmodus befindet. Obwohl dieses Bild erst mal plausibel erscheint, ist es jedoch falsch. Ein Auto im Standgas erbringt ja keine besondere Leistung. Beim träumenden Gehirn ist das aber definitiv der Fall. Unsere Forschung geht der Frage nach: Was ist die funktionale Aufgabe dieser Träume? Wir träumen über den Tag verteilt sehr viel und eben nicht nur, wenn wir gerade nichts anderes zu tun haben. In der Auto-Metapher gesprochen: Das Fahrzeug springt auch bei voller Fahrt in den Leerlauf. Stellen Sie sich vor, das würde Ihnen und allen anderen ständig passieren – da fragen Sie sich doch: Warum haben die Autoingenieure solch eine Funktion eingebaut? Muss das vielleicht genau so sein?

> Vollspeed und Leerlauf im fliegenden Wechsel?

Was sind Unterschiede zwischen dem Träumen bei Tag und bei Nacht?

Jonathan Schooler: Die Traumformen zeigen viele Gemeinsamkeiten! Es gibt ja die Hypothese, dass Menschen im Schlaf Träume nutzen, um sich auf Konfrontationen mit Gefahren und Problemen vorzubereiten, indem sie eine Vielzahl von Szenarien durchspielen. Deshalb sind Träume bisweilen unangenehm oder sogar unheimlich. Dasselbe gilt gelegentlich für Tagträume. Hier werden Situationen durchgespielt, die in der Zukunft stattfinden könnten.

Brauchen Menschen Tagträume, um geistig gesund zu sein?

Jonathan Schooler: Es ist ganz sicher so, dass für die meisten Menschen das Tagträumen sehr hilfreich sein kann, vor allem in Zeiten, in denen sie keiner anspruchsvollen Tätigkeit nachgehen müssen. Wir haben andererseits Hinweise darauf gefunden, dass es einen negativen Zusammenhang zwischen (zu) hoher Aufmerksamkeit und Kreativität gibt.

Es ist aber eine offene Frage, wie eine gute Balance zwischen Tagtraum und fokussiertem Denken aussieht. Es gibt sehr individuelle Unterschiede, und es kommt drauf an, wie man das bewertet. Nehmen Sie mich: Ich liebe es zu träumen. Ich tue es ständig. Aber ich bin Psychologe und nicht Kontrolleur im Flughafentower. Wenn ich träume, stürzen keine Flugzeuge ab. Für mich persönlich ist der Tagtraum eine phantastische und sehr nützliche Sache. Ich profitiere davon beruflich und in meiner Persönlichkeitsentwicklung sehr. Wäre ich aber Chirurg und würde Sie gerade operieren, würden Sie sich vermutlich wünschen, dass ich bitte nicht anfange zu träumen. Die Bewertung hängt eben sehr von der Situation ab.

Gibt es kulturelle Unterschiede beim Tagträumen?
Jonathan Schooler: Das ist eine sehr gute Frage. Obwohl das Phänomen in vielen Kulturen beschrieben wird, gibt es meines Wissens nach keine Untersuchungen dazu. Ich würde behaupten, dass es keine kulturellen Unterschiede gibt.

Wie verhält sich Meditation zum Tagtraum?
Jonathan Schooler: Haben Sie schon einmal probiert zu meditieren? Das ist eine merkwürdige Sache: Obwohl die Aufmerksamkeit während der Meditation sehr stark ist, fällt man immer wieder in Tagträume. Selbst Personen, die oft meditieren und darin sehr geübt sind, neigen dazu, viel zu träumen. Wenn man also behaupten würde, wer viel meditiert, hat über den Tag gesehen weniger Tag-

träume, dann würde ich sagen: Das liegt wohl daran, dass diese Leute ihr Pensum schon bei der Meditation hatten. Untersucht hat das bisher aber noch niemand.

> Auszeiten sind ein wichtiger Teil der Arbeit

Wofür ist das Träumen am Tage also gut?
Jonathan Schooler: Jenseits seiner Bedeutung für die Kreativität sprechen unsere Forschungen dafür, dass der Tagtraum eine sehr wichtige Rolle bei der Planung der persönlichen Zukunft spielt. Mit seiner Hilfe scheint es der Mensch außerdem zu schaffen, für einen Reiz, an den man sich gewöhnt hat, wieder empfänglich zu werden. Und es sieht so aus, als ob Tagträume eher zielgerichteter Natur sind.

Wenn Tagträume eine produktive Sache sind, sollte man sie dann für sich nutzen?
Jonathan Schooler: Oh ja, absolut. Ich selbst baue in meinen Tagesablauf bewusst Tagtraumzeiten ein. Ich mache dann kleine Spaziergänge, erledige irgendwelche einfachen Dinge und mach Sachen, die meine Aufmerksamkeit nur wenig beanspruchen. Das ist ein bisschen wie eine kleine Auszeit. Ich habe kein schlechtes Gewissen dabei, weil ich weiß, dass das ein wichtiger Teil meiner Arbeit ist. Ausflüge in die Natur sind auch eine ideale Möglichkeit, die Gedanken einfach mal schweifen zu lassen. Vor allem Menschen, die Kreativität und Inspiration suchen, sollten das unbedingt regelmäßig machen.

Wir beschäftigen uns mit dem Thema Inspiration, also mit der Frage, wie man aus einer Beobachtung oder einer Infor-

mation gute neue Ideen entwickeln kann. Macht es Sinn, sich nach einer Phase der intensiven Auseinandersetzung mit einer Situation einen Tagtraum zu gönnen, um Informationen besser verarbeiten zu können?

Jonathan Schooler: Das ist in jedem Fall sehr sinnvoll. Wir verfolgen diese Idee ebenfalls in unserer aktuellen Arbeit. Leider gibt es bisher noch keine wissenschaftlichen Untersuchungen dazu, wie man Tagträume optimal im Alltag nutzen kann oder in den Arbeitsalltag integrieren kann. Solche Studien wären aber sehr wichtig, um unsere Erkenntnisse in der Praxis wirkungsstark nutzen zu können.

Inspiration im Traum

Es ist eine verlockende Vorstellung, abends mit Fragen und ungelösten Problemen ins Bett zu gehen und morgens mit der passenden Idee aufzuwachen.

Viele spannende Geschichten erzählen von wichtigen Erkenntnissen, die ihre Denker im Schlaf heimgesucht haben sollen. Eine der wohl bekanntesten ist die Legende über die Entdeckung des Benzolrings. Demnach träumte der deutsche Chemiker August Kekulé nachts von einer Schlange, die sich selbst in den Schwanz biss. Nach dem Aufwachen traf ihn die Erkenntnis, dass das Traumbild die bis dahin unbekannte chemische Struktur des Benzols beschrieb.

Auch der Komponist Philip Glass berichtet über Träume, die sein musikalisches Schaffen vorweggenommen haben: Musik, im Schlaf ersonnen.

Nun sind Kekulé und Glass berühmte Leute, die zweifellos über besondere Begabungen verfügen. Ist es da nicht erwartbar, dass sie auch besondere Träume haben? Genieträume sozusagen? Aber können auch ganz normale Menschen Ideen entwickeln, einfach so im Schlaf? Und wie soll das gehen?

Der Schlaf spielt eine wichtige Rolle beim Aufbau von Gedächtnisspuren im Gehirn. Im Schlaf werden neuronale Gedankenmuster gefestigt und ausgebaut. So weiß man heute, dass das Gehirn während des Schlafes aktuelle Erfahrungen und neues Wissen aus dem Kurzzeitgedächtnis ins Langzeitgedächtnis verlagert. Auf dieser Basis wurden beispielsweise Methoden entwickelt, die beim Erlernen einer Fremdsprache den Schlaf systematisch in den Lernprozess einbinden. Im Schlaf werden jedoch auch Erlebnisse des Tages erneut durchgespielt und verarbeitet. Sigmund Freud hat für jene Gedanken, die uns in den Traum begleiten, den poetischen Begriff «Tagesreste» geprägt.

Während des Träumens greift das Gehirn auf ebenjene Eindrücke und Erlebnisse zurück, jedoch auch auf die während des Tages geleistete Denkarbeit sowie auf Gedächtnisinhalte des Langzeitgedächtnisses.

Das Gehirn, so hat es der Harvard-Forscher Allan Hobson ausgedrückt, stellt seine Tätigkeit im Schlaf keineswegs ein, sondern organisiert sie um. Dabei scheint es in den Traumschlafphasen spezielle Hirnbereiche zu aktivieren und zu vernetzen, die scheinbar nach dem Zufallsprinzip Gedankenfetzen und Langzeiterinnerungen in Beziehung setzen und so besonders freie Assoziationen bilden.[73] Hierin könnte der Schlüssel zu der

> «Ich hatte schon äußerst präzise musikalische Träume, in denen ich ganze Stücke gehört habe, an denen ich gerade arbeitete – vollständig aufgeführt! Aber was half das, ich musste sie ja trotzdem noch aufschreiben.»[71]
>
> *Philip Glass,*
> *Komponist*

> «Die Traumarbeit zwingt uns, eine unbewusste psychische Tätigkeit anzunehmen, welche umfassender und bedeutsamer ist als die uns bekannte mit Bewusstsein verbundene.»[72]
>
> *Sigmund Freud,*
> *Psychoanalytiker*

Frage liegen, warum unsere Traumgeschichten manchmal so wild und hemmungslos sind, und doch häufig einen Bezug zu aktuellen Problemen und Fragestellungen haben. Aber können Träume uns weiterbringen?

Eine Studie von deutschen Forschern aus dem Jahr 2004 untersuchte die Frage, ob Schlaf die Einsicht in Problemlösungen unterstützt. 66 Personen wurden dazu gebeten, Zahlenreihen zu vervollständigen, die nach einer bestimmten Regel fortgeführt werden sollten. Diese Regel wurde aber nicht weiter erklärt, sie war also unbekannt und sehr schwer zu durchschauen. Dieses Problem war so knifflig, dass es nicht auf Anhieb gelöst werden konnte. Anschließend begab sich ein Teil der Gruppe zu einem achtstündigen Nachtschlaf, der andere Teil blieb hingegen wach. Nach acht Stunden bat man die Probanden erneut, die Zahlenreihen zu bearbeiten. Von den Wachgebliebenen konnten nur etwa 20 Prozent die unbekannte Zahlenregel erkennen, bei den Schläfern waren es hingegen fast 60 Prozent.

Dieses Ergebnis macht deutlich, wie wichtig der Schlaf bei der Entwicklung von Ideen und Lösungsstrategien sein kann. Die Tatsache, dass im Traum Fragestellungen erneut durchdacht und durchgespielt werden (Forscher sprechen von einem neuronalen Replay in Gehirnbereichen des Hippocampus und des Neocortex), scheint dabei eine große Rolle zu spielen.[74]

Es ist also durchaus möglich und wahrscheinlich, dass Inspiration – als eine Erkenntnis verstanden, die aus Beobachtungen und Erfahrungen resultiert – uns im Schlaf überkommt. Allerdings haben Träume die schlechte Angewohnheit, sich nach dem Erwachen recht schnell zu verflüchtigen. Manche Menschen behaupten daher, dass sie generell nicht träumen. Ein Trugschluss – jeder Mensch träumt während des Schlafens –, doch können sich manche nicht an die nächtlichen Begebenheiten erinnern.

Dass es auch anders sein kann, zeigt folgendes Beispiel: Eine den Autorinnen bekannte Grafikerin berichtet, dass sie mit einer Gestaltung eines Corporate Designs beauftragt wurde. Eine Spezialklinik für Herzkrankheiten sollte ein ansprechendes Erscheinungsbild erstellt bekommen, allerdings fehlte die richtige Idee für die grafische Aufmachung. Die Grafikerin testete am Computer die unterschiedlichsten Varianten, aber nichts wollte so recht gefallen. Nachts träumte sie dann, dass sie bereits fertig gedruckte Flyer, Broschüren und Plakate der Klinik in Händen hielt. Sie sah die Druckerzeugnisse ganz deutlich vor sich. Als sie mitten in der Nacht aufwachte, nahm sie Stift und Papier zur Hand und skizzierte das Gesehene, in der Angst, es bis zum Morgen vergessen zu haben. Am nächsten Tag übertrug sie den Entwurf in ein Computer-Layout. Der Klinikleitung gefiel die Gestaltung auf Anhieb gut und so wurden aus den im Schlaf ersonnenen Bildern schließlich reale Druckwerke.

Unser Gehirn träumt gerne. Bis zu 50 Prozent seiner Aktivität wendet es dafür auf, Gedanken schweifen zu lassen. Das ist eine ganze Menge. Offensichtlich fordert es diese «Pausen» ein. Wie wäre es, diese Tagträume einfach öfter zuzulassen und sie als das zu sehen, was sie sind: höchst hilfreiche Auszeiten und wertvolle Ideengeber.

Inkubation und Inspiration – Gedanken einfach fließen lassen

Spannende Impulse von außen können Ideen und Erkenntnisse auslösen. Entscheidend ist dabei, wie neue Eindrücke assoziiert werden, also wie sie mit bereits vorhandenem Wissen verknüpft werden. Solche Verbindungen können allerdings selten durch gezieltes, konzentriertes Nachdenken herbeigeführt werden. Ist man hingegen mit dem Kopf in den Wolken, kommt der Einfall plötzlich, völlig unverhofft und ohne Vorankündigung. Das lockere Schweifen der Gedanken macht es möglich, dass der Kopf lose Gedankenbausteine zu neuen Konzepten zusammensetzt. Tagträume bilden eine wichtige Grundlage für die Inspiration, denn sie ermöglichen ein wildes Hin und Her von Gedanken und Verknüpfungen, das im bewussten Denken so nicht stattfinden könnte. Doch wir wehren uns häufig gegen diese wichtige Tätigkeit des Gehirns. Dabei können Tagtraumzeiten durchaus sinnvoll über den Tag verteilt werden, denn häufig sind es einfache, manuelle Tätigkeiten, die Tagträume provozieren. Inspiration ist also nicht nur eine Frage des reinen Beobachtens. Nur im stetigen Wechselspiel zwischen Erfahrung und Assoziation, zwischen Aufmerksamkeit und Tagtraum, werden Impulse verarbeitet und daraus Ideen geschmiedet.

Aus dem Kopf hinaus – Musenküsse für den Eigenbedarf

Inspiration steht in engem Zusammenhang mit der Fähigkeit, den eigenen Gedanken ihren freien Lauf zu lassen. Diese Erkenntnis klingt zunächst recht schlicht, allerdings kennt jeder, der es einmal erlebt hat, das Problem: Ausgerechnet wenn man eine gewisse mentale Lässigkeit am meisten braucht, scheint es fast unmöglich, von dem Problem oder der Aufgabe abzulassen. Man verbeißt sich in die Sache und macht es damit nur noch schwieriger, den rettenden Einfall einfach auf sich zukommen zu lassen. Ein echtes Dilemma.

Es gibt jedoch einfache Tricks und Kniffe, die Abhilfe schaffen. Für alle hier beschriebenen Methoden gilt: Wenn die Assoziationsmaschine arbeiten soll, muss sie das in Ruhe tun. Reiz-

> «Wenn Sie sich selbst einmal beobachten, werden Sie merken, dass Sie in dauerndem Vorausdenken befangen sind. Durch Grübeln und Hadern mit der Vergangenheit, durch Erwartungen an die Zukunft leben wir niemals im gegenwärtigen Augenblick. Hier möchte ich kurz eine kleine Zen-Geschichte erwähnen. Ein in Meditation erfahrener Mann wurde einmal gefragt, warum er trotz seiner vielen Beschäftigungen immer so gesammelt sein könne. Er antwortete: ‹Wenn ich stehe, dann stehe ich. Wenn ich gehe, dann gehe ich. Wenn ich sitze, dann sitze ich. Wenn ich esse, dann esse ich.› Da fielen ihm die Fragesteller ins Wort und sagten: ‹Das tun wir auch. Aber was machst du noch darüber hinaus?› Er aber sagte zu ihnen: «‹Nein, wenn ihr sitzt, dann steht ihr schon. Wenn ihr steht, dann lauft ihr schon. Wenn ihr lauft, dann seid ihr schon am Ziel.›»[75]
>
> *Paul Watzlawick, Psychotherapeut*

einflüsse sind also eher kontraproduktiv. Beobachtung, Wahrnehmung, Analysieren und das Sammeln von Informationen oder Eindrücken gehen dem Assoziationsprozess voran. Schließlich sollen diese Dinge ja verarbeitet werden oder in die Ideenentwicklung einfließen. Um die Gedanken schweifen zu lassen, sollte die Wahrnehmung allerdings so weit runtergefahren werden, dass dafür keine Anstrengung oder Konzentration nötig ist. Es ist also wichtig, Dinge wie Lesen, Fernsehen, Schreiben (zum Beispiel Textnachrichten), Sprechen, Zuhören (auch Musik) oder Smartphonespiele einfach mal sein zu lassen und sich eine Weile dem Geschehen zu entziehen.

Nutzen Sie die kleinen Momente der Muße und des Nichtstuns. Es ist nicht unproduktiv, einfach mal in die Wolken zu schauen, eine Tasse Kaffee alleine zu trinken oder einen kleinen Spaziergang zu machen. Ihr Kopf braucht diese Auszeiten, um kreativ arbeiten zu können. Inspiration ist eben nicht nur das Einsaugen von neuen Reizen und Impulsen, wir müssen diese Dinge auch verarbeiten können. Und das funktioniert am besten im Tagtraum.

Laufen lassen

Das Wichtigste vorweg: Vertrauen Sie auf Ihre Assoziationsfähigkeit! Wie Sie nun wissen, ist unser Gehirn ganz wild darauf, Assoziationen zu bilden und Gedanken in unterschiedlichsten Konstellationen zusammenzubringen. Es kann gar nicht anders, vorausgesetzt, man lässt es.

Ein wichtiger Faktor bei der Suche nach Ideen und Lösungen ist also, sich diese Tatsache immer wieder bewusst zu machen. Wer auf seine Inspirationsfähigkeit vertraut, wird selten enttäuscht werden. Viele Menschen, die beruflich kreativ arbeiten oder künstlerisch tätig sind, entwickeln Rituale, mit der sie die Zeit überbrücken, in der sie auf die Eingebung warten. Ob ein solches Ritual den Einfall herbeilockt, bleibt dabei offen. In jedem Fall lenkt es jedoch ab von Grübelei und Kopfzerbrechen und schafft ein Gefühl der Zuversicht. Und wenn dann schließlich der Geistesblitz im Raum steht wie ein sehnlichst erwarteter Gast, begrüßt man ihn freudig: «Da bist du ja! Ein bisschen musste ich auf dich warten, aber du kommst mir wie gerufen.»

Ticket für den Tagtraum

Es gibt zahlreiche Alltagstätigkeiten, die das Tagträumen begünstigen (siehe Seite 96). Wer aber eine schnelle und wirksame Methode sucht, um spontan und effektiv in einen mentalen Entspannungszustand zu finden, der kann Folgendes tun:

Nehmen Sie sich ein Blatt Papier mit Karomuster, ein Stück aus einem Rechenheft oder Ähnliches. Beginnen Sie nun, in jedes Kästchen mit einem Bleistift ein ordentliches Kreuzchen zu zeichnen. Fangen Sie oben links an und arbeiten Sie sich Zeile für Zeile voran. Bilden Sie keine Muster, sondern arbeiten Sie Kästchen für Kästchen fein säuberlich nacheinander ab. Es wird nicht lange dauern, bis sich Ihre Hände fast automatisch über das Blatt bewegen und sich Ihr Denken anderen Dingen zuwendet. Versuchen Sie nicht, die Gedanken festzuhalten. Lassen Sie alles kommen. Halten Sie das bis zum Ende des Blattes durch?

Diese Übung ist besonders wirksam, wenn Sie zuvor Ihr zu lösendes Problem oder das, was Sie aktuell beschäftigt, noch einmal analytisch durchdacht haben. Fügen Sie zwischen Ihrem «mentalen Briefing» und der Kästchenübung am besten eine kurze Intervention ein, indem Sie zum Beispiel kurz aus dem Raum gehen, den Sitzplatz wechseln oder einen Moment aus dem Fenster schauen.

Traumjobs – «Undemanding Tasks»

Einfache Tätigkeiten, die unsere Aufmerksamkeit nicht wirklich beanspruchen, sind ideal, um Gedanken auf Wanderschaft zu schicken. Diese einfachen Tätigkeiten – Undemanding Tasks – zeichnen sich dadurch aus, dass sie routiniert ausgeführt werden und tendenziell eher etwas langweilig sind. Das kann vieles sein. Manchmal handelt es sich um Arbeiten, die man ein wenig für Zeitverschwendung hält, die aber einfach erledigt werden müssen. Die Kunst besteht darin, im persönlichen Alltag solche Beschäftigungen zu finden und sie als Interventionen und Tagtraumzeiten in den täglichen Ablauf zu integrieren. Dinge wie Schuheputzen oder Aktenschreddern können so zu einem echten Ideenbeschleuniger werden. Entwickeln Sie ein Ritual daraus, indem Sie sich vergegenwärtigen, dass Sie beispielsweise jetzt nicht nur schnöde eine Spülmaschine ausräumen, sondern Ihrem Gehirn gleichzeitig die wichtige Tagtraumarbeit ermöglichen.

Duschen und Zähneputzen: Muss man sowieso ständig. Der Schauspieler und Regisseur Woody Allen ist ein bekennender Kreativ-Duscher. Aber auch der Astrophysiker Günther Hasinger schwärmt: «Die besten Ideen habe ich morgens beim Duschen.»[76] Lassen Sie sich also Zeit für diese Dinge, genießen Sie es, lassen Sie das Radio ausgeschaltet und legen Sie sich vielleicht einen Notizblock ins Bad. Manchmal hilft eine Dusche auch bei Denkblockaden.

Bügeln, Putzen, Hausarbeit: In der TV-Serie «House of Cards» gibt es eine schöne Szene, in der die Hauptperson, der spitzbübische Politiker Francis Underwood (smart gespielt von Kevin Spacey), von seinen Widersachern in die Enge getrieben, in einem scheinbar ausweglosen Dilemma steckt. Er stellt daraufhin alle seine Schuhe paarweise vor sich hin und beginnt, einen nach dem anderen sorgsam zu polieren. Am Ende angekommen, springt er fröhlich auf, denn er hat endlich einen Plan ersonnen, der seinen Gegenspieler ein für alle Mal ruinieren wird. Die Szene ist deshalb so bemerkenswert, denn sie zeigt, dass der Protagonist nicht zufällig beim Putzen über die Lösung stolpert, sondern die Tätigkeit gezielt nutzt, um seinen Gedanken auf die Sprünge zu helfen.

Hausarbeit, egal ob Kochen, Fensterputzen, Wäschezusammenlegen oder Unkrautjäten, ist als «Undemanding Task» so wunderbar, weil sie das Notwendige mit dem Nützlichen verbindet. Der Choreograph George Balanchine hat in einem Gespräch bekannt: «Am kreativsten bin ich, wenn ich bügle.» Auch hier gilt: Eine mentale Vorbereitung, also die vorausgehende Auseinandersetzung mit der gegenwärtigen Fragestellung, erhöht die Chance auf einen guten Einfall.

Büroarbeit: Je höher Mitarbeiter in der Hierarchie eines Unternehmens oder einer Institution stehen, umso mehr delegieren sie vermeintlich unproduktive Tätigkeiten wie das Anfertigen von Kopien, Kaffeekochen, Postsendungeneintüten oder Botengänge an Hilfskräfte. Dabei könnten diese Beschäftigungen eine wunderbare Gelegenheit sein, Gedanken reifen zu lassen.

Über den Tag verteilt, ist es durchaus produktiv, diese Dinge selbst zu erledigen. Die Leiterin eines großen Forschungsinstituts berichtete den Autorinnen, dass sie es sich nicht nehmen lässt, täglich persönlich zur Poststelle zu gehen, um ihre Korrespondenz zu erledigen. Dabei kommen ihr immer wieder hilfreiche Eingebungen.

Unterwegs: Für viele Menschen ist der Weg zur Arbeit eine reine Zeitverschwendung. Manche Leute überleben die tägliche Fahrt mit der Bahn oder dem Bus nur im Dauerkontakt mit ihrer Unterhaltungselektronik. Dabei kann gerade das eine Gelegenheit zum Tagträumen sein. Darüber hinaus ist Zugfahren auch ein wunderbarer Rahmen, um Menschen zu beobachten und Eindrücke zu sammeln. Man kann aber auch einfach aus dem Fenster schauen und seinen Gedanken nachhängen. Wer auf einen Bus warten muss, sollte sich über die geschenkte Zeit (drei Minuten nur für sich sein), die kleine Pause, freuen und nicht sofort auf das Display des Telefons schauen. Wer mit dem Rad fährt oder zu Fuß geht, bietet dem Kopf ebenfalls Gelegenheit zum Reflektieren und Verarbeiten von Eindrücken. Es kann hilfreich sein, sich einen Handschmeichler, beispielsweise einen kleinen Stein, in die Jackentasche zu legen. Ein geistesabwesendes «Fummeln» erleichtert die Kontemplation.

Egal was Sie machen, ob Sie Schnee schippen, den Rasen mähen, Aufräumen oder Bleistifte spitzen, freuen Sie sich über diese Tätigkeiten, vollziehen Sie sie alleine und in aller Ruhe, Ihr Kopf arbeitet dabei fleißig mit.

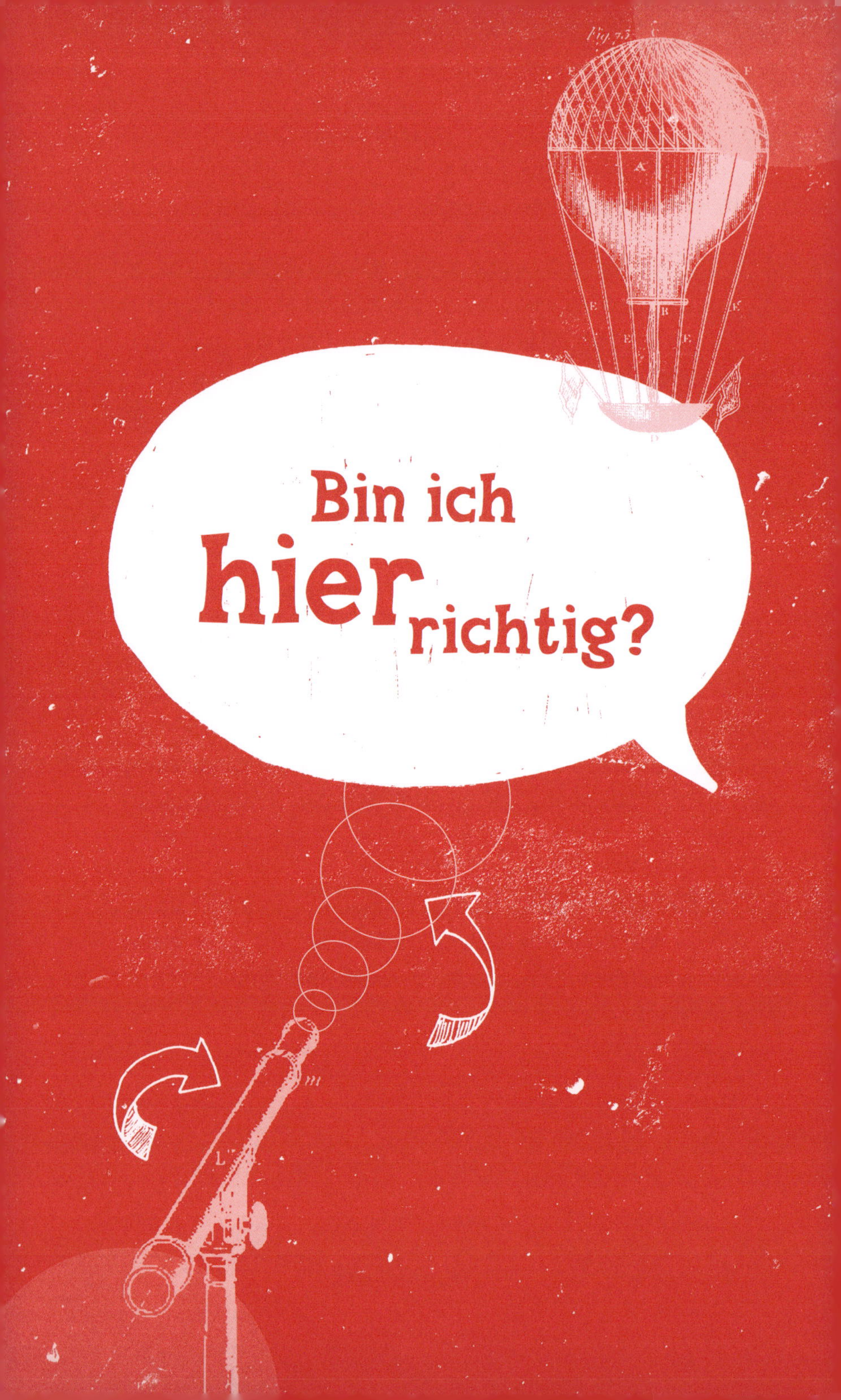
Bin ich hier richtig?

Eindrücke suchen – Eindrücke finden

Inspirationsquellen im Test

Der Weg zur ureigenen Quelle, aus der Ideen sprudeln – wo geht er lang? Gibt es eine für jedermann geeignete innere «geographische» Karte, der man folgen kann?

Wir kennen nun kognitive Erklärungsversuche von Inspirationserlebnissen. Die Faszination, die der Geistesblitz über Jahrtausende hinweg auf Denker, Künstler und schöpferische Gemüter ausgeübt hat, ist groß (siehe Seite 153 f.). Wir kennen auch viele Beispiele und Anekdoten von Menschen und ihren Einfällen, von scheinbar belanglosen Begebenheiten, die schlussendlich neue Ideen ermöglicht haben. Und wir behaupten zu wissen, wir müssen für einen «Einfall» in mehrerer Hinsicht raus – raus in eine äußere oder auch innere Welt der außergewöhnlichen Wahrnehmung und Begegnung, des unerwarteten Erlebens und der fruchtbaren Eindrücke. Wir haben zudem eine deutliche Vorstellung davon, wie es sich anfühlen kann, von einem Gedanken beseelt zu sein. Also kann es doch jetzt losgehen: Her mit der Wanderkarte. Inspiration – wir kommen dir entgegen!

«Meine Arbeit inspiriert mich auf ganz einfache Art und Weise, indem ich viele Sachen auf meinem Werktisch sehe und diese neu zusammenstelle, verändere, neu forme, alte Kreationen neu aufbaue oder komplett neue Schmuckstücke entwerfe. Viel Inspiration hole ich mir aus der Natur, vor allen Dingen von organischen Formen.»

René Talmon l'Armée, Goldschmied

Zu Beginn der Arbeiten an diesem Buch schien der selbstgestellte Auftrag klar. Am Ende wollten die Autorinnen den Lesern gerne eine Navigation in die Hand geben: Hier entlang zur Inspiration, dahin kann man sich wenden, wenn Ideen ausbleiben, dort gibt es Tipps und Ratschläge, welche Quellen ergiebig sind und welche Wege zuverlässig und unterhaltsam zum gewünschten Ziel – der passenden Idee zur passenden Zeit – führen. Immerhin gibt es, vergleicht man die Erzählungen und Berichte inspirierter Menschen, so etwas wie echte Dauerbrenner unter den Inspirationsquellen. Getreu dem Motto «Was anderen geholfen hat, das wird auch Ihnen helfen» könnte dann an dieser Stelle folgender Hinweis stehen: «Quartieren Sie eine Muse bei sich ein, machen Sie täglich einen Waldspaziergang, und wenn Sie auf Nobelpreisträger treffen, fragen Sie Ihnen Löcher in den Bauch!» Doch – Sie ahnen es bereits – so läuft es leider nicht.

Der Weg zur Inspiration ist ähnlich schlecht ausgeschildert wie ein verwilderter und von der lokalen Gemeinde vernachlässigter Wanderweg mitten im Nirgendwo eines unwirtlichen Gebirges dieser Erde. Und sehr häufig gilt hier ein Klassiker unter den gähnend langweiligen Lebensweisheiten, nämlich «Der Weg ist das Ziel». Anders ausgedrückt: Es ist nicht das Ziel, es ist die Wanderung selbst, die Ahnungen zu Gewissheiten und Eindrücke zu Ideen werden lässt. Was soll man nun jetzt mit dieser Feststellung anfangen? Ist es letztlich völlig beliebig, wohin ich mich als «Einfallpilgerer» wende? Gibt es überhaupt einen Anhaltspunkt, wo ich bei der Suche nach Inspiration ansetzen kann? Um bei der Metapher vom unbeschilderten Wanderweg zu bleiben: Sie können für sich selbst so etwas wie Orientierung oder Ortskenntnis auf dem Gebiet Ihrer eigenen Erlebnislandschaft entwickeln. Wie geht das?

Jeder Mensch ist – auch wenn oft konstatiert – eben anders,

und unterschiedlich sind damit auch die Dinge, die uns berühren. Was dem einen Schauer über den Rücken jagt – sei es vor Entzücken oder vor Graus –, kann den anderen nicht im Geringsten bewegen. Unterschiedliche Inspirationsquellen sprechen somit unterschiedliche Gemüter an. Es ist letztlich das Zusammentreffen von äußerem Reiz und ganz persönlicher Betrachtungsweise, das einen neuen plötzlichen Gedanken in Gang setzen kann. Ihre ersten Fragen auf der Suche nach Ihrer persönlichen Inspirationsquelle sollten daher lauten:

Was hat mich in der Vergangenheit inspiriert?

Kann ich an mir selbst beobachten, dass bestimmte Begebenheiten spürbar eine mentale Belebung mit sich bringen? Welche?

An welcher Stelle habe ich eine Unsicherheit gespürt, die auf einen neuen Weg geführt hat?

Wenn Sie auf diese Fragen Antworten finden, dann findet sich auch genau dort ein erster Hinweis, wo die Reise zu Ihren Inspirationsquellen beginnen könnte.

Mit diesem Vorgehen sind Sie außerdem nicht allein. Fragt man Künstler, Denker und Kreative, nachdem sie diese Beobachtung für sich gemacht haben, wo sie zukünftig ihre Ideen hernehmen, dann sagen viele, sie kehrten immer wieder zu bestimmten Inspirationsquellen zurück. Es gibt natürlich unendliche Möglichkeiten, jedoch einige, die ganz besonders beliebt zu sein scheinen. Solche Evergreens sollen an dieser Stelle beschrieben werden.

Der Einfall ein Zufall – der Zufall ein Glücksfall?

Welche Rolle spielt eigentlich der Zufall für ein Inspirationserlebnis? Ist er ein Verbündeter? Wie tritt er in Erscheinung? Kann man Zufälle aufsuchen und zu einer «Quelle» machen?

Zufälle – gibt es die überhaupt? Lange Zeit basierte die allgemeine Vorstellung der Welt auf dem festen Glauben, dass nichts in der Natur und im Leben zufällig geschieht. Alles, so argumentierte man, folge einem großen Plan, einer Gesetzmäßigkeit, die der Mensch jedoch aufgrund seines beschränkten Wissensstandes nicht in der Lage ist zu erklären. Kleriker führten Gott ins Feld. Wissenschaftler wie Leibniz, Spinoza oder Laplace beriefen sich – das Phänomen des Zufalls war stets Gegenstand wissenschaftlicher Untersuchungen – auf unbekannte, übergeordnete kausale Zusammenhänge, die es gilt zu erkennen.[77]

Die Entdeckungen der modernen Quantenphysik haben den Glauben an eine deterministische Welt dann gründlich erschüttert. Nichts folgt einem Plan. Experimente und Messungen auf atomarer Ebene beweisen heute: Der Zufall ist für die Quantenwelt ein grundlegendes Prinzip. Es gibt den Zufall ohne jeden Zweifel. Die Chaosforschung, ein Wissenschaftsfeld innerhalb der mathematischen Physik, liefert darüber hinaus Erkenntnisse darüber, warum Abläufe, deren Ausgang man eigentlich voraussagen könnte, letztlich häufig doch anders enden als vorhergesagt. Ein Grund dafür ist die Tatsache, dass schon winzigste Änderungen in den Anfangsbedingungen einen Prozess maßgeblich verändern können. Das berühmte Steinchen, das ins Rollen kommt und eine Lawine auslöst, ist also durchaus eine ernstzunehmende Größe im Geschehen.

Wie nun mit diesem Wissen umgehen? Kann der Zufall zur Inspiration werden? Für viele Menschen gilt: Ja. Betrachtet man die Geschichte der Ideen, so zeigt sich immer wieder, dass es häufig zufällige Ereignisse waren, die zu neuen Erkenntnissen und Geistesblitzen geführt haben. So soll einer Anekdote zufolge der Schuhdesigner Christian Louboutin ein Mannequin beim Lackieren der Nägel beobachtet haben. Einer spontanen Eingebung folgend, so die Legende, entwickelte er daraufhin die berühmte rote Schuhsohle, die noch heute die Schuhe der Marke kennzeichnet. Ob es sich tatsächlich so zugetragen hat, ist nicht gesichert, aber es ist eine schöne Vorstellung.

Geniale Zufälle kann man nicht suchen, aber man kann sie durchaus finden. Entscheidend scheint zu sein, in einem Pool aus scheinbar irrelevanten Informationen etwas Nutzbares zu erkennen oder, anders gesagt, dem ungeplanten oder unvorhergesehenen Ereignis etwas Wertvolles zu entnehmen.

Wir leben in einer Welt der Wahrscheinlichkeiten – man kann wohl etwas planen, ob dieser Plan dann jedoch aufgeht, ist oft nicht vorhersagbar. Ein Beispiel: Einen Achtzigjährigen in einem Seniorenwohnheim anzutreffen ist relativ wahrscheinlich. Denselben Mann dann abends in einem Hip-Hop-Club zu sehen ist eher unwahrscheinlich. Passiert es «zufällig» dennoch, so ist es höchstwahrscheinlich eine sehr spannende Geschichte, die der umtriebige Herr zu erzählen hätte – vorausgesetzt, man nimmt den alten Mann in der Menge bewusst wahr und traut sich, ihn anzusprechen.

Wer sein Leben und Erleben darauf ausrichtet, nur das Erwartbare anzusteuern, um die höchstmögliche Kontrolle über Geschehnisse zu haben, übersieht möglicherweise interessante Details am Rande. Wer hingegen offen für Zufälle ist und auch einen Blick für das hat, was er vielleicht gerade nicht sucht, was sich aber von selbst anbietet, hat gute Chancen auf ein inspirierendes Moment.

Zufall und Inspiration sind eng miteinander verknüpft. Wer dem Zufall begegnen will, muss die Gunst der Stunde erkennen und nutzen. Im antiken Griechenland verehrt man daher Kairos, den pfiffigen Göttersspross und Wächter des rechten Augenblicks.[78] Während die launische Glücksgöttin Tyche[79] (ihr römisches Äquivalent ist unter dem Namen Fortuna bekannt)

Eindrücke suchen – Eindrücke finden

in einem willkürlichen Spiel von Fügungen, Schicksalsentscheidungen und Zufällen die Geschicke lenkt, greift Kairos immer wieder in das Geschehen ein, wenn es darum geht, einen günstigen Moment zu nutzen. Der flinke und beherzte Kairos ist es, der dem launenhaften Treiben der Schicksalsgöttin eine günstige Wendung zu geben vermag und den Menschen dabei hilft, eine Gelegenheit beim Schopfe zu packen. Würde man einen Schutzpatron für alle Inspirationssuchenden wählen, so wäre Kairos sicher ein guter Kandidat für den Job.

«Ich geh dann mal» – Weg

«Und Zarathustra lief und lief und fand niemanden mehr und war allein und fand immer wieder sich und genoss und schlürfte seine Einsamkeit und dachte an gute Dinge – stundenlang.»[80]

Nicht nur Friedrich Nietzsche bewertete im letzten Teil von «Also sprach Zarathustra» die Bewegung des Gehens in der Natur als Quelle für Inspirationserlebnisse. Das Nietzsche-Haus in Sils Maria, wo der Philosoph sieben Jahre lang den Sommer verbrachte, täglich mehrere Stunden wanderte und seine Notizbücher füllte, macht im Internet Werbung mit dem Ausschnitt aus einem Brief von Friedrich Nietzsche, geschrieben dort im Juni 1883 an Carl von Gersdorff: «Lieber alter Freund, nun bin ich wieder im Ober-Engadin, zum dritten Male, und wieder fühle ich, daß hier und

Was tun Sie, wenn Inspiration auf sich warten lässt?

«Ich gehe laufen, quasi der Inspiration freien Lauf lassen.»

Katharina Jensen, Rechtsanwältin / Leiterin einer Stiftung

«Ich gehe ins Freie, joggen, spazieren oder fahre mit dem Auto auf der Autobahn.»

Judith Zwick, Freie Kulturschaffende

«Ich lese, mache Sport und gehe in die Ruhe, um neue Kräfte zu tanken und dann wieder aufmerksam zu sein für alles, was um mich herum passiert.»

Karin Baumhöver, Publizistin und Journalistin

nirgends anderswo meine rechte Heimat und Brutstätte ist.» Viele Menschen erzählen, dass beim Wandern in der Natur der Berge, beim Spaziergang am See oder Sandstrand, beim Joggen im Wald die Ideen sprudeln – dann, wenn rhythmische Bewegung den Takt vorgibt, die Augen an den Schuhen heften.

Brüten in Bewegung – das ist eine uralte verbriefte Methode vieler schreibender Künstler und Denker. Bücher, die das Wandern und Gehen beschwören, um auf neue Gedanken zu kommen, haben Konjunktur und verweisen mit Titeln wie «Ich bin dann mal weg» oder «Der große Trip» oder «Laufen. Essen. Schlafen» auf die Inspiration, die Wanderungen liefern können – in diesen Fällen meist mit dem Ziel der Selbsterkenntnis. Ritualisiertes Gehen, um Einfälle zu provozieren, pflegt aber auch Peter Handke[81] für seine Arbeiten – er wandert vorzugsweise ausdauernd bergauf und notiert alle möglichen Eindrücke unterwegs mit Bleistift. Ebenso führen Recherchen über die Alltagsrituale geistreicher

«Eines Morgens nahm ich den Pendelzug nach Arcueil-Cachan, dort hatte Erik Satie einst sein Zuhause in einem kleinen Zimmer in der Rue Cauchy, Nr. 22. Jeden Tag ging Satie von dort aus zu seinen Stammcafés in Paris, ein Fußweg von mehr als zwölf Kilometern, nur unterbrochen von den zahlreichen Stopps des Komponisten in den Kneipen am Wegesrand; wenn er dann schließlich das Lokal erreichte, in dem er sitzen und trinken wollte, war er betrunken. An manchen Abenden ging er den ganzen Weg auch wieder zurück, zwar ohne Geld, aber mit vielen Ideen; es heißt, er sei regelmäßig unter den Straßenlaternen stehen geblieben, um die Noten, die er gehört hatte, in ein Notizbuch zu übertragen. Roger Shattuck entwickelte im Gespräch mit John Cage die Theorie, dass der Ursprung für Saties Sinn für musikalische Rhythmen und die Möglichkeiten von Variationen innerhalb der Wiederholung, für den Effekt von Langeweile im Organismus in seinen endlosen Fußmärschen in der immer gleichen Landschaft, tagaus, tagein, hin und her, zu suchen sei. Ich wollte genau die Strecke gehen, und das nur, um mir Notizen zu machen: Ich wollte ein Buch über das Gehen schreiben […]»[83]

Tomas Espedal, Schriftsteller

Schreibender der Vergangenheit immer wieder auf Wanderwege und Spaziergänge. Berühmt sind der tägliche Spaziergang nach dem Mittagessen des Komponisten Gustav Mahler – mit Notizblock und Taktstock und seiner mitgeschleppten Ehefrau – oder des Königsberger Philosophen Immanuel Kant.[82]

Einen Roman über das «Gehen» auf den Wegen gehender Künstler und Denker hat der norwegische Schriftsteller Tomas Espedal 2006 in seinem Heimatland vorgelegt und ist dafür jahrelang selbst gegangen – durch Europa in den Fußstapfen des Aufklärers Jean-Jacques Rousseau, des französischen Komponisten Erik Satie, des Bildhauers Alberto Giacometti oder des Philosophen Martin Heidegger. Bekannt und oft wiederholt ist der Zusammenhang von Denken und Gehen in der griechischen Antike. Im etwas außerhalb von Athen gelegenen Bezirk «Lykeion» soll neben Sportstätten und Übungsplatz für die Reiterei in den Säulengängen des Gymnasion unter anderem Aristoteles beim Umhergehen doziert haben, weshalb seine Schüler auch als «Peripatetiker»[84] bezeichnet wurden – der peripatētikós ist einer, der auf und ab geht. «Diese Feststellung machen wir immer wieder, daß, wenn wir gehen, und dadurch unser Körper in Bewegung kommt, dann auch unser Denken in Bewegung kommt»[85], wiederholt auch der österreichische Schriftsteller Thomas Bernhard in seiner Erzählung «Gehen».

Manchmal aber ist es gerade das Innehalten im Gehen – der Stopp an der Straßenlaterne wie bei Eric Satie, der den Einfall bringt, oder das halbwache Schläfchen in der trägen Hitze der Mittagssonne unter einem schattigen Baum, bei dem auch Friedrich Nietzsches Zarathustra Inspiration widerfährt.

Wo, wenn nicht in der Natur?

Die Natur ist ein ebensolcher Dauerbrenner als Inspirationsquelle wie die langsame rhythmische Bewegung – vorzugsweise in der Natur. Naturbeobachtungen inspirierten Maler, Musiker, bildende Künstler, Schriftsteller und sowieso jede Menge Wissenschaftler. Bis heute inspirieren Natur und Tierwelt Erfindungen – wie Netzstrukturen oder neue Membrane, Saugnäpfe und Sonar oder Klebeband und Klettverschlüsse. Raus in die Natur zu gehen, um Inspiration zu erfahren, ist ein bewährtes Mittel, weil jeder für sich das wahrnehmen kann, was seinem Gemüt entspricht.

Dabei muss es nicht immer die schöne Natur sein, die die guten Ideen hervorlockt. Auch die Natur, wenn sie verrücktspielt, inspiriert Kultur. Als im April 1815 der Vulkan Tambora auf der Insel Sumbawa in Indonesien mit ungeheurer Wucht ausbrach, schleuderte er so viel Staub und Asche hoch in die Atmosphäre, dass sich ein Schleier um die Erde legte und im Jahr darauf auf der Nordhalbkugel der Sommer ausfiel. Der plötzliche Klimawandel, für den erst rund hundert Jahre später von Wissenschaftlern der Vulkanausbruch verantwortlich gemacht werden konnte, bescherte ein dramatisches Jahr ohne Sommer mit Nachtfrost im August, Unwetterkatastrophen, Ernteausfällen, Hungersnöten, Tausenden von Toten und vor allem mit viel, viel Dunkelheit. «Eighteen hundred and frozen to death» wird das traumatische Elendsjahr in der amerikanischen Geschichtsschreibung genannt, in der deutschen ist es bekannt unter «Achtzehnhundertunderfroren». Welche kulturhistorischen Folgen die Verunsicherung und Irritation durch eine verrücktspielende Natur hatte, wird erst in jüngster Zeit untersucht und beschrieben.[86] «Das Katastrophenwetter drückte den Künstlern und Literaten der Zeit nicht nur aufs Gemüt, sondern weckte in ihnen auch neue Kräfte»[87], schreibt der Journalist Wolfgang Höbel im Journal «Der Spiegel», als er im Sommer 2016 an das Elendsjahr vor 200 Jahren erinnerte. Er weist darauf hin, dass das dramatische Naturschauspiel Kunst und Kultur veränderte – Motive von «entfesselter Natur und elementarer Gewalt» prägen die Werke, die in diesem Jahr entstanden, ob in der Malerei, der Musik oder der Literatur. Düstere Romane wie «Frankenstein» wurden geschrieben, und man darf annehmen, dass die Idee zu Horror und Grusel und eine schwarze Romantik auch der unheimlichen und anhaltenden Dunkelheit und Kälte zu verdanken ist, die Tage zu Nächten und Weltuntergangsstimmung und apokalyptische Szenarien zur Alltagserfahrung machten.

Inspiration «von unten»

Der Blitz, der den Geist entzündet, fährt hernieder. Zum Musenberg geht es in antiker Literatur meist bergauf, denn die Götter und später auch der Gott wohnen erhöht – auf dem Olymp, im Himmel, da, wo die Sonne, wo helle Erleuchtung herrscht. Der gute Einfall kommt – wie alles Gute – in jedem Fall *über* die Menschen, also von oben. Doch was wäre oben ohne unten, was hell ohne dunkel, was der Himmel ohne die Hölle, was Gott ohne Teufel? Der ewige Widersacher gönnt seinem himmlischen Erzfeind kein Alleinstellungsmerkmal und fährt hin und wieder aus seinen Tiefen herauf im Auftrag einer teuflischen Inspiration. Die für mehr Geld und Genialität auf Erden verkauften Seelen müssen in der Unterwelt für dichtes Gedränge sorgen, zählt man weltweit die Geschichten mit Höllenpakt und Höllenfahrten, schaurig kreativen Bösewichtern, eiskalten Blutsaugern und unmenschlichen Bestien. Hexen und Wiedergänger, dunkle Zauberer, spukende Scheusale und schwarze Prinzen bevölkern die klassischen Kindermärchen und die Filmklassiker aus den Defa-, Disney- oder Hollywood-Filmstudios.

Wer durch die dunklen Tannen des Schwarzwaldes spazieren geht, denkt vielleicht heute noch an ein Märchen von Wilhelm Hauff – Das kalte Herz –, die Geschichte vom Kohlenmunkpeter, einem Spieler, der für den ewigen Sieg sein Herz an den Holländermichel verkauft. Wer ein Schiff besteigt und in der Nacht einmal stürmische See erlebt, dem spült die Gischt vielleicht die schwarzen Segel der «Black Pearl» vor die Seele mit ihrer unheimlichen Besatzung. Es ist eine alte Geschichte, die den Film «Der Fluch der Karibik» inspiriert hat. Das Gespensterschiff segelt auch schon bei Hauff durch die Seiten oder hat Richard Wagner zu der Oper «Der fliegende Holländer» inspiriert.

Die Teufel, Gruselfiguren und Grausamkeiten des Märchens prägen früh und dienen, wie man spätestens seit Bruno Bettelheims wissenschaftlicher Studie von 1975 «Kinder brauchen Märchen» weiß, nicht zuletzt der Entwicklung der kindlichen Phantasie. Was in der Moderne wissenschaftlich untermauert wurde, erzählt die Kulturgeschichte seit Tausenden von Jahren in den Sagen des klassischen Altertums, den Mythen und Legenden aus den nordischen Ländern, der Geschichte der Nibelungen ... die Reihe lässt sich endlos fortsetzen. Überall findet sich ein mächtiger Abgrund, aus dem in diesem Fall böse Ideen sprudeln. Er verlangt eine Grenzüberschreitung in Unterwelten. Das innere oder äußere Übersetzen zu neuen Ufern ist eben immer der entscheidende Akt, um zu neuen Ideen und Einfällen zu gelangen – und sei es auch über das «Wasser des Grauens», über das in der griechischen Mythologie der Weg in die Unterwelt führt.

Dabei müssen es keineswegs grausame Ideen sein. Aus dem Unheimlichen und Abgründigen, aus Finsternis und Zerstörung ergibt sich ebenso Gestaltungskraft wie aus Vorstellungen von göttlicher Erleuchtung. Ein berühmtes Beispiel für künstlerische

Inspiration, die nicht länger von Gott, sondern vom Teufel kommt, ist Thomas Manns Künstlerroman «Doktor Faustus». Im 25. Kapitel, bekannt als das Teufelsgespräch, verspricht der finstere Geselle dem Musiker Adrian Leverkühn als Gegengabe für dessen Seele nicht etwa Lust und Geld – sondern künstlerische Inspiration![88] Gelesen wird der 1947 geschriebene Roman nicht nur als Musikgeschichte über den Durchbruch zur Zwölftonmusik dank einer von oben nach unten verrückten Inspiration, sondern auch als allegorischer Roman über die zentrale deutsche Katastrophe: das «Dritte Reich», das dann ebenso als teuflisch inspiriert verstanden werden kann. Inwieweit die Allegorie Thomas Mann gelungen ist, ist heute umstritten, aber darum geht es an dieser Stelle nicht. Ihn hat das Abgründige auf die Idee zu einem fulminanten Roman über Musik gebracht.

Der Garten mit der Inspirationsquelle ist also keineswegs immer ein hochgelegener, von heller und guter Stimmung geprägter. Er entspricht nicht jederzeit dem Bild einer von Federwölkchen übertupften saftig grünen Almwiese. Glückselige Zustände und das Märchen von Prinz und Prinzessin, die einander finden und, wenn sie nicht gestorben sind, heute noch leben, sind keine zwingende Voraussetzung für gute Einfälle. Wie viel Sehnen, wie viele Dramen, wie viele schmachtende Liebeserlebnisse mag hingegen das Märchen von der kleinen Meerjungfrau inspiriert haben? Aus Liebe zu einem Menschen, den sie dem düsteren Seetod entrissen hat,

«Eine wahrhaft beglückende, entrückende, zweifellose und gläubige Inspiration, eine Inspiration, bei der es keine Wahl, kein Bessern und Basteln gibt, bei der alles als seliges Diktat empfangen wird, der Schritt stockt und stürzt, sublime Schauer den Heimgesuchten vom Scheitel zu den Fußspitzen überrieseln, ein Tränenstrom des Glücks ihm aus den Augen bricht, – die ist nicht mit Gott, der dem Verstande zu viel zu tun übrigläßt, die ist nur mit dem Teufel, dem wahren Herrn des Enthusiasmus möglich.»[89]

Thomas Mann, Schriftsteller (aus: «Doktor Faustus»)

lässt der dänische Schriftsteller Hans Christian Andersen die Nixe zur düsteren Meerhexe schwimmen, der sie dann für ein paar schmerzende Beine, eine unumkehrbare Verwandlung, ihre schöne Stimme überlässt. Nie wird sie ihrem Prinzen von ihrer Liebe erzählen können, nur unter Schmerzen kann sie für ihn tanzen und auf seine Liebe hoffen. Am Ende muss sie ihren Prinzen loslassen. Sie tanzt auf seiner Hochzeit und wird aus verlorener Liebe zu Schaum auf dem Meer. Wie viele Menschen, die ihr erwachsenes Liebesleben um Sehnsucht, Hoffnung und Melancholie herum gestalten, haben wohl als Kind über Andersens Zeilen geweint und diese schmerzvoll schöne Stimmung nie vergessen? Düstere Bilder und Erfahrungen, auch Grausamkeiten, Tragik, seelische Untiefen und Schmerzen – wir neigen dazu, solche Quellen für unsere Gestaltungskraft heute zu pathologisieren und zum Arzt zu rennen, um sie loszuwerden. Vielleicht ist das nicht immer der «richtige» Weg.

Auf Droge

«Benny hat mich viel sehen lassen. Der Prozess intensiver Aufmerksamkeit führt natürlicherweise zu einem Überfluss an alten Gedanken, und voilà, neues Material quillt hervor wie Wasser auf seinem üblichen Spiegel und macht sich selbst evident im Übersprudeln des Bewusstseins.»[90]

Mit diesen Worten beschreibt der amerikanische Schriftsteller Jack Kerouac in einem Brief an seinen Freund und Weggefährten Allen Ginsberg den starken Einfluss von Rauschmitteln – Benny steht für «Benzedrin» – auf sein Schaffen. Tatsächlich hat das stark aufputschende Amphetamin, ursprünglich als Medikament entwickelt, eine bisweilen euphorisierende Wirkung und mag dem jungen Autor Kerouac zu so mancher literarischen Wendung verholfen haben. Kerouac jedenfalls war von der positiven Wirkung auf seine Literatur offensichtlich sehr überzeugt.

Was der Schriftsteller in den 1960er Jahren praktizierte – Kreativität unter Drogeneinfluss –, hat durchaus Tradition. Zeugnisse für den Gebrauch von Rauschmitteln zur Beflügelung geistiger und künstlerischer Schaffenskraft finden sich in allen Epochen unserer Kulturgeschichte. Bereits im antiken Griechenland kannte man das Symposion[91], eine kultivierte und ritualisierte Form eines Trinkgelages, bei dem es darum ging, geistreiche Unterhaltung nach vorgegebenen Themen durch den reichlichen Genuss von Wein zu fördern. Wie geistreich die Gespräche dann tatsächlich waren, ist nicht überliefert. Bekannt hingegen ist heute, dass die enthemmende Wirkung von Alkohol bereits ab einem Blutgehalt von 0,3 Promille einsetzt[92], das entspricht einem kaum wahrnehmbaren Schwips. Ob es die Überwindung von Hemmungen und Blockaden ist, die schöpferische Geister wie Henri de Toulouse-Lautrec, Jackson Pollock, Jim Morrison oder Jean-Paul Sartre so tief ins Glas hat blicken lassen, dass es an Selbstzerstörung grenzte – man kann es nur ahnen, denn die Grenze zwischen intentionalem Trinken zum «Lockerwerden» und Suchtverhalten sind fließend. Unstrittig jedoch ist, dass sich unzählige Mythen um den Typus des trinkenden Genies ranken. Man denke an den Maler Francis Bacon, der gewaltige Mengen an Alkohol trank, jedoch auch den berüchtigten Tag danach nicht scheute: «Ich arbeite gerne mit Kater, da mein Geist dann nur so vor Energie sprüht und ich viel klarer denken kann als sonst.»[93]

Der Heidelberger Kreativitätsforscher Rainer M. Holm-Hadulla, der intensiv den Schaffensprozess des Sängers Jim Morrison untersucht hat, hält den positiven Effekt von Alkohol und Drogen auf die Kunst allerdings für eine Legende. Sein Fazit: «Alkohol-

und Drogenkonsum, insbesondere unter Musikern, muss als Peer-Group-Phänomen begriffen werden, das bei den Künstlern selbst, aber auch bei den Fans die Vorstellung bedient, ohne Mühe und Arbeit schöpferische Leistungen hervorbringen zu können.» Er räumt jedoch auch ein: «Verschiedene Untersuchungen belegen, dass allenfalls geringe Alkoholmengen das assoziative Denken befördern. Die Fähigkeit, Inspirationen auszuarbeiten, wird aber beeinträchtigt und bei höheren Mengen ganz behindert.»[94] Man könnte auch sagen: Betrunken kann ich das Bild wohl noch denken. Malen kann ich es aber erst am nächsten Tag, wenn der Rausch abgeklungen ist und die Motorik wieder mitspielt. Und wenn ich keinen «Filmriss» habe, der ab zwei Promille keine Seltenheit ist.[95]

Egal ob Alkohol, Haschisch, Kokain, Opium oder Speed, immer wieder haben Künstler, Schriftsteller, Musiker und Kreative auf Drogen als Inspirationsmittel zurückgegriffen. Eine Substanz ist hier allerdings hervorzuheben, da sie mit der Entwicklung einer gänzlich neuen Kunstrichtung – der Psychedelic Art – untrennbar verbunden ist: LSD.

Lysergsäurediethylamid, kurz LSD, wurde 1943 von dem Schweizer Chemiker Albert Hofmann zu medizinischen Zwecken entwickelt. Als er das Mittel im Selbstversuch testete, stellte er begeistert fest: «Es wirken ununterbrochen phantastische Bilder von außerordentlicher Plastizität und mit intensivem, kaleidoskopartigem Farbenspiel auf mich ein.» Ein Stuhl, der neben dem Bett stand, beginnt zu leben – «von innen heraus»[96].

Die «Hippie-Droge» LSD zählt wegen ihrer halluzinogenen Wirkung bis heute zu den stärksten Bewusstseinsdrogen überhaupt. Forscher interessieren sich für die Substanz, da sie Merkmale einer Psychose simuliert. So wurde LSD in der Vergangenheit immer wieder in der Psychotherapie als Medikament eingesetzt. Der Schweizer Psychologe Peter Gasser veröffentlichte 2014 eine Studie zur Wirkung von LSD auf Patienten mit schweren Angststörungen. Die Droge, so Gasser, hebe Filter im Kopf auf, die normalerweise vor einer Reizüberflutung schützen, und bewirke eine Verschmelzung von äußerer und innerer Welt. Aber LSD ist tückisch. Wohin die Reise in den Rausch geht, weiß niemand. Ebenso wenig lässt sich voraussagen, ob die Empfindungen angenehm sind oder ob Ängste verstärkt werden. Der sogenannte «Horror-Trip» ist wohl die schlimmste Erfahrung, die ein LSD-Konsument machen kann.[97]

Zu Ruhm kam LSD im Zuge der Hippie-Bewegung Ende der 1960er Jahre. Bands wie die Beatles, Jefferson Airplane oder The Grateful Dead schrieben LSD-Songs. Der Zeichner Robert Crumb, Erfinder des notgeilen Comic-Katers «Fritz the Cat», erinnert sich, LSD jahrelang intensiv als Inspirationsquelle genutzt zu haben. Kaum eine Popband kam ohne Plattencover mit jenen grellbunten, kaleidoskopartigen Ornamente und Spiralen aus, die an die visuellen Erscheinungen eines Trips erinnern sollten. In den USA propagierte der Psychologiedozent und Drogenguru Timothy Leary LSD für ein runderneuertes Bewusstsein und beeinflusste mit seinem Motto «Turn on, tune in, drop out» eine große Schar von Künstlern und Musikern.[98] LSD war die erste Pop- und Modedroge und hat die westliche Popkultur bis heute maßgeblich beeinflusst.

Ob und wie Drogen zur Inspirationsfindung beitragen, ist schwer zu sagen. Vermutlich ist es so wie bei allen Dingen: Bei dem einen funktioniert es, bei dem Nächsten nicht. Es mag auch hier auf die besondere Konstellation im Zusammentreffen von Mensch und Substanz ankommen. Die westliche Kunst- und Kulturgeschichte wäre allerdings eine andere, hätten nicht immer wieder Menschen unter Drogeneinfluss nach künstlerischem Neuland gesucht.

«Das kann ich verwenden!»
Oder: das Neue im Alltag

Wer täglich neue Einfälle haben muss, wird im Alltag zum aufmerksamen Beobachter. Ein Gespräch mit Käthe Lachmann über Wahrnehmung, Bewusstsein, Konzentration, Gedächtnis und das Neue, das daraus entsteht.

Die deutsche Humoristin Käthe Lachmann lebt in Hamburg und ist vielen Menschen von der Bühne bekannt. Heute ist sie nicht mehr auf Tour, sondern schreibt vor allem komisch hintersinnige Bücher über so Alltägliches wie Paarbeziehungen mit Titeln wie «Hilfe, er bleibt ein Frosch» oder «Wenn zwei sich streiten, freut sich Brigitte». Den Zustand, dass ihr mal nichts einfällt, kennt sie eigentlich nicht – noch nicht.

Frau Lachmann, wenn Sie mit Ihrem Publikum oder Ihren Lesern sprechen, begegnet Ihnen da die Frage: Wie sind Sie denn darauf gekommen?

Käthe Lachmann: Die Frage höre ich sogar sehr oft. Ich antworte dann immer: Ach, meine Ideen hab ich aus dem Alltag, dort passiert ja so viel! Unter uns gesagt weiß ich aber gar nicht immer so genau, wie ich auf die Sachen komme. Aber ich komme irgendwie drauf, und ganz oft sind es eben Alltagssituationen, die ich mir dann merke.

Sie legen alltäglich Erlebtes in Ihrem Gedächtnis ab?
Käthe Lachmann: Ja genau. Vor kurzem saß ich zum Beispiel in einem Hotel beim Frühstück. Ich war nicht allein, unterhielt mich und dachte nicht ans Schreiben. Und dann kam eine Familie in den Raum, Vater, Mutter, Kind, alle von langer, dünner Erscheinung, und die schienen mir sehr verunsichert zu sein. Sie bewegten sich so zögerlich, fanden nicht den passenden Tisch, wirkten beinahe ängstlich. Ich beobachtete das und dachte: Oh, die drei kann ich mal für eine Kurzgeschichte gebrauchen! So ist das dann. Ich nehme plötzlich etwas wahr, und das speichere ich im Gedächtnis.

«Ich etikettiere das Beobachtete bewusst»

Wie bewusst oder unbewusst füttern Sie Ihr Gedächtnis mit solchen Wahrnehmungen?
Käthe Lachmann: Ich beobachte zunächst nicht bewusst. Ich glaube, ich schaue einfach immer so, gehe mit weiten Antennen durchs Leben und nehme viel auf, was mich umgibt. Wenn ich spazieren gehe, rieche ich an den Blumen, schaue mir alles an, nehme sehr viel wahr. Aber in dem Moment, in dem ich denke: «Das kann ich verwenden!», etikettiere ich das Beobachtete bewusst. Und dann ist das gespeichert. Ich muss das nicht einmal aufschreiben. Ich kann mich darauf verlassen, dass mir das, was ich so abgelegt habe, auch wieder einfällt – an diese drei im Hotel werde ich sicher denken, wenn es so weit ist.

Gehen Sie los und suchen Eindrücke, wenn Ihnen nichts einfällt?
Käthe Lachmann: Nein, das mache ich eigentlich nicht. Es gefällt mir nicht so gut, bewusst loszugehen, um zu

schauen wie ein Sammler und das Gesammelte dann aufzuschreiben. Das ist mir zu gewollt, zu geplant, zu produziert. Für mich muss sich ein Teil meiner Geschichten aus der Phantasie neu zusammensetzen. Die drei zögerlichen Menschen zum Beispiel – da speichere ich nur ihre Haltung bewusst ab und fülle sie dann später mit einer Geschichte, die sich aus meiner Phantasie ergibt. Was ich aber mache, wenn mir dabei etwas fehlt oder gerade nichts einfällt: Ich gehe weg vom Schreibtisch und lenke mich ab. Ich mache bewusst etwas ganz anderes.

«Wenn mir nichts einfällt, lenke ich mich ab»

Was tun Sie stattdessen?

Käthe Lachmann: Putzen oder in den Kühlschrank schauen. Aber ich geh auch raus unter Leute – nur eben gerade nicht auf der Suche nach dem, was mir fehlt, sondern um etwas völlig anderes zu erleben. Ich will dann nicht an die Geschichte denken, an der ich gerade einsam vor dem Computer schreibe, sondern anderes aufnehmen und speichern. Ich habe mir sogar schon mal überlegt, einen Minijob auf dem Land anzunehmen und Ställe auszumisten, nur damit ich gelegentlich unter unbekannten Menschen bin und ganz andere Eindrücke habe. *(lacht)* Während ich auf Tour mit meinen Bühnenprogrammen war, hatte ich natürlich ständig neue Eindrücke. Man lernt viele neue Leute kennen, und Zugfahrten sind immer schon eine sprudelnde Inspirationsquelle gewesen: Man kann nicht viel machen und ist auf engstem Raum mit unterschiedlichsten Menschen zusammen, mit denen man sonst nie etwas zu tun hätte. Aber die Verbindung von Eindrücken zu Einfällen geschieht nicht eins zu eins, wenn man das so haben will. Das kann man nicht erzwingen.

Sind Menschen für Sie die wichtigste Inspirationsquelle?
Käthe Lachmann: Ja, unbedingt. Auch diejenigen, mit denen ich zusammen arbeite – mein Regisseur für Bühnenprogramme zum Beispiel oder Lektoren. Wenn ich mit meinen 80 Seiten zu meinem Regisseur gegangen bin und ihm gesagt habe, wie ich mir den Abend so vorstelle, dann hat er kurz irgendwohin gestarrt und nach einer Weile gesagt: Mach das doch so oder so … und wir haben uns gegenseitig die Ideen wie Bälle zugeworfen. Das war dann manchmal ein Feuerwerk an Ideen! Also, wenn Menschen Musen sein können, dann war er mein Muser. Ein wenig Sorgen mache ich mir schon, wenn ich vorwiegend Bücher schreibe, also meist am Computer sitze und nicht mehr auf Tour bin – wenn mein Leben also weniger bunt und langweiliger wird. Womit wird dann mein Kreativmotor geschmiert? Wenn die abgelegten Erinnerungen irgendwann mal «verbraucht» sind, dann muss ich ja irgendwie neue Eindrücke bekommen. Vielleicht sollte ich jetzt ganz viele Volkshochschulkurse besuchen oder eine Weltreise machen? Aber nein, noch sprudeln die Ideen ja, und ich bin sehr zuversichtlich, dass das nicht aufhört.

> «Kurz bevor ich zur Ruhe komme, scheucht mich ein Geistesblitz wieder hoch»

Ist «lange Weile» auch manchmal ein Genuss und hilfreich?
Käthe Lachmann: Kann man Langeweile auch genießen? Ich verbinde damit leider immer noch ein permanent schlechtes Gewissen. Da bohrt immer der Gedanke:

Eigentlich könntest du jetzt was schreiben. Das heißt, ich stehe immer unter einem Produktivitätsdruck, den ich noch nicht abschalten kann. Dabei mache ich auch die Erfahrung, dass Ideen während der Meditation oder kurz vor dem Einschlafen kommen – also gerade in einer Phase, in der man nichts mehr tun möchte und «abschaltet». Das kann dann fast störend sein! Kurz bevor ich zur Ruhe komme und unproduktiv wegdämmern will, scheucht mich so ein Geistesblitz wieder hoch und zwingt mich dazu, eine gute Idee aufzuschreiben. Ist das ungewöhnlich?

Wissenschaftliche Erkenntnisse rehabilitieren die Langeweile! Einfälle kommen durchaus in scheinbar unproduktiven Situationen ...

Käthe Lachmann: ... aber nicht nur! Ich hatte auch phantastische Ideen direkt auf der Bühne. Während des Spiels sind mir komplette Nummern eingefallen. Da war ich ja hochkonzentriert und wirklich fokussiert auf die Notwendigkeit, in diesem Moment kreativ zu sein. Auch im Zusammenspiel mit dem Publikum konnte ich ja nicht sagen, ich überleg jetzt mal ... Nein, die Einfälle kamen zack, zack angeflogen! Es gibt also beides: Einfälle in Ruhephasen und solche in höchster Konzentration.

«Die Geschichte erzählt sich in dem Moment, wo ich sie schreibe»

Von wo fällt Ihnen da was zu? Wo kommt für Sie Inspiration her?

Käthe Lachmann: Von mir selbst und gleichzeitig von meinen Figuren, also aus einer gewissen Distanz. Wenn ich sage, die Einfälle kommen angeflogen und ich spreche sie nur aus, dann ist das natürlich der enormen Geschwindigkeit geschuldet, unter der das passiert. Das geht so schnell, dass man sich fast wie ein Trichter fühlt, aber natürlich kommt alles aus meinem eigenen Gehirn «geflogen». Auch beim Bücherschreiben sitze ich manchmal da und stelle wie eine Beobachterin fest: Ach so, meine Figur fährt jetzt nach Köln! Ja gut, fährt sie eben nach Köln. Ach, und ausgerechnet den trifft sie da? Na gut, dann trifft sie den halt. Es ist dann, wenn ich mich in einem Schreibfluss befinde, fast so, als würde ich ein Buch lesen! Das ist ein tolles Gefühl, wenn sich mir die Geschichte erzählt in dem Moment, wo ich sie schreibe. Aber dennoch bin ich mir natürlich sicher, dass das alles aus mir herauskommt. Mich hat da kein anderer in der Hand. Ich bin nicht besessen. *(lacht)* Trotzdem bin ich in solchen Momenten sehr aufgeregt und wie elektrisiert, und es darf mich keiner stören, wenn Erinnertes und Phantasie sich vermischen und ich verfolge, was meinen Protagonisten passiert.

Zoom in

Ein heißer Wind geht im Garten und hebt für einen Moment die Zeitung vom Gartentisch. Ich halte sie fest. In der Hitze des Sommers erinnert das Papier an trockenes Laub. «Mein Haus, meine Yacht, meine Familie» – der Artikel über den Untergang des Universums von Thomas Middelhoff knittert und das Geräusch weckt die Erinnerungen an ein leise fressendes Feuer. Als wolle das in naher Zukunft zu Staub vertrocknende Material die Geschichte von Middelhoffs Lebensverlauf wiederholen – vom Zerfall jener, die eine Größe suchen, die über sie hinausreicht. Die lesenden Augen gleiten weiter, aber der Sinn driftet ins Sinnliche, bleibt an der knisternden Oberfläche hängen. Über die Druckbuchstaben eilt eine winzige orangefarbene Spinne – das Tierchen mäandert vom großen K das f entlang zum h, kreist auf dem B des Wortes *Brüder*, als suchte es rettende Stege auf dem sich vom Übrigen abhebenden Schwarz. Dann überwindet das Tier das gelbliche Weiß des Drumherums, folgt im nächsten Abschnitt den Bögen eines kleinen m hinüber zum Komma und schlängelt zwischen den Pünktchen eines ü hindurch. Die Spinne verlässt die Kolumne, die nur der Leser als solche erkennen kann, überwindet den Graben aus unbedrucktem Papier und rettet sich auf das große Foto in der Mitte. Wie zu einer Insel gleiten die Füßchen in eine Uferzone aus Graustufen – der Schatten des auf dem Foto abgedruckten Buches. Weiter bewegt sich die Spinne in ein blasses Beige und Braun und Grün, als krabbelte sie über Sandstrand in einen kargen Wald. Und doch ändern sich nur die Farben unter kleinsten Gliedmaßen. Wie mag der Untergrund aus der Wahrnehmung dieses Lebewesens sein – porös, löchrig, karstig, eine Art Geröllfeld? Der Weg bleibt flach für die Spinne, die Höhen und Tiefen entstehen nur im Auge des Betrachters.

Ich drücke meine Wahrnehmung flach zu ihrer. Einzig die Farben wechseln wie in einer endlosen Sandwüste. Aber sehe ich als Spinne Farben? Wie kommt die Spinne auf den Tisch und auf die Zeitung? Wie weit ist der Weg für diesen Körper von der Größe eines Punktes auf dem i – der Weg hin und fort von dem, was im Kosmos der Menschen Zeitungspapier genannt wird, über das hinweg, was mir der Holztisch ist, hinab in die Ritzen der groben, vom Sommer erhitzen Steinplatten? Die mögen wie ein endloses Gebirge für die Spinne sein – diese Spinne, die nicht wissen kann, dass sie eine Spinne ist. Erst in ihrem Gebirge, in dessen Tälern sie ein weiteres, für den menschlichen Raum mikroskopisch kleines Leben finden wird, angereichert mit winzigen Feuchtigkeitsreserven, wird sich das bewegende Orange womöglich nähren können. Wie übersichtlich sind die menschlichen Universen gegen die riesigen Welten der Kleinsten. Sie werden auch in den Gärten von Middelhoffs Villa weiter existieren, auch wenn diese versteigert wird und ein nächster großer Mensch dort mit großen Ambitionen einziehen wird. Ein heißer Wind geht im Garten und hebt für einen Moment die Zeitung vom Gartentisch. Ich halte sie fest.

Einen Moment innezuhalten und die Mikrowelten zu beobachten kann Gedanken in Gang setzen, die sich vom Alltagsgeschehen abheben. Das berüchtigte Vor-sich-hin-Starren bleibt gerne an Details hängen. Machen Sie sich das bewusst und starren Sie – gerne. Auf den Käfer an der dreckigen Scheibe der Bushaltestelle, auf das verlorene Haargummi an der nassen Bordsteinkante, auf das Spiel einer Plastiktüte im Wind, auf den Fussel am Handlauf der Rolltreppe, auf die Krähe oben auf der Ampel. Und wenn Sie die Grünphase nicht gleich mitbekommen und erst das Hupen des Hintermannes Sie «weckt» – sei's drum. Sie haben eine winzige Welt entdeckt und wegen der paar Sekunden Verzögerung in der Autoschlange geht keine große unter.

Zoom out

Ferne Welten – auf zu neuen Ufern: «Anders ist hier alles, so ohne Vergleich, ohne Ähnlichkeit anders in diesen Kreisen, in diesen Städten, fremd wie diese Palmen und Riesenbäume, die bei uns nur kümmerlich in verschüchterten Exemplaren gedeihen [...]. Und selbst der Blick, der sehnsüchtig hier nach einem Gleichen, uns und ihnen Gemeinsamen zum Himmel aufgreift, [...] auch er findet erstaunt andere Sterne, andere Kreise, die fremden Geschicken gebieten und eine andere Harmonie des Lebens zu verlangen scheinen.»[99] Mit diesen Worten beschrieb der Schriftsteller

Stefan Zweig im Jahr 1908 die aufwühlenden Eindrücke seiner Indienreise. Heute würde man sagen: Der Mann hatte einen Kulturschock. So andersartig war die neue Welt, so ungewohnt, sich darin zu bewegen.

Reisen – das ist für die meisten von uns längst nicht mehr die abenteuerliche Fahrt ins Unbekannte. Großstädte und Metropolen entsprechen zunehmend einem internationalen Standard. Egal ob in Chicago, Kalkutta oder Kapstadt: Der nächste Starbucks ist nicht zu verfehlen, und Kommunikation und Sprache bilden längst nicht mehr jene Hürde wie zu Zeiten Stefan Zweigs.

Kann Reisen unter diesen Umständen noch eine Inspirationsquelle sein? Wenn doch alles irgendwie ähnlich ist wie zu Hause? Wie offen sind wir für das Andere, wie viel Neues können und wollen wir überhaupt zulassen? Sind wir bereit, uns auf das Ungewohnte wirklich einzulassen? Manch böse Zunge behauptet ja, man reise heute nicht mehr des Erlebnisses wegen, sondern um die Social-Media-Kanäle mit lustigen Posts zu füllen.

Fremde Umgebungen, andere Kulturen, neue Begegnungen – all das bietet schon alleine deshalb einen Impuls, weil wir das Zuhause hinter uns lassen und eine Weile Gast sind. Das ist spannend, vorausgesetzt, wir sind offen für das, was wir nicht kennen.

Die Deutschen lieben das Reisen. Im Jahr 2015 gingen über zwei Drittel der fast 70 Millionen Urlaubsreisen ins Ausland.[100] Was ist die Motivation, sich in den Flieger oder in die Bahn zu setzen? Neugier? Tapetenwechsel? Eine andere Perspektive entwickeln? Und was bringt der Reisende

Was tun Sie, wenn Inspiration auf sich warten lässt?

«Ich bin mir ziemlich sicher, dass mich Reisen in vielerlei Hinsicht inspiriert: Ein neues oder bekanntes Stück der Welt zu sehen, Menschen verschiedenster Herkunft kennenzulernen, Musik zu hören oder gar dazu zu tanzen, neue Geschichten zu hören und dabei jeweils einen Bezug zu mir selbst herzustellen … ja, das sind Facetten, die mir sehr häufig Inspiration einhauchen.»

Anja Haberlandner, Ärztin für Kinder- und Jugendpsychiatrie und -psychotherapie

Eindrücke suchen – Eindrücke finden

mit von seiner Fahrt, außer Souvenirs und bunten Fotografien? Das Reisen beschert uns Eindrücke, Erlebnisse, Beobachtungen und Erinnerungen (manche schön, manche sentimental). Der persönliche Blick auf das Unbekannte und die Fragen, die sich in Momenten des Betrachtens auftun, können das eigene Denken und Handeln beflügeln. Der Horizont für Ideen weitet sich.

Doch nicht nur in der weiten Ferne wartet das Neuland. Der amerikanische Schriftsteller Henry Miller besuchte einmal Paris gemeinsam mit einem französischen Freund, der zuvor jedoch nie in dieser Stadt war: «Wie wunderbar, Paris mit den Augen eines Franzosen zu sehen, der es zum ersten Mal erblickt! Wie exotisch, ein Amerikaner zu sein, der einem Franzosen dessen eigene Hauptstadt zeigt!»[101] Exotik scheint also im Auge des Betrachters zu liegen.

Eine junge Frau aus Berlin berichtete den Autorinnen, dass sie mit ihrem Freund einmal ein Experiment gemacht hat. Zwei Wochen lang wollten die beiden alle Stammlokale, Geschäfte und Cafés meiden, die sie normalerweise fast täglich aufsuchten, und stattdessen nur unbekannte Orte aufsuchen. Was als kleine Intervention gegen die Alltagsroutine gedacht war, entwickelte sich schließlich zu einer spannenden Expeditionstour in der eigenen Stadt.

Neue Orte und Wege – das heißt neue Gesichter, neue Sichtweisen, neue Möglichkeiten. Aufbruch – das bedeutet, das Gewohnte eine Weile hinter sich zu lassen und den Schritt ins Unbekannte zu wagen. Fernweh und Heimweh liegen dabei vielleicht näher, als manchem lieb ist. Wer schließlich aus der Ferne in vertraute Gefilde wiederkehrt, ist manchmal erstaunt darüber, dass er doch «als ein anderer» nach Hause kommt. Denn das Reisen ist auch verbunden mit der Sehnsucht, in der Fremde ein anderes Ich zu entdecken, neue Möglichkeiten aufzutun. Der junge Gustave Flaubert beschreibt seine Empfindungen und Sehnsüchte angesichts einer bevorstehenden Orientreise: «Ich hatte viele Pläne, viele Vorhaben, hundert Hoffnungen und schon tausend Abneigungen. [...] Ich bedauerte, kein Pirat zu sein. Ich wurde von der Verlockung heimgesucht, einen Renegaten oder einen Kamaldulenser aus mir zu machen. Ich wollte aus mir heraus, aus meinem Ich heraus, irgendwo und überall hinfahren und den Rauch meines Kamins und die Blätter meiner Akazie mitnehmen.»[102] Flaubert ist kein Pirat geworden. Seine Reiseerinnerungen entführen uns jedoch noch mehr als 150 Jahre später in eine geheimnisvolle Welt der Wagnisse und des Abenteuers.

(Be)wunderung

Erinnern Sie sich noch an das große Idol Ihrer Jugend? Je nachdem, wie Sie als jugendlicher Mensch unterwegs waren: Wer hat Sie dazu animiert, mit einer gewagten Frisur herumzulaufen, eigene Lieder auf der Gitarre zu klimpern, Fußball zu spielen, Videos zu drehen oder gar Gedichte zu schreiben? Vorbilder sind Personen oder Charaktere, deren Visionen oder Werke, die etwas vollendet haben, was für einen selbst noch in der Ferne liegt. Der Philosoph Thomas Macho sagt dazu: «Vorbilder sind stets Zukunftsbilder: Sie vergegenwärtigen, was noch nicht da ist, als Entwürfe, Prophezeiungen, Befehle. Vorbilder [...] nehmen vorweg, sie evozieren, rufen ins Leben.»[103]

Unsere Kultur ist reich an Beispielen von Kreativen und ihren Vorbildern. Giuseppe Verdi etwa hegte eine tiefe Verehrung für William Shakespeare, den er demütig «Papa» nannte. Sein Werk inspirierte den Komponisten unter anderem zu den Opern «Otello» und «Macbeth». Obwohl der Musiker Anleihen an

Shakespeares Themen nahm, wollte Verdi den Dichter nie für sich vereinnahmen: «Wenn man die Wahrheit nachahmt, kann etwas recht Gutes dabei herauskommen; aber die Wahrheit erfinden ist besser, viel besser.»[104]

Ein Vorbild hilft also auf den Weg, wenn es darum geht, eine Sache in Vollendung zu betrachten, die man gerne zur eigenen machen würde – auf eigene Art und Weise, in eigenem Stil. Vorbilder sind Ideengeber, sie zeigen Möglichkeiten auf und machen Mut. Dabei muss es sich keineswegs um bekannte Persönlichkeiten oder große Meister handeln, Vorbilder kann man auch im direkten Umfeld finden, in der Familie oder im Kreise der Menschen, die einen umgeben.

Was von einem Vorbild übernommen wird, ist selbstverständlich sehr unterschiedlich. Entscheidend ist, dass wohl letztlich immer eine eigene Interpretation, etwas individuell Kreiertes dabei herauskommt. Denn genaues Kopieren ist bei Licht betrachtet so gut wie nicht möglich. Selbst die Beatles, zu Beginn ihrer Karriere eine mittelmäßige Coverband, die Hits von Chuck Berry und Buddy Holly zum Besten gab, kamen mit der Zeit nicht umhin, ihren eigenen, unverkennbaren Musikstil zu entwickeln. Bis heute nutzen Musiker aller Richtungen wiederum die Musik der Beatles als Inspirationsquelle.

> **Was tun Sie, wenn Inspiration auf sich warten lässt?**
>
> «Ich denke an Menschen, die für mich, auf irgendwelche Art und Weise, so was wie Mentoren sind. Menschen, deren Biographie, deren Lebenseinstellung, deren Mut und deren Fröhlichkeit mich inspirieren. Meine Mutter, meine Großmutter, meine Geschäftspartnerin gehören dazu. Starke Frauen und starke Persönlichkeiten, die sich durch das Leben geboxt haben.»
>
> *Jean-Manuel Kam Hyo Zschocke, Hairstylist*

Interessant ist es, eigene Vorbilder nach deren Einflüssen zu befragen. Forscht man beispielsweise in der bildenden Kunst nach Malern und ihren Vorbildern, so stößt man dabei auf eine wahre Ahnenreihe an Werken und Impulsgebern. Und es wird klar: Immer werden Dinge weiterentwickelt, kommen neue Einflüsse hinzu, vermengen sich und bringen letztlich neue Ideen und Werke hervor. Es ist also eine durchaus nützliche Sache, sich an Vorbildern zu orientieren. Und sei es nur darum, eines Tages festzustellen, dass man, was immer man zu tun gedenkt, alles eigentlich komplett anders machen möchte.

«Der Lehrer strebe nur, sich selber zu entfalten, der Schüler lerne nur, sein Eignes zu gestalten.»[105]

Friedrich Rückert, Dichter

«Ein großes Muster weckt Nacheiferung Und gibt dem Urteil höhere Gesetze»[106]

Friedrich Schiller, Dichter (aus: «Wallenstein»)

«David Bowie war eine meiner größten Inspirationen, so furchtlos, so kreativ.»[107]

Kanye West, Musiker

«Meine Mutter ist für mich ein Vorbild, weil sie eine Kämpfernatur ist und alles immer positiv sieht. Und jetzt, da ich selber Kinder habe, bin ich froh, dass sie das auch an ihre Enkel weitergibt.»[108]

Achim Wicker, Dekanatsreferent

Moderne Musen

Resonanz ist eine der wichtigsten Bedingungen für das Leben unter Lebenden, für alle Gemeinschaftswesen. Resonanz bedeutet, dass etwas, das ausgesendet wird, an anderer Stelle aufgenommen und in veränderter Form zurückgegeben wird – von Menschen, Tieren oder Schallräumen.

Was hat Sie im Leben schon inspiriert?

«Vor allem: andere Menschen.»

Dietmar Reiprich, Richter

Eindrücke suchen – Eindrücke finden

Die Orientierung im variantenreichen Widerhall brauchen alle Lebewesen – um sich (wieder) zu erkennen, um sich räumlich zu bestimmen, um eine Reaktion zu erfahren. Resonanzräume sind in jedem Fall zugleich Inspirationsräume – und die Menschen, die in ihnen agieren und widerhallen, was sie voneinander aufnehmen, sind, wenn man so will, moderne Musen. Einen Ausflug zu ihren antiken Vorgängerinnen unternehmen wir im Kapitel «Ein Quentchen Genialität».

«Die Leben der Musen machen deutlich, dass jede Epoche die Muse nach ihrem eigenen Bilde neu erschafft. Die Muse einer jeden Ära wird mit denjenigen Eigenschaften, Tugenden und Schwächen ausgestattet, die den Bedürfnissen und Verdiensten der jeweiligen Epoche und ihrer Künstler entsprechen.»[109] Die französische Autorin Francine Prose erzählt in ihrem Buch «Das Leben der Musen» von den leidenschaftlichen und manchmal bis zur Verzweiflung reizvollen Beziehungen von neun modernen Künstlerpaaren, bei denen meist die Frauen die Rolle der Musen der Künstler übernehmen – als streitbare, kritische, innige, selbstbewusste oder hingebungsvolle und unterstützende Inspirationsquellen. Schon Zeugnisse der Antike haben das Erklimmen des Musenberges für den Poeten als steinig, dornig oder mühevoll bezeichnet, die Beziehungen zu den Göttinnen aber dann als sehr eng, besonders und intim (siehe Seite 172 f.). Die Beziehungsstrukturen von Künstlern zu nahen Menschen in ihrer Umgebung werden immer noch ähnlich beschrieben. Und weil es auch in jüngster Vergangenheit eben doch mehrheitlich Männer waren und vielleicht noch sind, die die Kunstszene bestimmen, sind die Frauen meist in der Rolle der Musen. «Der Muser» wäre vielleicht eine charmante, aber wohl auch zu alberne und sperrige neue Wortschöpfung.

Nichtsdestotrotz gilt es natürlich vice versa, dass einander nahe Menschen und die Auseinandersetzungen mit ihnen die

Gestaltungskraft wecken und inspirieren – wenn sie es denn im Kern gut mit einem meinen. Das ist in vielen Zusammenhängen unseres modernen Alltags nicht mehr zwingend der Fall. Zu oft fällt nicht nur an Arbeitsplätzen oder in Vereinen, Freizeit und engstem Familienkreis ein teuflischer Satz, wenn einer im Kreis es wagt, sich enthusiastisch mit einer neuen Idee, mit neuen Gestaltungsvorschlägen hervorzuwagen: «Entschuldigung, aber da muss ich jetzt leider der Spielverderber sein.» Und dann wird aufgelistet, warum mal wieder alles nicht geht, nicht umsetzbar ist, an Kapazitäten scheitert und sowieso zu teuer, zu aufwendig, zu «verrückt» ist und vieles mehr. Diesen – meist «gut» gemeinten – Satz von einem Menschen, der «nur» die Realitäten aufzuzeigen beabsichtigt und sich nicht selten hinter der Behauptung versteckt, konstruktive Kritik ins Feld zu führen, diesen Satz kann eine erste Idee nicht vertragen. Er dreht ihr die Luft ab. Kritik ist dann konstruktiv, wenn sie im Umsetzungsprozess einer Idee erfolgt, aber eine erste Idee braucht Entfaltungsspielraum, und den schenken oder versagen Menschen.

Woher der in vielen gesellschaftlichen Kontexten aufzufindende destruktive Umgang mit neuen und ersten Ideen kommt, ist schwer zu sagen, aber das Phänomen beschäftigt bereits Psychologie, Soziologie und Philosophie. Die Sozialpsychologin Simone Kauffeld hat zum Beispiel 2012 eine Studie zu «Jammerspiralen in Organisationen»[110] vorgelegt, in der sie die Auswirkungen von negativem, Ideen blockierendem Verhalten in Unternehmenskulturen untersucht hat. Mit Filmkameras hat sie mit einem Projektteam von der Technischen Universität Braunschweig über einen längeren Zeitraum Besprechungen in Unternehmen gefilmt und Aussagen erfasst, die zum Beispiel entweder positiv unterstützend oder negativ bremsend wirken. Aussagen wie «Das geht doch nicht» oder «Das hat bei uns noch nie funktioniert» oder

«Uns hat noch nie jemand ernst genommen» zählen dabei zu Jammeräußerungen, und Kauffeld nennt sie Killer-Phrasen, die eine Diskussion lähmen. Am Ende herrscht für viele das Gefühl vor: Man kann selber eigentlich gar nichts tun. Das erschreckende Ergebnis der Untersuchungen: Eine solche negative Inspiration kann sich wirtschaftlich auf Unternehmen auswirken und die Innovationskräfte negativ beeinflussen. Menschen, die – aus welchen persönlichen Gründen auch immer – diesen Tenor unablässig von sich geben, sind nicht die Musen, die man für neue Ideen gebrauchen kann.

Nun ist es schwer zu sagen, welcher Mensch wen inspiriert – auch das ist abhängig von dem, was jeden persönlich zu neuen Ideen motiviert. Das kann nicht nur wertschätzende Unterstützung, das kann auch viel kraftvoller Streit sein – Menschen, an denen man sich reibt, deren Widerstand eine Herausforderung zu Höhenflügen sein kann. Was man vielleicht sagen kann: Ein Mensch, der einen anderen inspiriert – eine oder einer, den wir als Muse bezeichnen würden –, der wird wohl niemals autoritär sagen, was zu tun ist. Der oder die wird im Kern vermutlich immer an sein Gegenüber glauben und Begeisterung niemals im Wortschlamm ersticken, sondern anfachen – ob leidenschaftlich streitbar oder angesteckt unterstützend. Suchen Sie in Ihren Erinnerungen nach solchen Menschen, und umgeben Sie sich mit Ihnen, sooft es geht. Das kann niemals falsch sein.

Kunstgenuss

Würde man eine Hitparade der Inspirationsquellen aufstellen, nähme die Kunst sicher einen der oberen Plätze ein. Künstler beeinflussen andere Künstler, daher ist es keine Überraschung, dass große Werke, ob in Musik, bildender Kunst oder in der

Literatur, immer wieder Menschen in ihrem schöpferischen Tun angespornt und angeregt haben. Der Blick auf ein vollendetes Kunstwerk setzt Phantasien frei. Der Betrachter (oder Zuhörer) wird Zeuge einer Auseinandersetzung: zwischen dem Künstler und seinem Thema, aber auch zwischen sich selbst und dem, was er vor sich sieht. Nimmt man sich Zeit für seine Betrachtungen, so erwacht ein stiller Dialog zwischen dem Betrachter und dem Werk.

Kunst provoziert Fragen, erzählt Geschichten und versöhnt. Kunst gibt keine Befehle, zeigt aber Möglichkeiten auf. Kunst konfrontiert den Betrachter mit dem eigenen Seelenleben. Und so heißt es in Oscar Wildes Erzählung «Das Bildnis des Dorian Gray»: «Alle Kunst ist zugleich Oberfläche und Symbol. Wer unter die Oberfläche dringt, tut es auf eigene Gefahr. Wer dem Symbol nachgeht, tut es auf eigene Gefahr. In Wahrheit spiegelt die Kunst den Betrachter und nicht das Leben.»[111]

Kunst birgt die Fähigkeit, auch bei Nicht-Künstlern eine Flut an Ideen, Gedanken, Empfindungen auszulösen. Ob es immer die großen Werke sein müssen, sei dahingestellt. Es ist die Auseinandersetzung mit dem Gegenstand der Betrachtung, der eine eigene Sichtweise und damit eine eigene Erkenntnis, einen Einfall geradezu herausfordert. Wenn der Einfall ausbleibt, ist es auch immer Zeit für die nächste Ausstellung, die nächste Lesung, das nächste Konzert ...

Duschen

Gibt es eine geheime Allianz zwischen Brauseköpfen und guten Ideen? Fragt man wiederum kreative Menschen danach, so erntet man oft zustimmendes Nicken, bejahendes Gebrummel und so manche Schilderung über einen großartigen Einfall, der urplötzlich beim Einseifen gekommen sei. Die Idee als Schaumgeborene sozusagen. Duschen rangiert tatsächlich bei vielen Menschen in der Hitliste der Muße-Tätigkeiten ziemlich weit oben. Was nicht verwundert, denn schließlich handelt es sich um eine entspannende Sache, die unser Denken vom zielgerichteten Grübeln abzieht und nach innen wendet. Unser Assoziationskortex schätzt eine heiße Dusche. Das Gehirn kann, während wir uns einseifen, abwaschen oder einfach nur den warmen Wasserfluss genießen, wunderbar im sogenannten Default-Modus Gedanken Revue passieren lassen und seine eigenen Verknüpfungen und Querverbindungen herstellen (siehe dazu Kapitel «Tun Sie einfach mal nichts!»). Fragt man also Menschen, egal welchen Alters und welchen Berufsstandes, nach ihrer Inspirationsquelle, so erhält man häufig die spontane Antwort: «Duschen.»

Nichtstun – die Probleme ruhen lassen und sich lustvoll einer kleinen Ablenkung hingeben – ist ein wichtiger Schritt hin zur guten Idee. Der bayerische Satiriker Gerhard Polt nennt diesen Zustand «Herumschildkröteln». Er selbst pflegt in solchen Momenten des Nichtstuns die Katze mit Leberkäs zu füttern oder aus dem Fenster auf den Wolkenhimmel zu blicken.[112]

> **Was tun Sie, wenn Inspiration auf sich warten lässt?**
>
> «Warten»
>
> *Christian Humborg,*
> *Geschäftsführer*

Auch die Verrichtung von Hausarbeiten, gelangweiltes Aufräumen, Schuheputzen oder gar der Gang zur Toilette können zu Inspirationsmomenten werden. Die Schriftstellerin Sibylle Berg etwa widmet sich nach eigenen Angaben selten mehr als drei Stunden am Tag dem reinen Schreiben. Der Rest ist Inspiration. Sie verbringt dann die Zeit mit «vergnügtem Hin- und Herlaufen, der Zubereitung von Tee und damit, die Wand anzustarren»[113].

An dieser Stelle soll es nicht unerwähnt bleiben, dass auch die Ideen zu diesem Buch beim «dolce far niente» entstanden sind.

Auch unter der Dusche – jedoch wesentlich bei zahllosen Tassen Tee, Kaffee, Wasser, beim Rasenmähen und beim stetigen Starren auf Rosenstöcke, beim Rosenschneiden und Rosenblütenblätteraufsammeln.

Wer kam auf die Idee, die **Muse** zu küssen?

Ein Quentchen Genialität?

Der Inspirationsbegriff und seine Geschichte

Ach, träfe er mich doch, der Geistesblitz

Der Geistesblitz, die plötzliche Gewissheit, wie «es gehen könnte», eine unwillkürliche Eingebung und spontane Idee, verbunden mit einer schlagartig freigesetzten kreativen Energie, mit dem nötigen Tatendrang, der wie vom Himmel fällt. Knall auf Fall ist da eine neue Zuversicht in die eigene Schaffenskraft und die jähe Vorstellung eines möglichen Ganzen oder einer Lösung. Der Funke im Gehirn bringt die Wende als Geniestreich – wie der Himmel aus blinkenden Sternchen, der in der animierten Fernsehserie für Kinder «Wicki» umleuchtet, wenn «die starken Männer» mal wieder in der Patsche stecken. Dem Jungen kommt der rettende Einfall – er fällt ihm wortwörtlich in den Kopf hinein – einfach so, beim Nasereiben: «Ich hab's!» Das alles beschreibt in etwa, was Menschen nach wie vor unter «Inspiration» verstehen.

> «Die besondere Art meiner Inspiration, in der ich Glücklichster und Unglücklichster jetzt um zwei Uhr nachts schlafen gehe (sie wird vielleicht, wenn ich nur den Gedanken daran ertrage, bleiben, denn sie ist höher als alle früheren), ist die, daß ich alles kann, nicht nur auf eine bestimmte Arbeit hin. Wenn ich wahllos einen Satz hinschreibe, zum Beispiel: ‹Er schaute aus dem Fenster›, so ist er schon vollkommen.»[114]
>
> Franz Kafka,
> Schriftsteller
> (aus: «Tagebücher»)

Der Terminus «Inspiration» kommt also ins Spiel, wenn ein – wie wir inzwischen wissen – nur scheinbar gänzlich unerklärbares Phänomen eintritt: Von jetzt auf gleich vermag eine «positive Energie» oder ein schöpferischer Geist im menschlichen Denken Wirkung zu entfalten, ein Geist, der vorher so nicht im Kopf gewesen zu sein scheint. Mehr noch: Das, was auf einmal wie eine Gabe «da» ist und im weiteren Verlauf auch mit erfrischender Leichtigkeit umgesetzt wird, scheint sich geradezu von selbst allumfassend und zielorientiert zum Ausdruck zu bringen – sich selbst zu verwirklichen. Der von Inspiration ergriffene oder beflügelte Mensch rauscht mit diesem unerwarteten Anschub in einen Zustand schwer definierbarer, aber vielbeschriebener, allumfassender mentaler Schaffenskraft, den sich jeder wünscht. Er fühlt sich überwältigt, euphorisch, enthusiastisch oder eben *be-geistert*. All diese Vorstellungen und Gefühlswelten haben eine lange Kulturgeschichte.

Im Ein-fall außer-sich

«Hat jemand, Ende des neunzehnten Jahrhunderts, einen deutlichen Begriff davon, was Dichter starker Zeitalter *Inspiration* nannten?» Die Frage nach Inspiration stellt der Philosoph Friedrich Nietzsche 1888 in seiner Schrift «Ecce homo» und mag dabei an Zeitalter wie die Antike oder die Renaissance gedacht haben, als selbstbewusste Dichter

Was ist Inspiration?

«Inspiration ist für mich die Gabe, das Richtige zu sagen und zu tun und – durchaus auch im egoistischen Sinn – ein Ziel zu erreichen.»

C. D., Praxismanagerin

«Inspiration bedeutet für mich positive Energie, Zuversicht und Leichtigkeit.»

Anja Haberlandner, Ärztin für Kinder- und Jugendpsychiatrie und -psychotherapie

«Problemlösung oder Entstehung von Kreativität durch einen plötzlichen Einfall.»

Dietmar Reiprich, Richter

«Das Eintauchen in neue Gefilde. Der Einklang von Atem, Seele, Geist und Körper.»

Katharina Jensen, Leiterin einer Stiftung

sich Erkenntnisquellen aus dem Göttlichen zuschrieben. Nietzsche widmet sich gleich selbst der Antwort: «Im anderen Falle will ich's beschreiben.» Was er dann offenbar mit leichtem Kopfschütteln notiert (oder inszeniert), ist ein Zustand, in welchem er selbst rückblickend seine Abhandlung «Also sprach Zarathustra» geschrieben hatte:

«Mit dem geringsten Rest von Aberglauben in sich würde man in der Tat die Vorstellung, bloß Inkarnation, bloß Mundstück, bloß Medium übermächtiger Gewalten zu sein, kaum abzuweisen wissen. Der Begriff Offenbarung, in dem Sinn, dass plötzlich, mit unsäglicher Sicherheit und Feinheit, etwas *sichtbar*, hörbar wird, etwas, das einen im Tiefsten erschüttert und umwirft, beschreibt einfach den Tatbestand. Man hört, man sucht nicht; man nimmt, man fragt nicht, wer da gibt; wie ein Blitz leuchtet ein Gedanke auf, mit Notwendigkeit, in der Form ohne Zögern – ich habe nie eine Wahl gehabt.»[115]

Friedrich Nietzsche schreibt weiter von «Entzückung», von einer «Spannung, die sich mitunter in einen Tränenstrom auslöst», vom «Ausser/sich/sein», «einer Unzahl feiner Schauder und Überrieselungen bis in die Fußzehen», von «Glückstiefe», einem «Instinkt rhythmischer Verhältnisse, der weite Räume von Formen überspannt» und der gegenüber der «Gewalt der Inspiration» wie eine Art Druckausgleich zu verstehen sei. Besonders der Bemerkung würdig ist ihm die «Unfreiwilligkeit des Bildes, des Gleichnisses» – «Alles geschieht im höchsten Grade unfreiwillig, aber wie in einem Sturme von Freiheits/Gefühl, von Unbedingtsein, von Macht, von Göttlichkeit ...»[116]

Ausdrücklich betont Nietzsche – und man kann dahinter eine gewisse Ironie und Distanzierung wittern –, dass dies seine ganz

«Lassen Sie es noch einmal sprühen, mein lieber Watson. Noch ein Geistesblitz!»[117]

Sherlock Holmes,
Meisterdetektiv (aus:
«Tal der Angst»)

persönliche Inspirationserfahrung sei und dass man wohl «Jahrtausende zurückgehen muß, um jemanden zu finden, der mir sagen darf ‹es ist auch die meine›». Doch gerade mit dem Hinweis auf die Einzigartigkeit dieser Erfahrung bezieht sich der Philosoph auf ein Phänomen, das europäische Dichter und Denker seit Homer unentwegt beschäftigt: einen Zustand, in dem eine außergewöhnliche, nicht bewusst provozierte oder herleitbare plötzliche Schaffenskraft im Kopf wirkt, die sich scheinbar aus einem Moment speist, in dem irgendetwas von außen, etwas Göttliches den so Begnadeten küsst, ihm unerwartete Fähigkeiten einhaucht oder ihm sogar diktiert, was jetzt wie darzustellen oder zu schreiben ist – und zwar etwas, das in dieser Form vorher nicht von dieser Welt war.

So weit Friedrich Nietzsche in «Ecce homo». Warum beschäftigt dieser seltsame Vorgang Dichter und Denker? Er berührt die grundsätzliche Frage, wie etwas Neues in die Welt kommt: ein Gedicht, ein Kunstwerk, ein Gedanke, eine Musik, eine bahnbrechende Überlegung, eine Erfindung, eine Technik, eine politische Idee, eine Erkenntnis. Was auch immer der Mensch kreiert und schafft, es entspringt einem ersten, neuen Gedanken. Im Deutschen nennen wir das «Einfall». Und schon das Wort legt nahe, dass das, was am Ende aus einem Kopf rauskommt, auch irgendwie hineingefallen sein muss. Selbst wenn man sich *etwas aus* den Fingern saugt, muss auch da ja *etwas drin* gewesen sein.

> «Ich weiß eigentlich nie, warum ich etwas mache. Meine Arbeiten enden meistens sehr formal oder in Konzepten, aber sie entstehen im Chaos. Ich bin immer offen für Zufälle. Zufälle sind impulsive Momente der Wahrheit mit einer großen Ausstrahlungskraft. Sie zu erreichen ist allerdings schwer.»[118]
>
> *Hedi Slimane,*
> *Künstler, Modedesigner*

In Literatur, bildender Kunst, Musik und Wissenschaft beschäftigt die Frage, wie etwas genuin Neues in die Welt kommt, ganz besonders. Sie ist Ausgangspunkt für eine ganze Reihe von zentralen theoretischen Überlegungen der Disziplinen: Wie entsteht Literatur? Wie ist das Verhältnis des Autors zu seinem Text? Wie entsteht ein Kunstwerk, eine Komposition? Wie kommen wir zu Wissen und Wahrheit(en)? Unterscheiden sich Wissenschaft und Kunst im Entstehungsprozess oder in dem Wissen, über das sie verfügen, das sie vermitteln? Was sind die Bedingungen für die Schaffenskraft des Menschen? Der Moment *davor* – die sensible Phase vor dem eigentlichen Schaffensprozess – genießt dabei besondere Aufmerksamkeit. Immer wieder finden sich in Literatur oder bildender Kunst Symbole wie das weiße Blatt Papier oder die leere Leinwand, die *tabula rasa*. Es sind Platzhalter oder Denkbilder für den Ausgangspunkt, für eine gerade noch offenkundige Leere, in der – ja was? In der gewartet wird? Auf den Beginn, auf des Rätsels Lösung, den Einfall, auf Inspiration? Und wenn er dann kommt, der alles entscheidende Moment, dann findet er sich im Text oder Bild in unzähligen Metaphern wieder: als der Kuss einer Muse, als Lichtstrahl, als Blitz, als Tau oder in einer vom Himmel gesandten Taube.

Die leere Leinwand

Nicht in allen Disziplinen ist Inspiration bisher gleichermaßen zum Thema eingehender theoretischer Reflexionen geworden. Der Kunsthistoriker Alexander Markschies stellt auf seiner ersten Suche nach relevanter Forschung über «Inspiration» in der Kunstgeschichte zunächst eine Leerstelle fest.[119] Aber in den Kunstwerken selbst findet er viele Hinweise auf die Beschäftigung der Künstler mit der rätselhaften Eingebung, die ihren Schaffensprozess auszulösen scheint. «Das Motiv der leeren Leinwand mit dem Künstler, der im Begriff ist, das Bild zu beginnen, hatte seinen Ort im Atelierbild», schreibt auch die Kunsthistorikerin Monika Wagner. «Als *tabula rasa* enthält sie [die weiße Leinwand] alles, indem sie für die Idee und die Erfindungskraft in der Malerei steht.»[120] Aussagekräftig mit Blick auf jenen Ausgangsmoment von Kunst sind nicht zuletzt zwei Gattungen: das Atelierbild und das Künstlerselbstporträt. Hier entwickelten sich «über einen langen Zeitraum offenbar Bildformeln für die Darstellung der Inspiration».[121]

Der Künstler, der beim Malen in seinem Atelier abgebildet wird, ist im 17. Jahrhundert in den Niederlanden ein eigenes Genre, aber er findet sich auch bei den Künstlern der Romantik und im 19. Jahrhundert. Dabei wird die leere Leinwand in unterschiedlicher Weise thematisiert. Erhabene Schöpfungsvorstellungen, die hinter dem Motiv von der leeren Leinwand anklingen, werden im 18. Jahrhundert kritisch ins Bild gesetzt, und es wird der zeitgenössische Kunstdiskurs auch schon mal auf die Schippe genommen, wenn zum Beispiel ein Esel vor leerer Leinwand doziert.[122]

Die um Künstler und Leinwand herum angeordneten Gegenstände und Szenerien – volle Regale mit zeitgenössischen Hinweisen auf große Gelehrsamkeit oder leere Räume, erleuchtet von durch ein Fenster einfallendem Licht, alte Meisterwerke, die

---

Was hat Sie im Leben schon inspiriert? Erinnern Sie sich an konkrete Situationen?

«Beim Klavierspielen komme ich oft in eine Art Flow. Parallel zum Üben wandern meine Gedanken wild umher, und oftmals habe ich danach eine Idee, die ich weiterverfolgen will. Manchmal sind es konkrete Dinge, die ich umsetzen will (Sofa in eine andere Ecke des Zimmers verschieben oder eine Lampe umhängen). Manchmal ist es auch ein Thema, das mir vielleicht in einer Radiosendung oder Zeitung schon begegnet ist, sich aber beim Klavierspielen erst in den Vordergrund drängt und mich veranlasst, mehr zum Thema herauszufinden und weiterzuverfolgen.»

Annette, Journalistin

verstaubt in den Ecken mahnen, oder auch dampfende Kaffee-
tassen – dürfen dabei im weitesten Sinne als Inspirationsmittel
interpretiert werden. Für Selbstzeugnisse sind außerdem Musik-
instrumente im Bild aufschlussreich. «Nach der Kunsttheorie des
niederländischen 17. Jahrhunderts wird der Maler durch Musik
inspiriert, sie versetzt ihn in einen Zustand, der das künstlerische Schaffen fördert, ja das Kunstwerk überhaupt erst möglich
macht»[123], erläutert Alexander Markschies.

Aber so einfach bleibt das nicht. Der Kunsthistoriker gibt Beispiele dafür, dass in den Bildern noch eine andere Auseinandersetzung stattfindet: Das lustvolle Musizieren konkurriere in
Selbstbildnissen des 17. Jahrhunderts mit der Darstellung von
konzentrierter handwerklicher Arbeit an der Entstehung von
Bildwerken wie etwa der vorbereitenden Mischung der Farben.
«Inspiration ist dabei durchaus negativ konnotiert – was auch gar
nicht anders sein kann, da sie spontan erfolgt, als unzuverlässig
und als ein Zeichen mangelhafter Bildung gilt.»[124] Handwerk und
Inspiration stehen in einem Konflikt.

Handwerk oder Vergnügen?

Gründet die schöpferische Tätigkeit, die Kunst des Malers nun
eher in harter Arbeit und mühevoller Annäherung an die Materie
oder in einem lustvollen musischen Akt, der die Eingebung herbeilockt? Es bleibt ein Fragezeichen – so wie in einem Holzstich
«Daheim im Atelier» des preußischen Schlachtenmalers Wilhelm
Camphausen.[125] Der Stich, der sich in Camphausens Tagebuch
«Ein Maler auf dem Kriegsfelde» befindet (1913 veröffentlicht),
zeigt den Künstler von hinten im Schaukelstuhl sitzend, den Kopf
zu einer nachdenklichen Geste in die Hand gestützt, das rechte,
verletzte Bein hochgelegt. Vor ihm die Staffelei mit einer riesigen,

fast leeren Leinwand – nur ein großes Fragezeichen beherrscht die Bildmitte. Das Bild wird von Camphausen am Ende seines Textes kommentiert:

«Da saß ich denn in der Einsamkeit des Hausarrestes, mit verwundetem Schienbein an den Stuhl gefesselt, und hatte Muße die Fülle, um über meine nächsten künstlerischen Probleme: ‹quid nunc› nachzudenken. Da draußen schwiegen die Stürme des Kampfes, in der Stille der Werkstatt aber sollen meine Aktionen und Schanzarbeiten von neuem beginnen. Heiße Kämpfe stehen bevor, bis ich meine Fahne auf bescheidner Höhe des Gelingens aufpflanzen darf.»[126]

Was nun? «Spricht» der nachdenkliche Künstler im Vorfeld mit seinem Werk? Setzt er sich intensiv mit dem auseinander, was er schließlich bewerkstelligen will? Wartet er einfach ab, bis ihm «was einfällt»? Einen Hinweis gibt von Camphausen im Text: «nicht im Sturmlauf von Düppel, sondern im bedächtig schrittweisen Vorgehen»[127] möchte er an sein Ziel kommen. Das legt die Vermutung nahe, dass dieser Maler auf handwerkliche Arbeit und vielleicht weniger auf den genialen Einfall setzte.

Es würde sich lohnen, schreibt der Kunsthistoriker Markschies, nach weit mehr Bildformeln für Inspiration in Kunstwerken zu suchen, nach Gegenständen oder Gesten, die auf Inspiration verweisen, nach dem Musenkuss oder anderen Himmelsboten.

Es wäre seiner Ansicht nach wertvoll, mehr über Entstehungszeiten und -gründe für die Thematisierung von Inspiration im Bild herauszufinden. «Stets von Neuem zu untersuchen, ist schließ-

«Ich muss ständig ‹Gebrauchs-Texte› schreiben, als Pfarrer natürlich fast jeden Sonntag eine Predigt und Gebete, aber auch Dank- und Grußkarten, Texte für die Presse und anderes. Häufig muss ich auch bei verschiedenen Gelegenheiten weitgehend unvorbereitet sprechen, kurze Texte, auf Situation und Zuhörer bezogen. Vieles dabei ist Handwerk, aber ich freue mich immer, wenn mir über das Handwerkliche hinaus ein guter Gedanke kommt, eine interessante Formulierung gelingt.»

Daniel Völker, Pfarrer

lich die Frage, inwieweit Inspiration das Ergebnis einer vorangegangenen Reflexion ist.»[128]

Mit der natürlichen Neugierde, mit der jeder Mensch dem Meister über die Schulter schielen will, möchte man den Kopf der Künstler aufklappen und nachsehen, was denn da nun gerade reinfällt oder nicht, während sie vor ihren leeren Leinwänden oder weißen Blättern sitzen. Ist da eher eine Mechanik zugange, die gut geschmiedetes Handwerk hervorbringt? Oder schaut den Neugierigen dort das Nachdenken an – eine Art brodelnde Suppe, in der herumgerührt wird, bis hervorquillt, was auf den Tisch kommt? Oder wimmelt es da von gnädigen Gaben und geflügelten Gottesgeschenken? Was auch immer: Bitte, wie ist es da hineingekommen? Mehr oder weniger genervt reagieren bis heute die meisten Kunstschaffenden auf die gern von Journalisten oder begeisterten Fans gestellte Frage: «Wie sind Sie denn darauf gekommen?» Aber die Frage stellt sich eben auch den Künstlern selbst – immer wieder und in allen Bereichen der Kunst.

Woher kommt die «Neue Musik»?

1903 wurden in München gesammelte Aufsätze des österreichischen Musikschriftstellers Friedrich von Hausegger veröffentlicht. Einer der Aufsätze in den «Gedanken eines

«Uns Laien hat es immer mächtig gereizt zu wissen, woher diese merkwürdige Persönlichkeit, der Dichter, seine Stoffe nimmt, – etwa im Sinne der Frage, die jener Kardinal an den Ariosto richtete, – und wie er es zustande bringt, uns mit ihnen so zu ergreifen, Erregungen in uns hervorzurufen, deren wir uns vielleicht nicht einmal für fähig gehalten hätten.»[129]

Sigmund Freud,
Psychoanalytiker

«Fragen Sie mich nicht nach meiner Inspiration! Ich benutze mein Gehirn, lese viel und will alles von allem wissen, dazu brauche ich im Übrigen kein Internet, ich habe überall Spione – aber meine Inspiration, das ist ein Melting Pot, und den will ich nicht analysieren.»[130]

Karl Lagerfeld,
Modeschöpfer

Schauenden» trägt die Überschrift «Aus dem Jenseits des Künstlers. Betrachtungen und Mitteilungen über den künstlerischen Schaffenszustand». Es war eine Phase, so erklärt der Musikwissenschaftler Hermann Danuser, «als im Zeitalter des Positivismus das Interesse an einer Erhellung der ‹Inspiration› stark anwuchs.»[131] Denn Inspiration als Quelle für die Entstehung von Kunst – die sogenannte Inspirationsästhetik – war im 19. Jahrhundert zunehmend in die Kritik geraten.[132] Mathematik und Logik, das Experiment, klar definierbare Bedingungen und der Nachweis über diese standen im Fokus von wissenschaftlichen wie künstlerischen Schaffensprozessen. Moderne musikalische Kompositionsverfahren wie etwa die um 1920 entwickelte Zwölftontechnik scheinen diesen Zeitzeichen genau zu entsprechen. Aber die Behauptung, «Inspiration» werde im Zug der Neuzeit von «Rationalität» abgelöst, trifft nicht in Gänze zu.

An der Schwelle zum 20. Jahrhundert fragt der Musikwissenschaftler Hausegger also nach den Bedingungen für künstlerische Werke, um empirisches Wissen über den Schaffensprozess verfügbar zu machen. Andere nach ihm bohren bei Komponisten der Moderne nach – etwa bei Paul Hindemith, der «auf diese Aufklärungsarbeit», so übermittelt es die Forschung zu Hindemith, offenbar «ausgesprochen gereizt» reagiert hat.[133] Was auch immer zeitgenössische Beobachter der Musikszene wie Hausegger für Schlüsse darüber gezogen haben, wie denn nun diese völlig «Neue Musik» in die Welt kam – in der Moderne bleiben die Quellen umstritten. Eindrucksvoll wird der Schaffensprozess moderner Komponisten des 20. und 21. Jahrhunderts – unter anderem von Alban Berg, Arnold Schönberg, Claude Debussy, Richard Strauss bis zu Paul Hindemith – von Hermann Danuser und Günter Katzenberger in der 1993 herausgegebenen Publikation «Vom Einfall zum Kunstwerk» nachvollzogen. So hat etwa – folgt man der zitatenreichen Darstellung des Musikwissenschaftlers Giselher

Schubert – der deutsche Komponist Paul Hindemith neben einem durchgeplanten und strenger rationaler Kontrolle unterworfenen Gestaltungsprozess, für den er vor allem bekannt ist und den er als Pädagoge in den Vordergrund rückte, «noch nachdrücklicher auf Kategorien wie Inspiration, musikalischer Vision oder Einfall bestanden, die er jedoch nicht weiter klären konnte, sondern deren An- und Abwesenheit nur zu konstatieren waren».[134] Technische oder handwerkliche Gestaltung und Inspiration blieben für Hindemith offenbar zweierlei Dinge – Hindemith nennt sie «Vision und Materialisation» –, und der Ort, in dem sie zusammenwirken, ist das «kompositorische Vermögen».

Was aber ist Hindemiths Vision? Sie ist jedenfalls nicht zu vergleichen mit dem «Dauerzustand des Narzissmus» anderer Komponisten, über den sich Hindemith in dem 1959 erschienenen Buch «Komponist in seiner Welt» echauffiert. «Sie erwecken den Eindruck, als seien nicht sie selber die Schöpfer ihres Werkes, sondern als komponiere ‹es› in ihnen, fast trotz ihres eigenen Vorhandenseins.» Eine Inspiration, die den Komponisten zur «Inkarnation eines übernatürlichen Wesens» macht, ist nicht gemeint. Und «im Warten auf den Einfall» oder auf die «Stimmung», in der die «Küsse der Muse prasseln», kann sie sich für Hindemith auch nicht erschöpfen. Was so im Schwung «zusammengebastelt» wird, sei im Grunde wertlos, weil der Komponist dann immer nur auf glückhafte Momente warten könne und die Ergebnisse sich ähneln würden. Stattdessen:

«Einfall kann nur der Moment, die Kraftkonstellation sein, wo die Vision des künftigen Kunstwerkes entspringt. Wenige werden von der Natur mit diesem schöpferischen Augenblick begnadet, sie können nur willig das Gefäß sein, in dem der Samen aufgehen wird. Der nächste, noch so winzige Schritt den sie tun, führt vom Göttlichen fort auf die Erde. [...] Die im Einfall verborgene und jetzt freiwerdende Kraft durchdringt von nun an alle Arbeit.»[135]

Ein Quentchen Genialität?

An anderer Stelle (1959) vergleicht Hindemith die musikalische Komposition mit einem «Blitzstrahl», der eine weite Landschaft zusammengerafft erhelle, wie sie bei Tag nie wahrgenommen werden könne. «Man kann denjenigen kaum einen echten Komponisten nennen, dem nicht im plötzlichen Aufleuchten eines schöpferischen Moments ein Musikstück in seiner völligen Ganzheit erschiene, mit jedem seiner Bauglieder an der rechten Stelle.»[136]

Trotz vieler Besonderheiten und Widersprüche, die sich offenbar vor allem aus Hindemiths pädagogischen Konzepten ergeben, ist der Komponist für Giselher Schubert ein «Anhänger der Inspirationsästhetik».[138] Der Komponist der Moderne hielt trotz der von ihm unbestrittenen wichtigen technischen Fertigkeiten zugleich an einem *außer*-gewöhnlichen Moment fest, der im Schaffensprozess wirke. Ähnlich greifen bei anderen Komponisten die Konzepte ineinander: ein rationales Vorgehen – gemeint ist ein geordnetes, bewusstes, handwerkliches Vorgehen – und Inspiration, der Einfall, die Eingebung. Gemeint ist in jedem Fall etwas, das unbewusst oder unwillkürlich schlicht «irgendwann» stattfindet. Prüft man auch andere überlieferte Selbstaussagen von Komponisten wie Richard Strauss oder Gustav Mahler, wie es Hermann Danuser getan hat, dann finden sich als Quellen der Schaffenskraft an der Schwelle zur Moderne: der kurze Einfall, die harte Arbeit und die Vorstellung eines genialen Geschehens. Aber dem einen wiegt das Unbewusste schwerer, dem anderen der bewusste Einsatz der Kompositionstechnik. Letztlich extrahiert Hermann Danuser drei Kategorien, die im Kompositionsprozess aller Kulturen der Musik eine Rolle spielen: Inspiration,

> «Wenn man zusammen Musik macht, geht es nicht um Hierarchie. Es geht um gegenseitige Inspiration. Darum, der anderen Person Flügel zu verleihen. Und die Flügel anzunehmen, die der andere einem verleiht.»[137]
>
> *Hélène Grimaud, Pianistin*

Rationalität und Zufall. Keine dieser Kategorien ließe sich chronologisch eindeutig zuordnen. «Inspiration gehört nicht nur der *Tradition*, Rationalität nicht nur der *Moderne*, Zufall nicht nur der *Avantgarde* an.»[139] Mit anderen Worten: Inspiriert zu sein darf aber auch nie fehlen.

«Auch nach dem Ersten Weltkrieg nimmt eine Instanz des Unbewussten bei zahlreichen Komponisten poetologisch eine oberste Stelle ein [...]. Bei Schönberg heißt diese Instanz ‹*Formgefühl*›, bei Strawinsky ‹*Instinkt*›, bei Hindemith ‹*Vision*›, in der zweiten Jahrhunderthälfte erscheint sie bei Karlheinz Stockhausen als ‹*kosmische Kraft*›, und Wolfgang Rihm setzt sein subjektives ‹*Ich*› als oberstes Prinzip ein.»[140], resümiert Hermann Danuser.

Damit ist erst recht nicht allgemeingültig geklärt, was diese viel umschriebene «Instanz» genau ist – lediglich was sie *nicht* ist, wird deutlich. Bisher meint Inspiration offenbar das, was gerade *nicht* mit Hilfe von Bildung und Handwerk, aus Fähigkeiten und Fertigkeiten, aus Reflexion und Nachdenken, Rechen- und sonstigen Arbeitsprozessen entsteht. Die «Instanz» liefert demgegenüber vielmehr das Quentchen Genialität, eine unfassbare «Extraportion» im Zuge des Schaffensprozesses, die jemand hat oder bekommt, schwer beschreiben kann oder mitunter auch gar nicht erfährt.

Vom Genie zum Pinselhalter

«Die Begeisterungen der Dichter und Künstler sind von jeher der Welt ein großer Anstoß und Gegenstand des Streites gewesen. Die gewöhnlichen Menschen können nicht begreifen, was es damit für eine Bewandniß habe, und machen sich darüber durchaus sehr falsche und verkehrte Vorstellungen.»[141]

Wilhelm Heinrich Wackenroder, der hier zitiert wird, war Jurist und Schriftsteller in Berlin. 1798 stirbt er dort nur 24-jährig an Typhus – nicht ohne zuvor ein kleines Werk theoretischer Schriften hinterlassen zu haben, dass große Wirkung haben würde. Die «Herzensergießungen eines kunstliebenden Klosterbruders» gelten als Abschied von der sogenannten «Genieästhetik». Wackenroder gilt gemeinsam mit Ludwig Tieck als Mitbegründer der deutschen Romantik und Wegbereiter «einer Inspirationsästhetik, die der Kunst ein ‹höheres Wesen› verleiht»[142], wie es der Literaturwissenschaftler Ernst Osterkamp formuliert.

Der junge Berliner Schriftsteller wettert gleich am Anfang seiner «Herzensergießungen» ordentlich gegen die Vorstellung, wie für die ältere Künstlergeneration die Kunst zustande kommt:

«Mit wie unendlich vielen unnützen Worten haben sich nicht die überklugen Schriftsteller neuerer Zeiten bey der Materie von den I d e a l e n in den bildenden Künsten versündigt! Sie gestehen ein, daß der Mahler und Bildner zu seinen Idealen auf einem außerordentlicheren Wege, als dem Wege der gemeinen Natur und Erfahrung gelangen müsse; sie geben zu, daß dies auf eine g e h e i m n i ß v o l l e Weise geschehe: und doch bilden sie sich und ihren Schülern ein, sie wüßten das Wie; – denn es scheint, als würden sie sich schämen, wenn irgend etwas in der Seele des Menschen versteckt und verborgen liegen sollte, worüber sie wißbegierigen jungen Leuten nicht Auskunft geben könnten.»[143]

«Irgend etwas in der Seele» – gemeint ist auch hier wieder jener Funke, der das besondere Moment ausmacht. Die Menschen aber, die das «Himmlische im Kunstenthusiasmus» leugnen würden, seien nichts als «verblendete Spötter», die Wackenroder zu belehren wünscht:

«Sie verwahrlosen die jungen Gemüther ihrer Schüler, indem sie ihnen so kühn und leichtsinnig abgesprochene Meynungen über göttliche Dinge beybringen, als wären es menschliche, und ihnen dadurch den Wahn einpflanzen, als stände es in ihrer

Macht, dreist zu ergreifen, was die größten Meister der Kunst, – ich darf es frey heraus sagen, – nur durch göttliche Eingebung erlangt haben.»[144]

Die Polemik saß. Ernst Osterkamp erklärt die gewaltige Wirkung der «Herzensergießungen» des Wilhelm Heinrich Wackenroder auf Literatur, Kunst und Ästhetik der Romantik mit einem scheinbar enormen «Bedürfnis nach einem Text dieser Art» – ein Text, der den «Anspruch des Künstlers, aus eigener ingeniöser Erfindung ein Idealbild der Schönheit neu zu schaffen [...] ersetzt durch ein Konzept vom Künstler, der sich als Medium der Heilsbotschaft versteht.»[145] «Wie ist es möglich gewesen», fragt sich Wackenroder, «daß keiner darauf kam, [...] die Spur vom Finger Gottes anzuerkennen?»[146] Das in der Epoche des «Sturm und Drang» gerade erst erweckte Genie wird wieder zurückgestuft zum demütigen «Pinselhalter»[147] Gottes.

Dabei schien der künstlerische Schaffensprozess gerade eben erst so vernünftig und ohne den göttlichen (Zeige?)Finger (auf) geklärt zu sein. Gehen wir chronologisch einen Schritt zurück: Die «Genieästhetik», gegen die Wackenroder zu Felde zieht, betrachtete den Künstler als eigenständigen autonomen Schöpfer, der nichts weiter «von außen» bedarf, um ein Werk zu erschaffen: Nichts muss ihm zufliegen, alles steckt schon in ihm drin, der Autor ist autonom. Diese Vorstellung nahm in den 1770er Jahren in der deutschsprachigen Literatur an Fahrt auf, in der sogenannten «Sturm und Drang»-Periode, mit Protagonisten wie dem jungen Johann Wolfgang von Goethe oder Friedrich Schiller. Sie findet sich im Begriff des «poeta alter deus» konzentriert, des Dichters als anderer Gott.

In dieser Phase wurde die Inspiration vom Schaffensprozess abgehalftert – eine Inspi-

> «Ich ergötze mich an dem Angenehmen, weil es mir die Gelegenheit gibt, etwas zu erleiden, ich ergötze mich an dem Schönen, weil es mir die Gelegenheit gibt, etwas zu tun.»[148]
>
> *Friedrich Schiller,*
> *Dichter*

Ein Quentchen Genialität?

ration jedenfalls, die eine göttliche Eingebung meinte. Goethe oder Schiller wollten mit solcher Inspiration nicht viel am Hut haben. Ernst Osterkamp weist darauf hin, dass der Terminus in Goethes riesigem Werk nur poplige neun Mal vorkommt, dem selbstbewussten Dichter die Vorstellung von einer «Kreativität göttlichen Ursprungs»[149] vollkommen fremd war und er für den poetischen Schaffensprozess eine «falsche Lehre von Inspirationen»[150] konstatierte. Dezidiert aus dem Diesseits kommt für Goethe die Weihe des Dichters oder Künstlers. Sie vollziehe sich «im Horizont einer innerweltlichen Steigerung», wie der Germanist Christoph Perels anhand von Goethes Gedicht «Hans Sachsens poetische Sendung»[151] zeigt. In diesem Gedicht erscheint dem einfachen Schuhmacher Hans Sachs neben den handfesten Damen *Ehrbarkeit* und *Historia* schließlich eine Muse, um ihn zum Dichter zu weihen.

«Sie spricht: ‹Ich komm›, um dich zu weihn,
Nimm meinen Segen und Gedeihn!
Das heilig Feuer, das in dir ruht,
Schlag' aus in hohe lichte Glut!»[152]

Der außergewöhnliche Einfall fällt für Goethe nicht vom Himmel in den Kopf hinein, sondern gehört zum produktiven Vermögen des Dichters. Er ist eher eine Art Inspiration von innen, eher der goldene Groschen, der im Dichter selbst fällt – aber für Goethe auch nur in dem: «Daß einem Menschen, der eben kein dichterisches Genie hat, einmal ein artiges, lobenswertes Gedicht gelingt, diese Erfahrung wiederholt sich oft, und es zeigt sich darin nur, was lebhafter Anteil, gute Laune und Leidenschaft hervorbringen kann.» Geniales – oder eben Kunst – bringe dann doch nur der talentierte Dichter in besonderen Momenten zustande, aber «es läßt sich dieser Wirkung des menschlichen Geistes psychologisch nachkommen, ohne daß man nötig hätte, zu Wundern und seltsamen Wirkungen seine Zuflucht zu nehmen, wenn man Geduld genug besäße, den natürlichen Phänomenen zu folgen, deren Kenntnis uns die Wissenschaft anbietet, über die es freilich bequemer ist vornehm hinwegzusehen, als das, was sie leistet, mit Einsicht und Billigkeit zu schätzen.»[153]

Zu den Wundern gehört zum Beispiel eine göttliche Intervention für ein geniales Gedicht. Die «Genieästhetik» am Ende des 18. Jahrhunderts scheint einen Wendepunkt zu markieren (wäre da im Gefolge Wackenroders nicht die Wiederbelebung der Inspirationsästhetik, aber dazu später erneut), indem sie der künstlerischen Inspiration als göttlich vermittelter Einfall eine Absage erteilte und die Quelle des Genialen im außergewöhnlichen autonomen Menschen selbst verortete. Chronologisch argumentiert die etwas ältere literaturwissenschaftliche Forschung: Bis zur Genieästhetik habe man die Quelle dichterischer Inspiration konsequent einem Gott zugeschrieben, flankiert von Gedankengängen des antiken Philosophen Platon, geboren im 5. Jahrhundert vor Christus.[154] Es gibt neuere Argumente, die den darin innewohnenden Entwicklungsgedanken relativieren und vor allem zwischen antiken Vorstellungen und dem Terminus Inspiration, wie er im christlichen Kontext verwendet wurde, differenzieren.[155] An der Stelle wird es Zeit, sich einem ähnlichen Konzept in der Antike zu widmen: der göttlich vermittelten «Be-Geisterung» oder dem Enthusiasmus.

Begeistertes Dichten

«Ach, das ist ein Gedicht! Das dichteste Gedicht meines Lebens!» Wer als Kind auf alten Schallplatten den Schauspieler Hans Clarin als Stimme des kleinen Kobolds «Pumuckel» gehört hat, dem klingt vielleicht die hemmungslose Begeisterung in diesem Satz noch im Ohr, ein Satz, mit dem der Kobold geradezu außer sich und erschöpft vom eigenen Enthusiasmus zum Ausdruck bringt, was ihm soeben Geniales spontan in Reimform eingefallen und wieder entfahren ist – nämlich wie er eine ihm höchst lästige zugelaufene Katze wieder los wird. In einem Atemzug mit ansteigendem und anschwellendem Ton in der Stimme dichtet er:

«Stinketier und Beinumschmeichler,
Meister Eders Lieblingsstreichler,
magst du noch so viel miaun,
ich werd dich zum Haus raushaun!»

Zu Begeisterung und Enthusiasmus gibt es rund 2500 Jahre alte philosophische Überlegungen, und damit fällt der Blick ohne Umschweife von Pumuckel zu Platon: Der griechische Philosoph äußerte sich seit dem Ende des 5. vorchristlichen Jahrhunderts an mehreren Stellen seines Werkes zur Frage nach den Quellen von Dichtung und Wissenschaft respektive Philosophie. Dabei mischte er sich offenbar in einen schon damals alten Streit ein: Wer weiß wirklich? Wer stellt Wissen her – Dichter oder Philosoph? Auf welches Wissen stützen sich Philosophie und Dichtung? Wer geht als der Kompetentere aus dem Streit hervor? Platons Stellungnahmen auf diesem Gebiet interpretieren seine Leser bis heute, denn der Philosoph gab dem Leser zum Zwecke der ausgewogenen Reflexion schlauerweise verschiedene Positionen an die Hand. Für die Frage nach dem Fundament der Dichtung ist immer wieder ein von Platon verfasster fiktiver Dialog der interessanteste: der Text «Ion»[156], ein Streitgespräch zwischen Sokrates und dem Rhapsoden Ion – einem fiktiven Profi im Vortragen epischer Dichtung und Homer-Spezialisten.

Ion mag begeistert sein, sagt Platon, aber er weiß nichts.[157] Der

Literaturwissenschaftler Martin Vöhler, der Platons «Ion»-Text auf dessen Stellungnahme zur Inspiration im Sinne einer Begeisterungserfahrung überprüft hat, stellt nun heraus, dass es Platon nicht allein darum gehe, die Wissensansprüche des Rhapsoden Ion zu widerlegen.[158] Ion bleibe durchaus ein Experte, aber einer, der sich «in ausgezeichneter Weise auf die Erfahrung der Begeisterung und deren Vermittlung an die Zuhörer» verstehe. Platon diskutiere vor allem die von der Dichtung ausgehende *Übertragung* von Begeisterung und trenne dafür Begeisterung von Wissen und Verständnis. «Die Kunsterfahrung selber kommt in den Blick. Sie erscheint religiös fundiert, doch erweist sich das von ihr vermittelte Wissen als zweifelhaft.»[159] Platon will, so analysiert Martin Vöhler, mit dem Bild einer magnetischen Kette die fortwährende Übertragung von Ergriffenheit von der Gottheit über die dichtenden Sänger über die Rhapsoden als Vermittler bis hin zum Publikum darstellen. Damit weiß nicht nur der Rezitierende nichts, bereits die «Liederdichter [dichten] nicht bei vernünftigem Bewußtsein diese schönen Lieder».[160] Sie wissen nicht, was sie tun, und sind ohne Vernunft. Die platonische Argumentation etwas keck mit der eingangs erwähnten Kindergeschichte vereinfacht: Was in den dichtenden Kobold gefahren ist, ist Enthusiasmus, aber nichts Sinnvolles. Dahinter steckt keine gute Idee, keine Reflexion, kein anspruchsvolles Konzept. In der Folge geht der Rauswurf-Plan auch gründlich schief. «Gewusst wie» wäre hier allemal besser gewesen als das «dichteste Gedicht».

Poetische Begeisterung ist also schlicht Wahnsinn? Von Platon wurden die Dichter weit hinter den Philosophen positioniert, noch «hinter den Sporttrainern, auf Platz 6»[161], und Martin Vöhler fasst zusammen: «Der Dichter wird jetzt zum bloßen Gefäß. Sein Verstand erscheint als Störfaktor und muß ihm von Gott im Begeisterungsprozeß geraubt werden. Im Enthusiasmus wird der Dichter zum ‹Sprecher› und ‹Vermittler› der Götter (*hermenéus ton theón*, 534e), wie die Rhapsoden wiederum zu ‹Vermittlern der Vermittler› (534a) werden.»[162] Im Erlebnis der Begeisterung – man könnte auch sagen der Inspiration, obgleich dieser Terminus in der Antike faktisch nicht verwendet wurde[163] – werde ein fragwürdiges Wissen hergestellt. «Der Begeisterungszustand ist neu zu bestimmen. Mit dieser Aufgabe eröffnet Platons Ion das bis heute anhaltende Gespräch über die Eigenart ästhetischer Erfahrung.»[164]

Den dichtenden Kopf so zu disqualifizieren ist dreist von Platon – findet mehr als 2000 Jahre später der selbstbewusste Goethe, der sich über den Ion-Dialog von Platon wohl sehr geärgert hat. Wie auch andere Zeitgenossen und spätere Rezipienten mit ihm konnte er dem Gedanken eines von göttlicher Eingebung oder eben Be-Geisterung offenbar völlig abhängigen und in seiner Schaffenskraft unwissenden Dichters nichts abgewinnen. Aber Platon war schon in seiner Zeit ein Provokateur, das zeigt Vöhlers literaturwissenschaftliche Untersuchung. Warum? Weil der dichtende Sänger der Antike sich als einer verstand, der von den Musen geliebt und geküsst wurde. Zwischen Musen und Dichtern existierte eine Art Partnerschaft.[165] Und das war eine nicht ganz so demütigende Ausgangssituation wie die, ein prinzipiell leeres «Gefäß» für den Erguss der Götter zu sein.

Im Bund mit der Muse

Die großen Epen der Antike sind die «Ilias», die «Odyssee» und die einige Jahrhunderte später entstandene «Aeneis». Die Entstehungszeit der Dichtungen vom trojanischen Krieg, der «Ilias», und der Reise des Odysseus ist vermutlich die Wende vom 8. zum 7. Jahrhundert vor Christus. Zugeschrieben werden diese ältesten und einflussreichen poetischen Werke dem Griechen Homer, wobei umstritten ist, ob der Dichter wirklich gelebt hat oder ob nicht vielmehr viele Autoren diese Werke schriftlich fixiert haben. Die Geschichte des Aenaes, der aus dem brennenden Troja flieht und später zum Stammvater der Römer wird, erzählt der römische Dichter Vergil im ersten Jahrhundert vor Christus.

«Ilias» und «Odyssee» beginnen mit einem Imperativ, dem sogenannten Musenanruf: «Singe den Zorn, o Göttin, des Peleiaden Achilleus» und «Sage mir, Muse, die Taten des vielgewanderten Mannes». Während der Anfang der «Ilias» eher eine direkte Aufforderung an die Göttin oder Muse selbst ist – sie soll singen! –, womit der Vortragende schon damals ein «Pinselhalter» zu sein scheint, zeugt der Beginn der «Odyssee» in Kombination mit anderen Textstellen von einem Vieraugengespräch und einem sehr besonderen Verhältnis, das dem dichtenden Sänger mit seiner Muse in der Antike zugeschrieben wurde. Die Musen übernehmen die Rolle einer bezeugenden, verstärkenden und legitimierenden Kraft, die den Enthusiasmus des Dichters besonders auszeichnet. Diese inspirierende Kraft macht den Dichter gerade nicht zum Sprachrohr oder willfährigen Erfüllungsgehilfen. Er wird stattdessen als «Selbstgelehrter», als Autodidakt entworfen, der von seiner Muse über das wahrheitsgetreu informiert oder belehrt wird, was der nicht wissen kann.[166] Der Bund mit der Muse ist kein tumbes Abhängigkeitsverhältnis.

> «Ich bin meine eigene Muse. Ich stelle mir vor, wenn ich 25 wäre, soundso groß, blond, würde das toll an mir aussehen, wäre ich 70, jenes. Ich bin meine eigene Zielgruppe. Nicht umsonst steht mein Name auf meinen Produkten.»[167]
>
> *Tom Ford, Modedesigner*

Dieses antike griechische Konzept des inspirierten Dichters, der mit Hilfe einer Anrufung in privilegiertem Kontakt mit den Musen als göttlichen Zeugen singt und trotzdem ein nicht gänzlich unselbständiges Sprachrohr der Götter ist, wirkte lange.[168] Von hellenistischer Zeit an, in römischer Antike bis in die Spätantike hinein findet man Gedichte, die mit einem Musenanruf beginnen oder ihn zumindest einbauen. Der römische Dichter Vergil beginnt sein Epos über Aenaes allerdings mit einem selbstbewussten «*Ich* singe» («*Arma virumque cano*»). Acht Zeilen später erst ruft er die Muse an, allerdings ziemlich forsch: Er fordert eine Erklärung von ihr und stellt ihr eine provozierende Frage: «Muse, des Grolls Ursachen verkünde mir, welches Gebotes Kränkung die Königin reizte, daß, so viel kreisendes Unheil, Sie den frömmeren Mann, so viel zu erdulden der Mühsal, Drängte mit Zwang. So groß glüht himmlischen Seelen der Zorn auf?»

Das Verhältnis von Musen und Dichtern in der Antike ist von variantenreicher Interaktion geprägt, wie alle Formen von «Beziehungen». Von der starken Stimme im Hintergrund, die dem Mann im Rampenlicht eintrichtert, was er zu sagen hat, über eine aufrichtig den Rücken stärkende Partnerin erscheint sie auch als beflissene Mitarbeiterin, deren Job es ist, dem Kerl am Pult die vollständige Aktenlage zu liefern. Aber wie auch immer: Stets treten Dichter und Muse im vertrauten Doppelpack auf. Die Vertrautheit zwischen den Sängern respektive Dichtern und den Musen ist eine Besonderheit in der antiken griechischen Religion – so wie die Musen selbst ein Spezifikum sind.

Die neun etwas anderen Töchter des Zeus

«Man paare Lebenskraft mit einem Gefühl für Vergangenes, und man erhält Kultur», schreibt die amerikanische Autorin Francine Prose in ihrem Vorwort zu «Das Leben der Musen», in dem sie 2004 neun moderne Paarbeziehungen zwischen Künstlern und Frauen wie Lou Andreas-Salomé, Gala Dalí oder Yoko Ono beschreibt. Neun Frauenbiographien im intellektuellen oder auch leiblichen Bund mit berühmten Männern der Kunstszene ergeben neun Musen. Die Auswahl erfolgte in Anlehnung an die Töchter des lebenspendenden Göttervaters Zeus, gezeugt mit Mnemosyne, der Göttin der Erinnerung. Frauen, wenn sie männlichen Künstlern Inspiration sind, werden bis heute Musen genannt, womit fortan die Verhältnisse «geordnet» sind – SIE inspiriert IHN. Der Muse wird in vielen Beschreibungen eine Art geheimnisvoller, göttlicher Atem zugeordnet, den manch einer wiederum zu atmen ersehnt. Rein theoretisch kann auch eine Frau einer Künstlerin Muse sein oder ein Mann einer Künstlerin ein «Muser» – und ganz praktisch haben Künstlerinnen Partner, die sie inspirieren. Aber hinter dieser Selbstverständlichkeit steckt keine 2500 Jahre alte schillernde Kulturgeschichte und ohne diese Aura ist das Interesse an «Musern» wohl eher verhalten.

Aber was sind sie nun, die antiken Musen, bevor sie sich zu einem vor allem literarischen Motiv entwickelten, das auch in der Gegenwart noch zu finden ist? Wofür standen diese Göttinnen aus dem Schoß der Erinnerung zu Beginn? Wir verbinden sie heute mit der Inspiration für die Künste. Aber als was wurden sie ursprünglich konzipiert?[169]

Eine wichtige Rolle für die Konzeption der Musen spielte der griechische Dichter Hesiod aus dem 7. Jahrhundert vor Christus, dank dessen Epos «Theogonie» die Vorstellungen der antiken Götterwelt bis in die Gegenwart überliefert werden konnten. Hesiod war es, der uns von neun Musen erzählte und ihre Namen nannte: Kalliope, Klio, Euterpe, Erato, Urania, Terpsichore, Melpomene, Thalia und Polyhymnia. Klio, Urania und Thalia sind gegenwärtig wohl die bekanntesten Musen. Nach Klio, die als Muse für die Geschichtsschreibung gilt, nennen sich althistorische Journale, Buchhandlungen, Schreibgeräte oder zum Beispiel die Deutsche Gesellschaft der Freunde und Sammler kulturhistorischer Zinnfiguren e. V. Urania, vorgeblich die Muse der Sternkunde, inspiriert ihrerseits Verlage, Firmen, Bildungs- oder sogar Sportvereine – ob zu allgemeinen Lebensweisheiten unter den Sternen, man weiß es nicht, es darf spekuliert werden. Auf Thalia als Muse der Komödie nehmen Theater Bezug, aber auch Kinos und wiederum Buchhandlungen, Online-Shops oder Cafés, die sich als Künstlertreff verstanden wissen wollen. Kalliope wird als Anführerin der Musen beschrieben und steht für die heroische Dichtung, Euterpe kümmert sich offenbar vornehmlich um die Flötenmusik, Erato um die Liebeslyrik, Terpsichore um den Tanz, Melpomene um Tragödie und Trauergesang und Polyhymnia um Chorgesang und Geometrie. Obwohl sie eigene Namen tragen und mitunter voneinander unterscheidbare Aufgaben zu haben scheinen, treten sie meist im Plural als «die Musen» auf, denn sie haben eine gemeinsame Seele. Sie wohnen nach Hesiod auch nicht auf dem Olymp, sondern auf dem griechischen Berg Helikon – dem Musenberg –, und ihr Hausherr ist Apollon, Gott der Künste, der sie im Laufe der Geschichte von dort nach Delphi holt. Zu tun haben sie nichts als singen und tanzen, und dabei erzählen sie als Chronistinnen wahrheitsgetreu von allen Taten der Menschen und Götter und Geschehnissen der Welt. Ihre enge Bindung zu den Dichtern ist in der Literatur der klassischen Antike vielfach belegt. Ihr ständiges Singen ist Quelle und Beweggrund der Künstler.

Die neun Töchter von Zeus und Mnemosyne machen sich allerdings rar. Einfach ist es nicht, an sie heranzukommen. Man kann sie anrufen und um Hilfe bitten, aber Dichter des antiken Griechenland suchen die Musen auch zum Zwiegespräch auf dem Musenberg Helikon auf, wo ihnen die Worte – die Inspiration – übergeben werden, und da muss der Dichter erst einmal hinkommen. Wie er dahin kommt, variiert: auf mühevollen Wegen – also mit Arbeit – oder im Traum. Eingetrichtert in leere Köpfe von Schreiberlingen werden die Ideen von den göttlichen Damen in keinem Fall. Der Dichter bleibt selbstverantwortlich für das, was er schafft. Andere antike Textüberlieferungen lassen erkennen, dass der Weg zum konspirativen Gespräch mit den Musen meistens beschwerlich und immer weit abgelegen ist – Inspiration kommt von einem Ort im «Außen» im Prozess einer durchaus beschwerlichen Grenzüberschreitung. Für den römischen Dichter Publius Ovidius Naso – unter dem Kurznamen Ovid bekannt – geschieht das Schreiben zum Beispiel in einem zeit-, raum- und ereignislosen Ort ohne Trost, an den der Dichter hinkend gelangt und dann mit den Musen allein ist.[170]

Die antiken Konzepte der Musen, die nicht von Göttinnen mit Trichtern für leere Köpfe ausgehen, können zugespitzt so gedeutet werden: Wichtig ist zum einen der Weg dorthin – ein Weg zu dem Ort, an dem ein Dichter hoffen darf, Inspiration zu erfahren (bei «den Musen»). Dieser Weg ist keine Autobahn, wo alle hintereinanderweg in eine Richtung brausen (oder auf der heutzutage eher träge gewartet als in leichtem Fluss gefahren wird), sondern geht individuell mal mit hinkendem Fuß meist durch Abwege in unwirtliche Gegenden, oft auch noch nach oben. Der «andere» und enge Weg bedarf in jedem Fall Zeit und Aufmerksamkeit und lässt außerdem Anstrengung vermuten. Wer aber diesen Ort erreicht, einen *außer*-gewöhnlichen und *außer*-ordentlichen Ort fern des politisch-sozialen Raumes, dem steht dort nicht einfach nur eine göttliche Gabe bereit, die den Erschöpften mit neuem Geist befruchtet. Ihn oder sie erwarten

> «Kreative Menschen sind risikobereit. Wer kreativ ist, macht immer zwei Schritte in die Dunkelheit. Alle können sehen, was im Licht liegt. […] Aber die wahren Helden wagen sich in die Dunkelheit des Unbekannten vor. Dort entdeckst du andere Dinge. Ich sage andere Dinge, weil die neuen Dinge, die du entdeckst, noch keinen Namen haben und sich manchmal jeder Beschreibung entziehen – wie ein Neugeborenes.»[171]
>
> *Benny Golson,*
> *Jazzmusiker*

vielmehr lebendige Erinnerungen oder ein gelehrtes Frage-und-Antwort-Spiel – mit anderen Worten *Reflexion* –, welche die Gnade einer Einsicht in oder einer Ansicht auf das Neue ermöglichen.

Der einhauchende Gott, sein Text und sein Griffel

Nach diesem Rückwärtsgang in die klassische Antike lassen sich im Vorwärtsgang die damals angelegten Konzepte von dichterischer Inspiration immer wieder finden. Vor allem aber findet sich die eigentliche Erfindung des Begriffs.

Was bisher verhandelt wurde, sind die inhaltlichen Vorstellungen, die sich mit dem Begriff Inspiration (die Einwirkung auf oder die Verleihung und Eingabe von Dichter- und Denkergabe oder Künstlertalent, der «göttliche» oder zumindest der äußere Beistand beim kreativen Prozess) verbinden, und der geht über die Geschichte des Terminus hinaus. Terminologisch stammt der Begriff aus dem Christentum. Er ist, wie der evangelische Theologe Christoph Markschies es ausdrückt, «eine Schöpfung der christlichen Sondersprache der Antike».[172] Zwar würden Vorstellungsinhalte aus dem paganen Umfeld übernommen – der plötzliche Einfall, die Eingebung durch göttliche Kräfte, die Ideen, die unwillkürlich und unbewusst auftauchen –, aber erst christliche Autoren, so der Nachweis des Theologen, benutzen zur Beschreibung solcher Vorstellungen das lateinische Wort «inspiratio» als Übersetzung für das griechische Wort «théopneustos», die göttliche Einhauchung – zuallererst in späteren Texten des Neuen Testamentes. Jenseits von diesem Kontext wird der Begriff zunächst eigentlich «eher in medizinischen und naturwissenschaftlichen Kontexten für das Einhauchen oder Einatmen verwendet, dann auch für den Lebenshauch».[173] Anders aber als in der klassischen

Antike geht es nun nicht mehr um einen von Gott mit Einfällen bedachten Verfasser von Texten, sondern um die biblischen Texte selbst – sie werden zu *inspirierten Texten*. Der Autor tritt in diesem christlichen Konzept von Inspiration als Individuum völlig in den Hintergrund, um, so die These von Christoph Markschies, «die per se individualisierende Tendenz jeder Inspirationsvorstellungen gleichsam zu zähmen wie zu disziplinieren und gleichsam jede kreative Inspiration des Individuums an der Norm eines bestimmten heiligen Textes, von dem der jeweils höchste Grad der Inspiration behauptet wurde, zu messen».[174]

Als der monotheistische Gott als der eigentliche Schreiber seines Textes, seiner Ordnungen und Gebote konzipiert wird, tauchen Probleme auf: Was, wenn das Original abgeschrieben, vielfach übersetzt, möglicherweise (versehentlich) verändert oder gar ergänzt wird? Wie verkörpert sich Gott in der Dublette? Der Einfall: Man nehme den göttlichen Atem als schöpferisches Übertragungsmedium und sanktioniere damit alle weiteren Exemplare der Bibel. Von nun an war jeder heilige Text gültig, weil von göttlichem Atem eingehaucht, also «inspiriert». Im Wesentlichen geschieht das vor dem Hintergrund der Entstehung der kanonischen lateinischen Bibelübersetzung zwischen dem 4. und 6. Jahrhundert. Die damals in der «Vulgata» – dem lateinischen Bibeltext, der sich schließlich gegen andere Übersetzungen aus dem Griechischen durchsetzt – in Umlauf gebrachte Formulierung vom göttlich inspirierten Text (*omnis scritura divinitus inspirata* – alle Schrift ist göttlich inspiriert) verbreitet sich im allgemeinen Sprachgebrauch. Das hatte schließlich Auswirkungen auf die Rolle der kirchlichen Schriftsteller, insbesondere als sich im 6. Jahrhundert die Urheberschaft mit Papst Gregor dem Großen ganz auf den «Heiligen Geist» verschiebt. Gott wird damals «von der Rolle des realen Schreibers (*scriptor*)» entlastet, schreibt die Religionswissenschaftlerin

Ein Quentchen Genialität?

Renate Schlesier, und der Papst kann «den Heiligen Geist als *auctor* und *inspirator* der Heiligen Schrift zum *dictator* stilisieren, demgegenüber der das mündliche Diktat ausführende menschliche Schreiber nur noch als Werkzeug (*calamus*, der Griffel) bewertet werden kann».[175] Der heilige hauchende Geist als Urheber aller heiligen eingehauchten Texte degradiert den schreibenden Mensch also nicht nur zum Griffel- oder Pinselhalter – der Mensch *ist* der Pinsel.

Das lateinische Verb «inspirare» macht im Mittelalter eine steile Karriere – und zwar nur im christlichen Kontext. Wo Latein jenseits des christlichen Gebrauchs verwendet wird, kommt dieses Wort nicht vor, obwohl, so Renate Schlesier, die «christliche Inspirationsauffassung mit antiken vorchristlichen Auffassungen dichterischer Produktion amalgamiert»[176] – nämlich in dem Sinne, als auch schon vorher Textproduktionen mit einer irgendwie *auch* äußeren, irgendwie *auch* göttlichen Intervention in Verbindung gebracht wurden. Aber nun zieht der eine, der christliche Gott alles an sich, was an Schöpfung möglich ist – nicht nur Leben und Verstand des Menschen, auch seine Texte, sofern sie irgendetwas gelten, also für Christen relevant sind. Und klar ist auch: Dichtung gehört da schon mal nicht dazu.[177] Ein autodidaktischer, schöpferischer Text kann neben dem alles entscheidenden Text (der Bibel) nicht existieren, das Inspirationskonzept des lateinisch christlichen Mittelalters lässt das nicht zu. Platon hat es schon den griechischen Dichtern ausgetrieben, von einem eigenständigen künstlerischen Kreationsprozess im Bund mit den Musen auszugehen, die Durchsetzungskraft des christlichen Gottes gibt Dichtern nun endgültig den Rest. Als alleiniger Schöpfer kreiert Gott alles: *solus creator est deus* legt der lateinische Kirchenlehrer Augustinus in seinem philosophischen Hauptwerk «De Trinitate» zu Beginn des 5. Jahrhunderts fest, und diese theologische Auffassung differenziert streng zwischen göttlicher und menschlicher Aktivität und spricht jeglichem Dichter ein Schöpfertum, einen neuen oder eigenen Einfall aus dem «Nichts» grundsätzlich ab.[178] Das christliche Konzept der Inspiration verbindet stattdessen «die auf leibseelischen Voraussetzungen beruhende spontane Kreativität des menschlichen Geistes mit dem göttlichen Geist»[179], schreibt die Literaturwissenschaftlerin Beatrice Trînca. Das sind schwere Ketten.

So gilt also im Mittelalter nur das *eine* Buch (in der Vielzahl seiner Auflagen und Übersetzungen) als inspiriert. Diese christliche Inspirationslehre, die im Christentum jahrhundertelang die Autorität und Irrtumsfreiheit der Heiligen Schrift untermauert, wird erst während der Reformation von Martin Luther kritisiert. Luther setzt den menschlichen Geist aber keineswegs frei. Er fordert lediglich die *direkte* Anerkennung des gesprochenen heiligen Wortes auch ohne die Vorstellung einer Extraportion göttlicher Inspirationslehre. Damit hat die Schrift-Inspiration jedoch nicht ausgedient. Bis heute hält der Katholizismus daran fest. Noch das 2. Vatikanische Konzil 1965 behauptet, das Alte und Neue Testament seien in Gänze unter der Einwirkung des Heiligen Geistes geschrieben – jeglicher historische Irrtum demnach ausgeschlossen. Auch streng konservative Richtungen im Protestantismus oder nordamerikanische Fundamentalisten im Kampf gegen einen theologischen Liberalismus halten fest an der göttlichen Inspiration, die sich nur auf die Heilige Schrift bezieht. Sehr streng genommen dürfte also kein christlich getaufter (Schreib-)Künstler heute davon reden, er sei inspiriert ... es sei denn, er versteht sich als Griffel Gottes.

> «Wenn wir uns von der Last befreien, etwas vollkommen Neues zu kreieren, dann können wir damit aufhören, etwas aus dem Nichts heraus erschaffen zu wollen, und endlich das annehmen, was uns beeinflusst, anstatt davor wegzurennen.»[180]
>
> *Austin Kleon, Künstler*

Alles nur Tarnung

Gott kreierte im Mittelalter ein Kreativitätsmonopol, könnte man sagen, und kein «Künstler» kam daran vorbei. Oder doch? Im Rahmen eines zehn Jahre andauernden Sonderforschungsbereiches in den Geisteswissenschaften zur Erfahrung von Kunst[181] haben Wissenschaftler bis 2010 in dieser «Dunkelheit» besonders motiviert nach Inspirationskonzepten gestochert. Konnte es wirklich sein, dass die Disziplinierung der schöpferischen Eigenleistungen, denen eigene Einfälle vorausgehen, im Mittelalter über Jahrhunderte erfolgreich war, wie in der Wissenschaft oft behauptet wird? Wurde das verordnete Dementi künstlerischer Autonomie nie unterlaufen? Waren Gottes Gitter so dicht und seine Griffel so gefügig? Die Antwort, die sich aus der entstandenen Forschungsliteratur ergibt, lautet: Nein, keineswegs. Es gab sehr wohl eigenständige künstlerische Schaffensprozesse, es gab das Neue – es durfte nur nicht so genannt werden.[182]

Es gab im Mittelalter Dichter und Künstler, und es ist so, dass die Vorgabe an sie lautete: Der Mensch kann ausschließlich wiedergeben oder herstellen, was er bereits vorfindet, und niemals selber etwas «Neues kreieren». Er könne bestenfalls ein besonders guter Handwerker sein, aber niemals ein *creator*. Bei dem Schweizer Mediävisten Walter Haug kann man nachlesen, wie blockiert die Idee der schöpferischen Erfindung und poetischen Einbildungskraft im Mittelalter war: «Wer hingegen von sich behauptet, etwas Neues zu schaffen, maßt sich göttliche Fähigkeiten an, und wer dies tatsächlich zuwege bringt, der muß sich widergöttlicher, dämonischer Kräfte bedient haben: Er ist ein Teufelsbündler. Auf geistigem Gebiet ein Neuerer zu sein heißt, daß man es mit einem Häretiker zu tun hat.»[183] Neue Wahrheiten waren danach nicht erlaubt, eigenständige Weltentwürfe schon gar nicht, Nacherzählungen möglich, Deutungen eventuell auch – allerdings keinesfalls unauthorisiert, also nicht ohne göttliche Inspiration, und wem die zuteilwurde, wusste nur Gott – aber jegliche Erfindungen waren verwerflich. «Und das bleibt nicht auf einer theoretischen Metaebene, vielmehr zieht sich der Lügenvorwurf gegenüber eigenständiger, d. h. weltlicher Dichtung bekanntlich penetrant durch die mittelalterlichen Jahrhunderte. Dichtung, die sich weder als historische Wahrheit legitimieren kann noch sich als Einkleidung einer Wahrheit präsentiert, ist inakzeptabel.»[184] Trotzdem gab es Schlupflöcher für den eingehegten Geist, betont Walter Haug, indem «man fälscht, man lügt, man verschleiert.»

Der eigene Einfall wird eben – wenn man ihn nicht haben darf – kaschiert, am spektakulärsten vielleicht im mittelalterlichen Rechtswesen, wo es von Fälschungen nur so wimmelt, nicht zuletzt um Kurswechsel, Veränderungen und Neuerungen zu erreichen.[185] Die mittelalterliche Dichtung versuchte indes offenbar unauffällig doch zu vermitteln, was eigentlich nicht sein darf – nämlich das Neue, die eigene Schöpfung –, indem sie vordergründig eine Begrifflichkeit nutzte, die bei genauer Analyse leer war. Einige Strategien fasste Walter Haug am Beispiel von fiktionaler Literatur aus dem 12. und 13. Jahrhundert zusammen[186]: Man verkaufte zum Beispiel literarische Neuerfindungen als althergebrachte Storys, indem man stereotyp betonte, man habe gegenüber den eigenen Quellen rein gar nichts verändert, man fingierte auch Quellen und Gewährsmänner als Beglaubigungen für autonome Erfindungen, man täuschte faktische Wahrheiten vor – unterstellte zum Beispiel, dass König Artus eine historische Figur war –, oder man legitimierte Neukonzeptionen über angebliche Inspiration und sorgte mit allerlei Tricks und «kühner Verschiebung» dafür, die göttliche Inspiration «in ein gottgegebenes, natürliches menschliches Vermögen»[187] umzudeuten – frei nach dem Motto: Gott möge dem Demütigen Inspiration schenken, um die Weltgeschichte korrekt nacherzählen zu können, was dann zwar nicht «gelingt», aber das ahnt ja keiner und kann auch keiner widerlegen. Auch die vormodernen Autoren entwickelten also Selbstbewusstsein hinsichtlich ihrer eigenen «Inspiration» und Schaffenskraft. Die Philologin Dorothea Klein attestiert ihnen am Beispiel des Rolandsliedes des Pfaffen Konrad (1170), eines Epos über Alexander den Großen, verfasst im 12. Jahrhundert von dem französischen Schriftsteller Walter von Châtillon, sogar eine «beachtliche Kreativität» darin, das christliche Inspirationsmonopol zu unterwandern und ihre schöpferische Eigenständigkeit hinter den Formeln der Konvention zu verstecken – als Bitte um göttlichen Beistand, die dann erhört wird, oder mit einer Geschichte vom Erhalt einer Auszeichnung, eines Befehls zum Dichten «im Schlaf». Was kann ein Bauer dafür, wenn ihm im Schlaf der göttliche Befehl zum Dichter erteilt wird? Selbstverständlich muss er sich fügen … «Vor allem setzten sie [die mittelalterlichen Autoren] den Inspirationstopos nun auch ein, um ihre Position zwischen Tradition und Innovation, Abhängigkeit und Autonomie näher zu bestimmen»[188], zeigt Dorothea Klein. Von ausschließlich konformistischen – und «uninspirierten» Autoren im Sinne kreativer Eigenleistungen – kann also auch im Mittelalter keine Rede sein.

Schaut man in die Renaissance, findet man bei den Humanisten wieder eine ganz offene Reflexion über Inspiration im Zusammenhang mit den Entstehungsbedingungen von Literatur und der Schöpfungskraft der Künstler.[189] Die Rezeption antiker Texte ist das Markenzeichen der Zeit, und so finden sich neue und zugleich alte Spielarten von Inspirations-Konzepten, die breit und offen diskutiert werden. Die umfassendste wissenschaftliche Untersuchung von Christoph J. Steppich zur Inspiration in der Renaissance trägt den lateinischen Titel *Numine afflatur* – vom Göttlichen angehaucht.[190] Dieses Motto thronte Anfang des 16. Jahrhunderts mitten im Vatikan über den Köpfen der Geistlichen: Der italienische Großmeister der Renaissance, der Maler Raffael, platzierte es in seinem berühmtesten Wandfresko, dem «Disput über das Sakrament». Das riesige Wand- und Deckengemälde (heute in den Vatikanischen Museen zu sehen) schmückt eines der vier Zimmer (Stanza), die Raffael zwischen 1508 und 1524 im Vatikanischen Palast bemalt hat. Das Fresko «Disputa del Sacramento», entstanden in den Jahren 1509/10, behandelt thematisch im weitesten Sinne das christlich humanistische Bildungsprogramm, und so gab Raffael den verschiedenen allegorischen Figuren für die Theologie, Justiz, Philosophie und Poesie ein lateinisches Motto bei. Die Poesie ist dort ausdrücklich «vom Göttlichen angehaucht».

Ohne ins Detail zu gehen, kann man grob umreißen, dass die Denker der Renaissance mit Blick auf die Antike und gegenüber den vorhandenen Dogmen ihrer Zeit zu komplexen neuen Deutungen über die göttliche Verursachung der Dichtung gelangten. Vereinfacht ausgedrückt (und die vielen Bedeutungsunterschiede in der Verwendung von Begriffen für diesen Zweck verwischend) gehörte in der Renaissance die Dichtung letztendlich zu den göttlichen Absichten dazu. Des Dichters Talent und Kreativität erschienen als ausdrücklich von ganz oben gewollt, und ein himmlischer Impuls lädt die Künstler im Idealfall zur Nachahmung des göttlichen Kreationsprozesses ein.

Eros, Wahnsinn, Rausch und Ekstase

Die Extraportion göttlicher Beitrag – die Inspiration – dient jahrtausendelang dazu, problematische Texte einzuordnen oder gelten zu lassen. Beatrice Trînca erzählt entlang von vielen Beispielen über den inspirierenden Rahmen, den «Inspiration» wissenschaftlichen Analysen bietet.

Die Literaturwissenschaftlerin Beatrice
Trînca hat seit 2012 am Institut für Reli-
gionswissenschaft der Freien Universität (FU)
Berlin eine Juniorprofessur für Religion und
Literatur im europäischen Mittelalter und der
Frühen Neuzeit inne. Ihre Schwerpunkte liegen
dabei in der Geschlechterforschung und Mystik.
Zuvor arbeitete sie an der FU im Rahmen eines
von der Deutschen Forschungsgemeinschaft
geförderten Sonderforschungsbereichs im
Teilprojekt «Inspiration und Subversivität –
Künstlerische Kreation als ästhetisch-reli-
giöse Erfahrung.»

Frau Trînca, spinnen die Dichter?

Beatrice Trînca: Die Frage spielt auf den antiken Autor Platon an, der sich über die inspirierten Dichter lustig macht. Ja, die Dichter sind in der Tat Platons Lieblingsfeinde, und für ihn kommen sie durch die göttliche Einhauchung in eine Form von Wahnsinn – Mania. Nur in dem Zustand können sie überhaupt dichten.

Sie beschäftigen sich als Spezialistin für Literatur und Religion im Mittelalter mit Inspiration. Warum kommt Platon für Sie ins Spiel?

Beatrice Trînca: Platon kennen wir als Philosoph, aber er war auch ein Religionstheoretiker, benutzte das Inspirationskonzept und sprach vom Enthusiasmus im Zusammenhang mit göttlicher Einflussnahme. Die antiken Spezialisten für Mysterien sind für Platon zum Beispiel wahnsinnig. Ihre Rede entspringt einer Mania, die von Dyonysos stammt, Eros oder Aphrodite hauchen Liebeswahnsinn ein. Die Musen verursachen den dichterischen Wahnsinn. Platon, der für Rationalität argumentiert, präsentiert solche göttlich gestifteten Begabungen und Zustände im Zusammenhang mit Kontrollverlust und damit als negativ und nicht erstrebenswert. Dass man den Göttern in der Inspiration bedingungslos ausgeliefert war, übertrug sich auf die Art und Weise, wie die Entstehung der Bibel und später anderer religiöser Texte gedacht wurde.

Prägen auch Platons Beriffe spätere Diskurse über Inspiration?

Beatrice Trînca: Bei Autoren, die über Inspiration schreiben und sich mit der griechischen Tradition beschäftigen, finden sich auch später die Begriffe Enthusiasmus, Begeisterung, Mania, Wahnsinn und Ekstase im Zusammenhang mit Inspiration wieder. Im Mittelalter mit seiner lateinischen Tradition sind diese Begriffe seltener.

Viele Begriffe kursieren also – gibt es denn heute eine wissenschaftlich gültige Definition von Inspiration?

Beatrice Trînca: Jede Wissenschaftlerin und jeder Wissenschaftler ist frei, Begriffe so zu definieren, wie sie oder er am besten mit ihnen arbeiten kann. Meine Definition von «Inspiration» ist dann abhängig vom Material, das ich analysieren will – je nachdem, ob der Autor, den ich untersuche, den Begriff benutzt oder ähnliche Konzepte formuliert. Die Antwort ist also: Nein, die «eine» Definition der Inspiration gibt es nicht. Allerdings gibt es in der Forschung eine Auseinandersetzung darüber, ob man Inspiration wörtlich fassen sollte oder nicht.

Wie ist der Stand der Dinge in diesem Gelehrtenstreit?
Beatrice Trînca: Der Umgang mit dem Begriff bleibt unterschiedlich. Manche Forscher argumentieren, dass man nur dann von Inspiration reden kann, wenn ein Autor wirklich vom «Atem» spricht, also die Formulierung «Einhauchung» benutzt.

«Die» Inspiration gibt es nicht

Andere Forscher kennen Inspiration als allgemeinen Terminus, also als Oberbegriff, unter den dann auch die Konzepte fallen, in denen die Rede von Eingebung, Enthusiasmus, Einfall oder auch Zufall ist, von Begabung, Beistand, Begeisterung oder dem Befehl zu dichten.

Wie steht es mit dem Mittelalter, ist Inspiration dort eher ein religiöses oder ein literarisches Phänomen?
Beatrice Trînca: Man kann zu dieser Zeit Texte nicht in Literatur und Nichtliteratur separieren. Die mystische Literatur zum Beispiel ist eine durch und durch religiöse Gattung. Da finden sich sehr viele Vorstellungen von Ein-

Inspiration für die Autorisierung von neuen heiligen Texten

hauchung und Ekstase, über die Menschen Offenbarungen erhalten. Auch wenn man diese Texte heute unter literarischen Aspekten analysiert, so darf man nicht vergessen, dass diese Texte eine bestimmte Wirkung haben sollten! Sie galten als neue heilige Texte, und deshalb war es sehr wichtig, dass eine Inspiration beschrieben wird. So hatte man als Schreibender die Autorität, überhaupt einen neuen heiligen Text zu verbreiten.

Das Thema Inspiration hat für die intensive Beschäftigung in einem großen Forschungsprojekt ausgereicht – warum?

Beatrice Trînca: Es gibt in der Forschung ein hartnäckiges Vorurteil, das besagt: Im Mittelalter durfte keiner neben Gott eigenkreativ sein, und daher haben sich auch die mittelalterlichen Autoren nicht als selbständig verstanden, sondern als inspiriert. Selbstbewusste Autorschaft gibt es also im Mittelalter nicht. Das ist falsch. Untersuchungen in neuester Zeit – unter anderem in unserem Teilprojekt im Sonderforschungsbereich – haben nun zeigen können, dass ein Erzähler, wenn er zum Beispiel die Schöpfungsgeschichte nacherzählt, gut getarnt auf seine eigene Schöpfungsfähigkeit hinweist. Ausgerechnet in diesem religiösen Kontext, in dem die Genesis nacherzählt wird, spricht ein Dichter über sich selbst – als jemand, der fast so gut ist wie Gott! Oder wenn der Dichter zu Beginn schreibt, Gott möge ihn begaben, dann zeigt sich an diesen Stellen oft ebenfalls, wie selbstbewusst die Autoren auch im Mittelalter waren. Diese Passagen kommen als göttliche Autorisierung daher und sind deutliche Hinweise auf die eigene schöpferische Leistung.

> Schreibende Frauen mussten sich besonders legitimieren

Warum war es notwendig, Inspiration für die Autorisierung von Texten heranzuziehen?

Beatrice Trînca: Man kann das besonders gut am Beispiel von schreibenden Frauen zeigen: Autorinnen mussten sich in der Gesellschaft des Hoch- und Spätmittelalters noch viel mehr legitimieren als schreibende Männer. Die deutsche Mystikerin Gertrud von Helfta zum Beispiel lebte Ende des 13. Jahrhunderts im Frauenkloster Helfta bei Eisleben. Gertrud schrieb mit Hilfe eines anonymen

Autorinnenkollektivs ein Buch mit dem Titel «Legatus divinae pietatis», zu Deutsch «Gesandter der göttlichen Liebe». Darin beteuert sie mit Hilfe eines Inspirationserlebnisses zunächst, dass ihr Glaube und das, was sie tut, alles rechtens ist. Aber zugleich ermächtigt sie sich damit selbst zu schreiben. Eine andere berühmte Frau ist die Benediktinerin Hildegard von Bingen. Sie hat gedichtet und komponiert und gilt als bedeutende Universalgelehrte des 12. Jahrhunderts. Ihre Selbstermächtigung, über alles Mögliche neue Texte zu verfassen, musste sie mit sehr überzeugenden Demutsbekundungen kombinieren.

Wie hat Hildegard von Bingen das gemacht?

Beatrice Trînca: Sie berichtet zum Beispiel zu Beginn ihres ersten Werks von einem pfingstähnlichen Ereignis: «Aus dem offenen Himmel fuhr blitzend ein feuriges Licht hernieder. Es durchdrang mein Gehirn und setzte mein Herz und die ganze Brust wie eine Flamme in Brand», und etwas später steht da: «Und plötzlich erhielt ich Einsicht in die Schriftauslegung, in den Psalter, die Evangelien und die übrigen katholischen Bücher des Alten und Neuen Testaments.» Dabei beteuert sie, die Offenbarungen in schlechtem Latein zu empfangen, in dem Latein eben, das sie kann! Oder wenn sie an Papst Eugen III. über ihre Beziehung zu Gott schreibt, heißt es: «Ein mächtiger König thronte in seinem Palast. Hohe Säulen standen vor ihm, von goldenem Schmuckwerk umwunden und mit vielen Perlen und kostbaren Steinen herrlich geziert. Dem König aber gefiel es, eine kleine Feder zu berühren, dass sie in Wundern emporfliege. Und ein starker Wind trug sie, damit sie nicht sinke.» Das ist eine Umarbeitung des Inspirationsmotivs. Wir haben hier den Wind als Anhauchung, und sie selbst beschreibt sich als ein geringes Medium, das Gottes Worte notiert. Sie ist hier lediglich eine Feder, die sich Gottes Willen überantwortet. Selbstermächtigung und Demutsgeste gehen hier Hand in Hand.

Wie liest sich die Selbstermächtigung rund hundert Jahre später bei Gertrud von Helfta?

Beatrice Trînca: Ihr erscheint Christus, drückt paradoxerweise das schon fertige Buch eng an die Brust und sagt: «Dieses, mein Buch habe ich tief in meine göttliche Brust gedrückt, um die einzelnen darin geschriebenen Buchstaben mit der Süße meiner Gottheit völlig zu durchdringen, wie der süßeste Met einen Krümel von einer frischen Semmel wirksam durchdringt.» Oder dann verspricht er: «Ich werde mit der Süße meiner göttlichen Liebe alle Wörter dieses mir eben dargebotenen Buches durchdringen und durchdringend befruchten, des Buches, das vielmehr wahrhaftig auf Veranlassung meines Geistes geschrieben wurde.»

> Selbstermächtigung und Demutsgeste gehen Hand in Hand

Das sind sehr erotische Schilderungen – war das für die Kirche denn kein Problem?

Beatrice Trînca: Für die Brautmystik zu dieser Zeit war das ziemlich normal. Aber generell wird die Inspiration bei problematischen Texten natürlich besonders wichtig. Das offensichtlich erotische Hohelied etwa, eine Sammlung von Hochzeitsliedern, ist so ein problematischer Text, bei dem man sich fragt, wie der überhaupt im Alten Testament gelandet ist. Die Frage haben sich auch jüdische wie christliche Gelehrte immer wieder gestellt, und um sie zufriedenstellend zu beantworten, brauchte es immer wieder eine besondere Form der Autorisierung, auch nachträglich.

> Erotische Texte haben heilige Einhauchung nötig

Inspirationserlebnisse werden nachträglich dazugedichtet?

Beatrice Trînca: Wenn man sich bei Bernhard von Clairvaux umschaut, einem mittelalterlichen Mönch, Abt, Prediger und Mystiker, der Anfang des 12. Jahrhunderts in Frankreich wirkte, dann stößt man auf eine wirkmächtige Interpretation des Hoheliedes. Bernhard legitimiert darin die Erotik, indem er sagt, Salomo als der Autor des Liedes sei «divinitus inspiratus», also göttlich inspiriert gewesen und habe «exsultans in spiritu», «im Geist frohlockend», also in einem Zustand intensivster Freude und Erregung gedichtet. Das reicht natürlich noch nicht, und als weiterer Autor nennt Bernhard selbstverständlich den Heiligen Geist. «So steht fest, daß dieses Werk nicht mit menschlichem Talent, sondern mit der Kunst des Heiligen Geistes so geschrieben wurde», heißt es außerdem. Auf diese Weise beteuert er die Heiligkeit eines interpretationsbedürftigen Textes.

Was fasziniert Sie als Literaturwissenschaftlerin an solchen Entdeckungen?

Beatrice Trînca: Inspiration bildet einfach den Rahmen für ganz viele weitere Analysen. Zum Beispiel stellt sich bei Gertrud die spannende Frage: Wie materiell wurde denn dieses Buch damals gedacht? Geht es jetzt nur um dieses spezielle einzelne heilige Buch, das an die Brust von Christus gedrückt wurde, oder darf man das danach auch reproduzieren? Hat eine Reproduktion dieselbe Wirkung wie das konkrete von Christus autorisierte Original? Oder was ist mit der Rezeption? Sind denn auch diejenigen, die einen heiligen Text lesen, dann automatisch «inspiriert»? Wie hat man sich das damals vorgestellt?

Haben Sie ein Beispiel für weiterführende Reflexionen?
Beatrice Trînca: Ja, bei Gertrud folgt dann eine Passage, in der Christus behauptet, er werde eben auch den Rezeptionsprozess mit seinem Atem begleiten: «Und wer mit gedemütigtem Herzen zu mir kommend

> Von Kuss zu Kuss
> erlösende Erleuchtung

aus Liebe zu meiner Liebe darin lesen will, dem werde ich tatsächlich auf meinem Schoß, an meiner Brust wie mit meinem eigenen Finger im Einzelnen das ihm Nützliche zeigen. Und ich werde mich darüber hinaus so gnädig zu ihm hinneigen, dass genauso wie jemand, der mit verschiedenen Gewürzen gesättigt mit seinem Atem denjenigen anhauchen würde, der sich mit ihm küssen wollte, genauso werde ich aus dem Hauch meiner Gottheit seiner Seele die erlösende Wirkkraft wirksam einhauchen.»

Brechen Inspirationsdiskurse in der Neuzeit ab, wenn man sich gesellschaftlich nicht mehr für seine Ideen und Texte rechtfertigen muss?
Beatrice Trînca: Nein, in den Debatten um das Genie wird das Thema zum Beispiel auch immer weitergeführt, und die Surrealisten haben sich noch im 20. Jahrhundert intensiv mit Inspiration auseinandergesetzt – nicht zuletzt vor dem Hintergrund der Frage, welche Rauschmittel zu verwenden sind, um inspiriert zu sein. Die Praktiken, wie man Inspiration hervorrufen kann, sind sehr alt. Inspiration

bleibt natürlich immer ein virulentes Problem. Wenn man vor so vielen Tausenden von Jahren Tradition steht und dann die Frage auftaucht: Wie schafft man etwas Neues? Da ist immer die Inspiration von Bedeutung. Ich sehe nicht, dass die Debatte abbricht.

Die Inspiration bleibt also damals wie heute ein Auftakt für sprudelnde Ideen und Forschungsfragen?

Beatrice Trînca: Das würde ich schon so sagen, ja. Inspiration lädt dazu ein, zum Beispiel über Flüchtigkeit nachzudenken, über Rationalität, Irrationalität, Kontrolle oder Kontrollverlust, über das Scheitern, über Zufall, über Stimme oder über Schrift. Man fragt sich in der modernen Literaturwissenschaft zum Beispiel auch, wie Schrift entsteht – wie ich eigentlich schreibe. Man möchte – das ist heute ein eigener Forschungsbereich – in alle Kleinigkeiten dieses Prozesses fragend und verstehend eindringen. Da sind dann auch wieder Konzepte von Inspiration von Bedeutung: Wie findet dieser Prozess denn statt? Erst mal nachdenken? Dann es auf – welches – Papier bringen, mit welchem Stift? Wie bilden sich Sätze, Argumente, Sprachbilder, Texte?

Brief

In nächster Zeit beabsichtige ich
Ein Gedicht zu schreiben.
Reservieren Sie mir
In Ihrer Zeitung
Lieber Herr
An die elf Zeilen
Rechts unten im Eck.
Es wird bei aller
Bescheidenheit
ausnehmend wichtig sein.

Ich werde mich, wie schon gesagt,
zurückziehen
und sobald die Tür geschlossen ist
hole ich mein Schreibheft hervor
und erwarte das Gedicht
nach Tagen, Jahren.[191]

*Elisabeth Borchers,
Schriftstellerin*

Am Ende immer Arbeit

Das mag ja alles schön und gut sein mit den himmlischen Impulsen, aber Friedrich Nietzsche hört im 19. Jahrhundert dann offenbar doch wieder lieber Platons Polemik, die göttlich verursachte Begeisterung als untauglich über Bord zu schmeißen, deutlich nachhallen, wenn er in «Von den ersten und letzten Dingen» schreibt:

«Aber das mühsam Errungene, Gewisse, Dauernde und desshalb für jede weitere Erkenntnis noch Folgenreiche ist doch das Höhere, zu ihm sich zu halten ist männlich und zeigt Tapferkeit, Schlichtheit, Enthaltsamkeit an. Allmählich wird nicht nur der Einzelne, sondern die gesammte Menschheit zu dieser Männlichkeit emporgehoben werden, wenn sie sich endlich an die höhere Schätzung der haltbaren, dauerhaften Erkenntnisse gewöhnt und allen Glauben an Inspiration und wundergleiche Mittheilung von Wahrheiten verloren hat.»[192]

Dichter mögen Inspirationserlebnisse haben, aber wenn es um die Wahrheit geht, hört der – in Nietzsches Perspektive offenbar weibische – Spaß auf. Inspiration basiere vielmehr auf Glaube und einem durchaus gewollten Täuschungsmanöver:

«G l a u b e a n I n s p i r a t i o n . – Die Künstler haben ein Interesse daran, daß man an die plötzlichen Eingebungen, an die sogenannten Inspirationen glaubt; als ob die Idee des Kunstwerks, der Dichtung, der Grundgedanke einer Philosophie wie ein Gnadenschein vom Himmel herableuchte.»[193]

Das «als ob» gilt an der Stelle auch für ihn selbst. Ja, Inspiration mag der *außer*gewöhnliche Zustand genannt werden, aber bei genauem Hinsehen ist er ganz profan erklärbar:

«Wenn sich die Productionskraft eine Zeit lang angestaut hat und am Ausfliessen durch ein Hemmnis gehindert worden ist, dann giebt es endlich einen so plötzlichen Erguss, als ob eine unmittelbare Inspiration, ohne vorangegangenes inneres Arbeiten, also ein Wunder sich vollziehe – Diess macht die bekannte Täuschung aus, an deren Fortbestehen, wie gesagt, das Interesse aller Künstler ein wenig zu sehr hängt. Das Capital hat sich eben nur a n g e h ä u f t , es ist nicht auf einmal vom Himmel gefallen.»[194]

Auch für die Musenküsse gilt: Ja schon, aber ...

Einer, der sich an der Schwelle zum 20. Jahrhundert mehrfach mit dem Verhältnis von Künstler und Muse künstlerisch auseinandersetzte, ist der französische Bildhauer Auguste Rodin. In seinen Werken spiegeln sich auch verschiedene Beziehungsvarianten der Antike: im innigen Kuss vereint, die Muse als Versuchung im Nacken, mal übergriffig, mal schwer zu stemmen. Der schöpferische Akt ist Mühsal und ein physisches und psychisches Ringen mit der Materie.[196] So erscheint der Bildhauer auch Rainer Maria Rilke, der in einem Brief an seine Ehefrau, die Bildhauerin Clara Westhoff, über Auguste Rodin schreibt:

«Er schwieg eine Weile und sagte dann, wunderbar ernst sagte er das: Qui, il faut travailler, rien que travailler. Et il faut avoir patience. Man soll nicht daran denken, etwas machen zu wollen, man soll nur suchen, das eigene Ausdrucksmittel auszubauen und alles zu sagen. Man soll arbeiten und Geduld haben.»[197]

Rilke arbeitete acht Monate als Sekretär bei Auguste Rodin und war von dessen Arbeiten beeindruckt. Er selbst spricht von einer Art *Diktat* der Natur und interpretierte Inspirationserfahrungen

> Dein Kopf ist ein Turm mit strahlentanzenden Linsen.
>
> Die geübte Hand weiß es oft viel besser als der Kopf.
>
> O Dichter!
> Willst Du den Moder einer Gruft schildern und gebricht es Dir dabei
> an der so nötigen Inspiration,
> kauf Dir einen Camembert,
> und ab und zu daran riechend,
> wirst Du können.[195]
>
> *Paul Klee, Künstler*

als offene Denkbewegungen an sich: ein Hauch der göttlichen Ordnung stelle sich dann ein, wenn der Dichter offen sei für eine freie Bewegung des Denkens an sich, für einen geistigen Zustand, in dem er losgelöst sei von den Vorstellungen der Welt.[198] Und so bleibt etwas wie eine Anhauchung zwar Teil des Erfahrungsschatzes, aber es folgt ein «aber». Martina Kurz, die sich mit Rilkes Rezeption zeitgenössischer Kunst auseinandersetzte, schreibt: «An Rodin entwickelt Rilke den Prototyp des Künstlers als ‹Arbeiter›, dem nichts inspirativ zufällt, der sich vielmehr an der Welt ‹abarbeitet› und in seinem täglichen Versunkensein zugleich von dieser absieht.»[199] Nicht die Ideen, nicht die Einfälle ergeben für Rilke das Kunstwerk, sondern die kontinuierliche Arbeit.

Rainer Maria Rilke behandelt die Frage nach der Herkunft der Kunst 1907 auch in einem Vortrag über Rodin. Und wieder geht es um die Frage, wie sich das Handwerk und die tägliche Arbeit des Künstlers zum Moment der Inspiration verhalten – einem nach wie vor nicht ‹greifbaren› aber doch erlebbaren Moment, der mit Überwältigung einhergeht.

«Wenn ein Erfolg erzielt werden soll, muss sich die rechte Vorstellung zur rechten Zeit aus dem Schatze des Gedächtnisses willig darbieten, und dass es eben die rechte Vorstellung sei, welche eintritt, dafür kann nur das Unterbewusste sorgen; alle Hülfsmittel und Kniffe des Verstandes können dem Unterbewussten nur sein Geschäft erleichtern, aber niemals es ihm abnehmen.»[201]

Eduard von Hartmann, Philosoph

Für Rilke verschmilzt hier Arbeit mit Inspiration. Man begreife, «daß für diesen Schaffenden die Eingebung dauernd geworden ist, daß er sie nicht mehr kommen fühlt, weil sie nicht mehr aussetzt».[200] Die Arbeit *wird* zur Inspiration, eine Arbeit, die dann ein natürlicher Schaffens- und Entstehungsprozess ist, der sich von einer kulturell geprägten Vorstellung täglichen Abmühens löst. Das Ringen mit der Materie wird verstanden als ein permanent inspirierter Kraftakt, wie ihn die Natur in allen ihren Werken vollzieht – und so ist es schlicht «gut».

Vergangenheit, Erinnerung und schwankende Füße

Neben dem Stellenwert, welcher der «Arbeit» in der kulturgeschichtlichen Auseinandersetzung mit Inspiration zukommt, lösen auch Tradition und Erinnerung das Göttliche als Inspirationsquelle ab. Folgt man der Argumentation des Literaturwissenschaftlers Ernst Osterkamp, dann hat der *kunstliebende Klosterbruder* Wackenroder (siehe Kapitel «Vom Genie zum Pinselhalter», Seite 165 f.) Ende des 18. Jahrhunderts zwar versucht, die stolze Vorstellung von der individuellen Schöpferkraft des künstlerischen Genies durch das Bild des demütigen Künstlers zu ersetzen, der als Medium ein «himmlisches Geschenk» erlangt. Mit Hilfe einer Legende über die Inspiration des jungen italienischen Malers Raffael hat er außerdem angezielt, seine «These, die der Kunst einen auf göttliche Inspiration gründenden höchsten Objektivitätsanspruch zu restituieren sucht»[202], zu beweisen. Aber gelungen sei ihm mit dieser Legende langfristig und bei genauer Betrachtung etwas anderes.

Der Legende nach, die Wackenroder erzählt, trug Raffael schon als Kind ein Bild der heiligen Gottesmutter in sich, das er aber nicht zu malen wagte. Als erwachsener Maler erlebte er dann in der Nacht, wie von seinem unfertigen Bild der Madonna an der Wand ein Lichtstrahl ausgegangen sei und plötzlich habe er überwältigt gewusst, wie er die Gottesmutter malen soll – nämlich nach dem Bild, das ihm so durch göttliche Inspiration in die Seele gekommen sei. Die Episode ist eine Erfindung des Autors Wackenroder, entfaltet entlang eines einzigen authentischen Satzes von Raffael über dessen «Bild im Geiste, welches in meine Seele kommt», ein Satz, der ursprünglich genau anders interpretiert werden konnte: nämlich im Sinne einer selbstbewussten Schöpfung aus dem eigenen ingeniösen Inneren.[203] Anfang des

19. Jahrhunderts wurde jedoch die Inspirationserfahrung Raffaels, wie sie Wackenroder in die Welt gesetzt hatte, zum Bildinhalt – zum Beispiel um 1820 bei den Göttinger Malerbrüdern Franz und Johannes Riepenhausen. Deren Bild «Der Traum Raffaels» (Raffael empfängt die Inspiration zur Sixtinischen Madonna, 1512/13), das im Altonaer Museum in Hamburg hängt, zeigt Raffael sentimental in sich gekehrt, passiv wartend, bedürftig, mit Pinsel im Schoß. An der Wand aber leuchtet über dem abgewandten Künstler das Bild der Madonna mit Kind, die beide auf ihn niederblicken.

Was Osterkamp nun an diesem Bild deutlich macht, ist spannend: «Was in dem Blatt dargestellt wird, ist weniger der zum Medium der Heilsbotschaft gewordene Künstler als vielmehr das aus der Betrachtung von Werken alter Meister entstandene Bedürfnis nach einem solchen Künstler: das durch Kunstwerke hervorgerufene Bedürfnis also, den künstlerischen Subjektivierungsprozess der Neuzeit mithilfe der wiedererweckten Inspirationsästhetik zu hintergehen. Denn was Raffael in Riepenhausens Blatt erscheint, ist ja nicht die Madonna selbst, sondern ist ein Kunstwerk, also tatsächlich ein ‹gewisses Bild›: die *Sixtinische Madonna* aus Dresden.»

«Erstens ist es keineswegs gleichgültig, welchen Boden das Genie in seinem Geiste bereitet hat, dass die Keime, die aus dem Unterbewussten hineinfallen, in üppigen organischen Formen aufschiessen, denn wo sie auf Fels oder Sand fallen, da verkümmern sie. D.h. das Genie muss in seinem Fache geübt und gebildet sein, einen reichen Vorrath einschlagender Bilder in seinem Gedächtnisse aufgespeichert haben, und zwar in einer Auswahl des Schönen, die mit feinem Sinne vollzogen sein muss. Denn dieses Material ist der Stoff, in welchem sich die im Unbewussten noch formlose Idee gestalten will.»[205]

Eduard von Hartmann, Philosoph

Das bedeutet: Kunst entsteht als Resultat von Kunst – nach einem ähnlichen Prozess wie ein Text sich aus einem Text ergibt. «Die Inspirationsquelle des Künstlers in der Moderne des 19. Jahrhunderts war eben nicht die Religion und schon gar nicht eine unmittelbare göttliche Eingebung, sondern war primär die Kunst selbst.»[204]

Was noch könnte künstlerische Inspiration sein, wenn nicht ein direkter göttlicher *Ein-fluss*? Von wo noch könnten die plötzlichen Blitze kommen, wenn nicht vom Himmel? Unter welchen Bedingungen «ereignet» sich Begeisterung, Beglückung oder Entrückung, die dann den Fluss des Schaffens zum Rauschen bringen? Das seit der Antike «anhaltende Gespräch über die Eigenart ästhetischer Erfahrung» (M. Vöhler) reißt nicht ab. In vielen Einzeluntersuchungen werden heute Werke von modernen Schriftstellern auch nach deren Verständnis von Inspiration befragt – so zum Beispiel das Lebenswerk des Schriftstellers Marcel Proust «Auf der Suche nach der verlorenen Zeit». Zuletzt hat die Religionswissenschaftlerin Renate Schlesier konkret nach den Inspirationserfahrungen des französischen Autors gefragt und sich angeschaut, welche Hinweise Proust in seinem literarischen Werk über den Prozess von der Inspiration zum ästhetischen Produkt gibt. «Die Verwendungszusammenhänge machen deutlich, dass die Vorstellung einer göttlichen Eingebung dabei denkbar fern liegt.»[206]

Für Proust ist vielmehr das Sich-Erinnern Quelle der Inspiration – und damit ist der Schriftsteller dem, was heute in der Psychologie und Neurowissenschaft zum Inspirationsvorgang erklärt wird, wohl am nächsten. Sieben Bände hat sein Lebenswerk «Auf der Suche nach der verlorenen Zeit», das zwischen 1913 und 1927 erschienen ist. In den ersten sechs Büchern berichtet ein Ich-Erzähler von seinem Leben in der gehobenen dekadenten französischen Gesellschaft am Ende des 19. Jahrhunderts. Er

berichtet vom Landleben, der Naturbeobachtung, von Sommer-
liebe und von ständigen Zweifeln gebeutelt davon, ein Schriftsteller werden zu wollen – ein schaffender, gestaltender, kreativer
Mensch. Aber sechs Bände und ein Leben lang schafft er es nicht,
mit dem Schreiben zu beginnen. Und jetzt?

Erst im letzten Buch – Band VII «Die wiedergefundene Zeit» –
fällt dem erzählenden Ich bei Proust auf einmal ein, was zu tun
und zu schreiben ist. In mehreren erhellenden Erinnerungsein-
brüchen versteht der Erzähler nach Renate Schlesiers Analyse
«plötzlich, dass es eben die unbewusste, in seinem Gedächtnis
aufbewahrte Natur-, Kunst-, und Menschenbeobachtung ist, aus
der seine ‹Inspiration› sich speist und die es ihm erlauben wird,
aus zahllosen Elementen konkrete Personen und Situationen zu
komponieren und neu zu erschaffen, in denen etwas Generelles,
eine ‹psychologische Wahrheit›, verdichteten künstlerischen
Ausdruck finden kann».[207] Und so beginnt er, Schriftsteller zu
sein und alles aufzuschreiben – und zwar das, was der Leser bis
dahin bereits in sechs Bänden gelesen hat, seine Erinnerungen.

Von einer unaussprechlichen Gotteserfahrung kommt diese
aus dem Erinnerungsprozess gelöste Inspiration nicht. Freigesetzt
wird sie aber in einem *außer*ordentlichen oder *außer*gewöhnlichen
Moment. Auch Proust greift dabei auf das Motiv vom unsicheren
Tritt zurück, ähnlich wie der zu den Musen hinkende Dichter Ovid.
Prousts Erzähler gerät in eine kippelnde Haltung, weil er «unwillkürlich auf die schlecht behauenen Pflastersteine trat».[208] Und so
schwankend stellen sich «souvenirs involontaires» ein, unfreiwil-
lige Erinnerungen oder «stakkatoartige Visionen und Reaktivie-
rungen anderer Sinneswahrnehmungen, in denen Gegenwart
und Vergangenheit zusammenfließen und die Zeit nicht einfach
wiedergefunden, sondern aufgehoben zu sein scheint».[209] Ort,
Zeit(losigkeit) und Zustand sind außerhalb der alltäglichen Ordnung und machen die Inspirationserfahrung möglich. Aber die

eigentliche Inspiration ist der Prozess des Sich-Erinnerns. Kraft seiner unwillkürlichen, sich aus dem Gedächtnis lösenden Erinnerungen weiß der Erzähler plötzlich und endlich, was er nach all seinen tiefen Zweifeln endlich als Schriftsteller schreiben will: «Die Bedenken, die mich eben noch wegen der Realität meiner literarischen Begabung, ja der Literatur selbst befallen hatten, waren wie durch Zauberschlag behoben.»[210] Schlesiers Forschungen führen zu dem Schluss: «Für diese [Prousts Inspirationsauffassung] sind aber und bleiben, gemäß der vorchristlich-antiken poetischen Tradition, eine ganz diesseitige Lebensauffassung und ein handwerkliches Kunstverständnis bestimmend, die der Welt- und Menschenkenntnis und dem Anspruch künstlerischer Meisterschaft verpflichtet sind, nicht aber einem Ideal mystischer Vereinigung und ineffabler Gotteserfahrung.»[211]

Das unaussprechlich Himmlische taugte nicht weiter, um es wieder und wieder zu beschwören – und lebensweltlich dann schon gar nicht mehr nach dem Zweiten Weltkrieg. Einmal noch haben die Surrealisten die Vorstellung von Inspiration als Quelle für die Kunst radikalisiert. Der Maler und Bildhauer Max Ernst hatte etwa die völlige Hingabe an die «Eingabe» gefordert, das heißt die gänzliche Passivität des Künstlers und die Aufgabe aller Kontrolle durch Vernunft oder ästhetische Erwägungen. «Als Zuschauer kann er [der Künstler] der Entstehung des Werkes beiwohnen und seine Entwicklungsphasen mit Gleichgültigkeit oder Leidenschaft verfolgen.»[212] Aber solche ins Mystische hineinreichende Vorstellungen waren nach der Katastrophe des Zweiten Weltkriegs wohl nicht mehr ohne weiteres denkbar. An der Inspiration klebte zu viel Himmel und Exklusivität, zu viel Irrationalität und Unaussprechliches. Solche Inspiration rutschte ins Drogenmilieu oder in die Werbung, die ahnungsvoll die unsterbliche Sehnsucht des Menschen nach dem *Außer-Gewöhnlichen* bediente.

Wenn das «Oben» als Quelle nicht mehr taugt, bleibt am Ende vermutlich tatsächlich nur die Suche nach Inspiration in der Lebenswelt des schaffenden Menschen selbst, kurz – in allem, was wir wahrnehmen, erleben und erinnern. Und dieses Spektrum lässt sich jeden Tag erweitern.

Kurz zusammengefasst:

Inspiration – mit Rückenwind

Egal wie weit man in die europäische Kulturgeschichte zurückblickt: Inspiration beschäftigt die Gemüter. Mit ihrer Hilfe soll eine Grenze überschritten werden: die Grenze zur Quelle der eigenen Schaffenskraft, die nicht alltäglich verfügbar zu sein scheint. Um dorthin zu kommen, bedurfte es von jeher einer gewissen persönlichen Anstrengung – oder schlicht eines Weges. Ob solche Grenzüberschreitungen dabei außerhalb oder innerhalb des Individuums gedacht werden, ist schließlich gar nicht so entscheidend. Hauptsache, man «schreitet» und kommt da an, wo Gedanken in den Kopf kommen und Ideen entstehen. Die Geschichte der Beschäftigung mit Inspiration macht daher Mut. Es lohnt sich und ist reizvoll, mit neuer Aufmerksamkeit neue Wege auszuprobieren, um inspiriert zu werden. Viele vor uns erzählen davon, dass das geht.

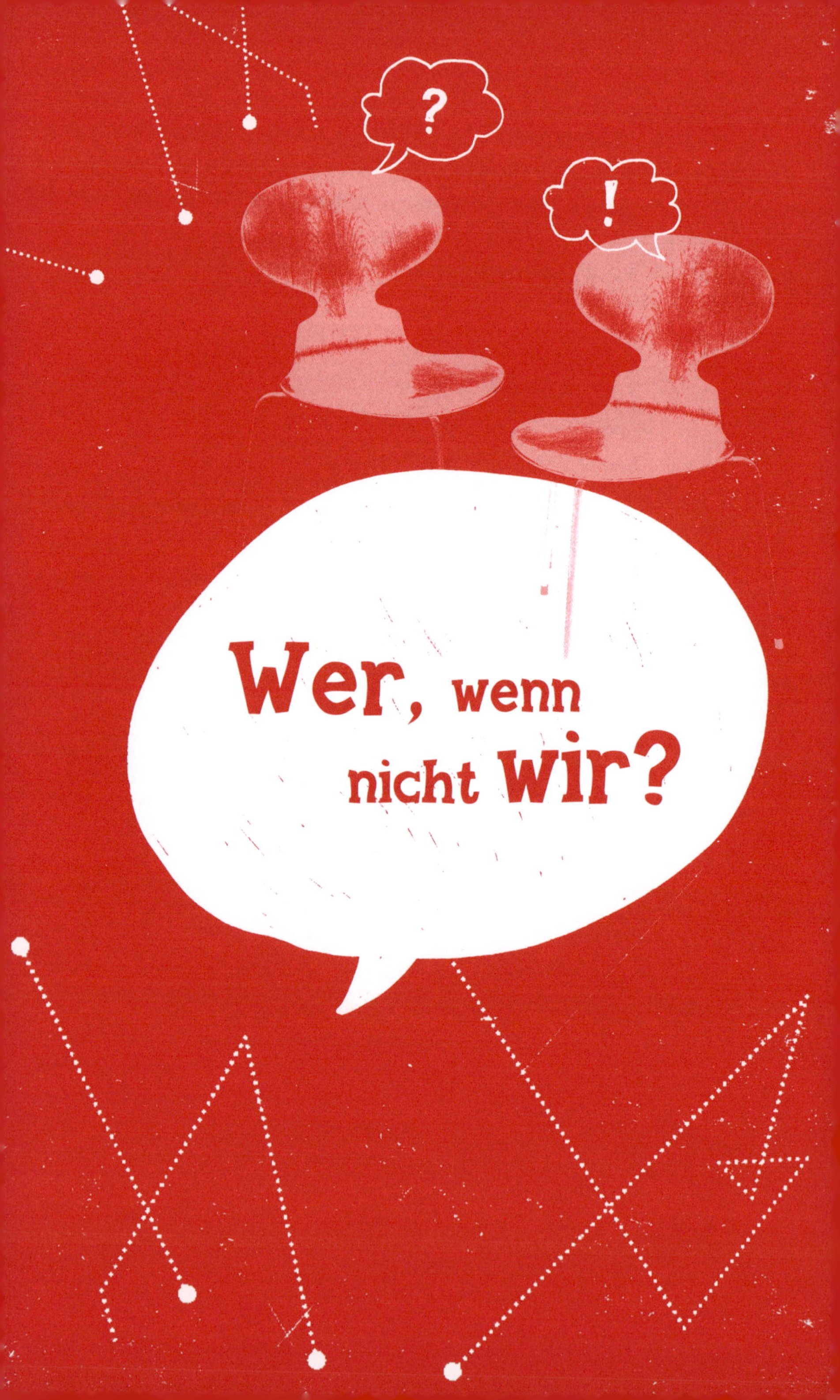
?
!
Wer, wenn nicht wir?

Inspiration – ein modernes Konzept?

Einfallsreichtum für Innovationen

Neue und gute Ideen sind gefragt – nicht nur im individuellen Alltag, auch in der Politik, in der Wissenschaft oder in der Wirtschaft. Innovation ist das Stichwort der Stunde und findet sich in jeder Image-Broschüre – von Parteien über Unternehmen und Industrie bis hin zu Universitäten und Forschungsinstituten. Innovation, die erfolgreich in ein neues Produkt, eine verbesserte Methode oder eine effektivere Dienstleistung wirtschaftlich umgesetzte gute Idee, ist das für notwendig erklärte Mittel, um den unterschiedlichsten Herausforderungen und Problemen des 21. Jahrhunderts zu begegnen. Am Anfang von Innovation aber steht nach wie vor der Einfall.

Die Frage, wie Ideen in den Kopf kommen, beschäftigt nicht nur das Individuum, das vor einem leeren Blatt Papier, einem leeren Topf am Herd, einem leeren inneren Raum steht. Sie ist von größerer Tragweite. Denn wem im Alltag für sich selbst und das eigene Leben nichts mehr einfällt, dem fällt vielleicht auch am Arbeitsplatz nichts mehr ein. Antriebs- und Ideenlosigkeit aber kann von einem Schulterzucken zum nächsten wandern, jede Erneuerung im Keim ersticken, die Arbeitsatmosphäre und ganze Unternehmenskulturen vergiften und die Fähigkeit zur Entwicklung von Ideen in großem Maßstab zunichtemachen. Wer dem entgegenwirken will, muss sich klarmachen, dass auch Begeisterung ansteckend wirken kann wie ein Lachen. Doch dafür braucht es Räume – Inspirationsräume –, in denen eine in jeder Hinsicht verstandene Offenheit möglich ist – von der offenen Wahrnehmung über die Bereitschaft, sich von Ungewohntem, Fremdem oder Unerwartetem beeindrucken zu lassen, bis hin zu einer von Interesse und Aufnahmefähigkeit geleiteten Kommunikation.

Die meisten Menschen und Institutionen setzen derzeit für mehr Ideenreichtum auf eine der wichtigsten Kulturtechniken der Gegenwart: die soziale und institutionelle Vernetzung. Ein Beispiel ist *ResearchGate*, ein mit Gründer- und Innovationspreisen ausgezeichnetes soziales Netzwerk im Internet, wo sich im Jahr 2016 rund 10 Millionen Wissenschaftler miteinander vernetzt hatten. Das Netzwerk lebt vom offenen und geteilten Umgang mit Wissen, das zu neuen interessanten Forschungsideen und gemeinsamen Projekten führen kann und soll. Für frei teilbare wissenschaftliche Literatur – und damit frei verfügbares Wissen – steht auch spätestens seit der Jahrtausendwende die internationale «Open access»-Bewegung. Wissenschaftliche Publikationen sollen für Forschung und Allgemeinheit digital frei zugänglich sein – um Ergebnisse breit zu vermitteln, um Herrschaftswissen entgegenzutreten und damit diese Wissensquelle wieder zu neuen Forschungsideen anregt.

> «Wenn man das Glück hat, eine gute Idee zu haben, hat man die Pflicht, sie mit anderen zu teilen. So funktioniert Demokratie.»[213]
>
> *Philippe Starck,*
> *Designer*

Digitale Netzwerke sind entsprechend wertvoll auf dem Weg zum Neuen. Doch nicht selten fehlt jener offene Raum, der solche Verbindungen mit Leben füllt. In gut vernetzten Strukturen könnten Ideen fließen – wenn sie denn entstünden. Ein Netzwerk aus blutleeren Adern ist eben nur ein potenzieller Transportweg und kein Generator für lebendige Ideen. Erst wenn dort Gedanken, Fragen, Vorstellungen, Wahrnehmungen, Beobachtungen, Ergebnisse, erste Ideen eingespeist werden und zirkulieren, erst dann, wenn unter Menschen mitgeteilt – sprich miteinander geteilt – wird, was fehlt und was gesucht wird, kann eine Vernetzung untereinander den Sinn erfüllen, den sie eigentlich haben soll: inspirierend wirken.

«Alles in Frage stellen – nur nicht das Selbstvertrauen»

In der Wissenschaft vermutet die moderne Wissensgesellschaft einen wichtigen Motor für neue Einfälle. Universitäten und Forschungsinstitutionen sollen die Räume sein, in denen Einfälle möglich werden und Ideen entstehen, die im besten Fall die Welt zum Positiven verändern. Aber auch in der Forschung ringt man heute um gute Einfälle, fehlt Inspiration. Hildegard Westphal im Gespräch über die Notwendigkeit in der Wissenschaft, neuen Ideen mit sehr viel Freiraum für das Denken entgegenzukommen.

Die Geologin Hildegard Westphal ist seit 2010 Direktorin des Leibniz-Zentrums für Marine Tropenforschung in Bremen und Professorin an der Universität Bremen für die Geologie der Tropen. Ein Jahr später wurde sie zur wissenschaftlichen Vizepräsidentin

Inspiration – ein modernes Konzept?

der Leibniz-Gemeinschaft gewählt. Bis 2010 war sie für fünf Jahre Mitglied der «Jungen Akademie» – einer Akademie für exzellenten wissenschaftlichen Nachwuchs, die im Jahr 2000 als Projekt der Berlin-Brandenburgischen Akademie der Wissenschaften (BBAW) in Berlin und der heutigen Nationalen Akademie der Wissenschaften Leopoldina in Halle ins Leben gerufen wurde.

Frau Westphal, was brauchen Sie persönlich als Wissenschaftlerin, um auf neue Ideen zu kommen?

Hildegard Westphal: Ich brauche Vertrauen – Vertrauen unter Kollegen und ein gemeinsames Verständnis davon, wie man wirklich offen miteinander arbeitet und dabei Ideen generieren kann. Für mich entstehen neue Ideen immer dann, wenn interessante Leute ihre Gedanken teilen. Dazu gehört zum Beispiel auch, dass man offen und ehrlich Probleme benennt, zugibt, wenn man nicht weiterkommt, oder sagt, hier steckt ein Fehler. Wenn wissenschaftliche Probleme offen kommuniziert werden, dann liegen die Lösungen plötzlich viel näher. Ich sehe in so einer offenen kommunikativen Atmosphäre sofort, was zusammen entstehen kann.

Manche Menschen erfahren Inspiration auf einsamen Strandspaziergängen. Verstehe ich das richtig, dass es im Kontext von Wissenschaft in erster Linie inspirierende Gespräche sind, die zu Ideen führen?

Hildegard Westphal: In der Wissenschaft kommt es meines Erachtens tatsächlich ganz besonders darauf an, dass man sich frei und offen austauscht, um Impulse für gute Einfälle zu bekommen. Der Austausch und die Diskussion, der Dialog und die Debatte sind hier schon immer zentral gewesen. Man muss die Denkprozesse der anderen wahrnehmen und verfolgen, welche Fragen andere Wissenschaftler an eine Materie stellen. Dafür sind Konferenzen und Symposien, Tagungen, Workshops oder Projektbesprechungen eigentlich gedacht. Einzelkämpfer sind in der Forschung selten geworden. Die guten Ideen lassen sich meist nur noch sehen und verfolgen, wenn man über den eigenen Tellerrand hinausschaut und interdisziplinär miteinander arbeitet. Heute kann es allerdings passieren, dass man sich trifft, um zusammen zu arbeiten, und dann sieht man sich netten, intelligenten Kollegen gegenüber, die ängstlich auf ihren Chef schauen und versuchen zu ahnen, was er von ihnen erwartet, anstatt sich gegenseitig Impulse zu geben und an der Sache entlang Forschungsideen auszuhecken.

Wie kann das sein? Woher kommt die Zurückhaltung? Brennen nicht gerade Wissenschaftler für die neuen Ideen?
Hildegard Westphal: Eigentlich ja, aber sehr viele Wissenschaftler prägt heute auch die Angst. Da gibt es die Angst, keine Forschungsgelder mehr zu bekommen, die Angst, mit Forschungspartnern Drittmittel teilen zu müssen, was man eigentlich nicht will, die Angst davor, Erwartungen von Fördereinrichtungen oder auch die des Institutschefs nicht zu erfüllen und vor abgelehnten Anträgen zu stehen, oder die Angst, dass einem in gemeinsamen Projekten wertvolle Ideen geklaut werden. Eine solche Atmosphäre der Angst macht die Möglichkeit, gute neue Einfälle zu haben, von Grund auf zunichte.

Wie konnte es ausgerechnet in einer Zeit, in der vordergründig nichts so wichtig ist wie das Neue und die Innovationen, zu dieser wenig inspirierenden Atmosphäre kommen?
Hildegard Westphal: Das ist eine wichtige Frage. Ich beobachte in meiner Rolle als Professorin, dass junge Wissenschaftler, die von Anfang an in den neuen Ausbildungssystemen der Universitäten studiert haben, sich schwer damit tun, dem freien gemeinsamen Denken Raum zu geben. Schon das erste Studium ist so verschult, dass man sich nur noch auf das Durchkommen konzentriert. Das lähmt Ideen und generell das eigenständige Denken. In meinen Augen hat Verschulung den Effekt, dass viele Studenten, wenn man etwas fragt, nicht mehr darüber nachdenken, was eine gute Antwort wäre. Sie versuchen hingegen rauszufinden, was du als Dozent hören willst. Das ist das Ende jeder Idee, das ist nur noch Anpassung.

Haben Sie ein Beispiel?
Hildegard Westphal: Wenn ich mit Studierenden ins Gelände gehe und dann vor einem sogenannten Aufschluss stehe, also einer Stelle, an der der Gesteinsuntergrund sichtbar zutage tritt, und ein Studierender mich fragt: «Was soll ich sehen?», dann werde ich ungehalten. Nur die Frage «Was soll ich denken?» wäre noch schlimmer. Aber dahin bewegt sich das.

Was wäre die Folge?
Hildegard Westphal: Eine Kultur des Stromlinienförmigen ohne Diskussion, ohne penetrante Fragen oder Widersprüche macht die Wissenschaft kaputt, und sicher nicht nur die. Wenn ich die ganze Zeit damit beschäftigt bin

rauszufinden, was irgendwer hören will, wo soll dann eine Idee herkommen?

Eine Atmosphäre des echten Vertrauens und der gemeinsam erarbeiteten und getragenen Ziele gibt es nicht geschenkt. Man muss kontinuierlich Zeit, Gedanken, Geduld, Offenheit, Ehrlichkeit investieren, um sie zu schaffen. Aber dadurch gewinnt man nicht nur Ideen, sondern auch viel mehr Freude an der Forschung.

Nun gibt es Netzwerke und Plattformen für Begegnung im Internet – extra geschaffen für einen möglichst freien wissenschaftlichen Austausch, der auf alle inspirierend wirken soll. Ist das ein guter Weg?

Hildegard Westphal: Es müssten unbedingt mehr Räume geschaffen werden, in denen die Leute, die wirklich Wissenschaft betreiben wollen, ihre Arbeiten zeigen können, und in denen sie einander vertrauen dürfen. Wir bauen am Leibniz-Zentrum für Marine Tropenforschung gerade ein digitales Datenportal zu Tropen-Forschung auf, das wie ein Katalog zu einer riesigen Bibliothek funktioniert. Wertvolle Forschungsdaten sollen hier weltweit sichtbar gemacht werden und interessierte Wissenschaftler direkt an die Quelle führen.

Und hier hat dann keiner Angst, dass ihm die eigene Idee und Leistung geklaut wird?

Hildegard Westphal: Das Ziel ist ja nicht, einander etwas wegzunehmen oder Kontrolle über Daten auszuüben, sondern gemeinsam für die Wissenschaft effektiver zu werden und viel mehr Impulse für Ideen zu bekommen. Natürlich gehen wir mit den Daten sensibel um, und man muss keineswegs alle Daten direkt erkennbar einstellen. Aber was man findet, sind die Personen weltweit, die Daten erhoben und Ideen umgesetzt haben, und mit denen kann man dann in der Erforschung tropischer Küstensysteme kooperieren. Wir haben einfach keine Lust mehr, Ideen zu verlieren.

Reichen denn digitale Räume aus, um inspirierend zusammenzuarbeiten?

Hildegard Westphal: Die reichen überhaupt nicht aus. Es braucht unbedingt den persönlichen Austausch mit vielen Freiheiten. Das war ja auch die Idee der Jungen Akademie bei ihrer Gründung, dass man eine Generation junger Wissenschaftler, die sich auf der Höhe ihrer Leistungskraft und ihres Ideenreichtums befinden, von gewissen ökonomischen Zwängen befreit und ihnen Zeit, Raum und Geld gibt, um völlig frei, vertrauensvoll und ohne zu konkurrieren miteinander zu arbeiten. Das ist meiner Ansicht nach ein ganz wichtiger Rahmen, dass nicht jede erste Idee sofort in Leistungsindikatoren übersetzt werden muss. Die Zeit als Mitglied der Jungen Akademie war für mich sehr inspirierend, und ich zehre noch heute davon.

Die Junge Akademie hat überzeugend gewirkt und international ähnliche Gründungen inspiriert. Vergleichbar funktioniert auch das 2007 an der Universität Konstanz eingerichtete «Zukunftskolleg». Auch dort will man junge Wissenschaftler darin fördern, die eigenen Ideen selbständig und frei zu entfalten. Es geht um eine Kultur der Kreativität, um interdisziplinäre und internationale Kommunikation und gegenseitige Inspiration. Der Direktor ist auch ein ehemaliges Mitglied der Jungen Akademie. Und Ende 2016 haben Sie als Direktorin an Ihrem Forschungsinstitut auch einen Raum für Begegnungen der besonderen Art eingerichtet. «the box» kann flexibel gestaltet werden und lebt von unkonventionellen Sitzecken und Kaffeemaschine, hat aber technisch auch alle Möglichkeiten, um weltweit mit Forschungspartnern zu kommunizieren. Die Idee ist, dass diesen Raum nicht Dinge, sondern Stimmen füllen sollen. Es ist ein Frei-Raum, um zu denken und Denkanstöße zu ermöglichen – für alle ihre Mitarbeiter und deren Forschungspartner. Sie wünschen sich, dass dieser Raum das Herz des Instituts wird. Was sind Ihre ersten Erfahrungen – funktioniert er als Inspirationsraum?

Hildegard Westphal: Ja. Ich habe noch nicht ganz verstanden, warum es funktioniert – aber es funktioniert. Wir hatten noch keine Möbel, da haben die ersten Treffen, bei denen wir auf dem Boden saßen, schon zu sprudelnden Ideen geführt. Ich hatte da ein prägendes Erlebnis mit dem Leiter meiner IT-Abteilung. Er war mir als ein zurückhaltender Mensch vertraut, der technisch sehr gut umsetzt, was man ihm sagt. Tatsächlich waren in der Vergangenheit seine Ideen wenig gefragt. Nun hat sich organisatorisch einiges im Institut geändert, und wir haben uns in «the box» getroffen, um neue Lösungen für ein paar Probleme zu finden. Das muss für ihn ein Paradigmenwechsel gewesen sein – irritierend, aber vielleicht gerade deshalb auch so inspirierend. Er sprühte vor Ideen, Initiativen und Lösungsansätzen. Wir hatten zwei Stunden Besprechung eingeplant und hatten schon nach 40 Minuten das Problem benannt, Lösungsideen gehört und Entscheidungen getroffen.

Das ist interessant. Wenn man sich ein wenig in die Geschichte der Gedanken zu Inspiration einliest, stellt man immer wieder fest, dass es die Irritationen sind, die Unebenheiten,

die Brüche, auf die zum Beispiel Schriftsteller Inspirationserlebnisse zurückführen.

Hildegard Westphal: Ja, ich vermute, so ein Raum ohne das übliche Büromobiliar, der ein bisschen wirkt wie das Wohnzimmer einer Studentenwohngemeinschaft, nimmt vermutlich auch ein Stück weit die Hierarchie aus der Begegnung, und das könnte auch in diesem Fall entscheidend gewesen sein. Denn das ist auch so ein Punkt: Ideen können nicht gut unter hierarchischen Bedingungen entstehen. Da kommt sofort der Gedanke auf, Erwartungen erfüllen zu müssen.

Und es verhindert Vertrauen –

Hildegard Westphal: So ist es, und da fallen mir zum Beispiel die exzellenten, von der Studienstiftung des Deutschen Volkes geförderten jungen Wissenschaftler ein. Die sind auch deshalb gut, weil ihnen jemand sagt, dass sie gut sind. Irgendjemand glaubt an sie, und in dem Moment starten sie durch. Denn durch das Vertrauen, dass jemand in einen setzt, entsteht auch Mut zu Ideen und Selbstvertrauen in die eigenen Ideen. Und in dem Moment sind die Leute wirklich gut. Das fasziniert mich. Ich denke, wahrscheinlich muss man für Inspiration ganz offen alles in Frage stellen – nur nicht das Selbstvertrauen.

Taktgeber Zeit

Wenn heute Kommunikation und Vernetzung als Stimulanzien für Innovationen betrachtet werden, dann stecken dahinter bei genauerer Betrachtung ähnliche Konzepte wie hinter «Inspiration». Von der Antike bis zur Gegenwart beschäftigt Menschen, die gestalten wollen, und deren Gesellschaften die Frage, wo die guten Ideen herkommen. Die Antworten ergeben sich aus den Kontexten und dem Wissen der Zeit. Ob man für die Inspiration tatsächlich oder nur in der Vorstellungskraft zu den Musen gehen muss, zu Gott oder nur in eine «Box», ob neue Einfälle die eigenen sein dürfen oder legitimiert werden müssen, ob fleißiges Handwerk das bessere Rüstzeug für die Gestaltung des Neuen ist als Hingabe oder Rauschmittel, ob Muße und Langeweile oder viel Gewisper auf den digitalen Reisen von Plattform zu Plattform zum Aha-Erlebnis führen – Einfälle und Ideen sind ein Dreh- und Angelpunkt aller vergangenen, gegenwärtigen und wohl auch aller zukünftigen Gesellschaften.

Danke

Dieses Buch wäre ohne die Inspiration und Mithilfe vieler Menschen nie zustande gekommen. Wir möchten uns bei allen, die uns bei diesem Buch unterstürzt haben, ganz herzlich bedanken. Unser besonderer Dank gilt

unseren Familien, unseren Musern und Musen, Pe Döring, Maxim Lindner, Astrid Randerath, Christiane von Pannwitz, Andrea Mayer, Frances Franzke, Daniel Wichmann und der Agentur Petra Eggers, Bernd Gottwald und dem Rowohlt Verlag, Victoria Teichert, Martin Lindner, Nicola Thoben.

Anhang

Anmerkungen

1 Gerresheim, B. (Juli 2016), Auszug aus einem Brief an J. Mittelstraß

2 http://wirtschaftslexikon.gabler.de/Definition/kreativitaet.html

3 vgl. Chabris, C., Simons, D. (1999), Gorillas in our midst: sustained inattentional blindness for dynamic events, in: Perception 28, S. 1059–1074

4 vgl. Ansorge, U., Leder, H. (2011), Wahrnehmung und Aufmerksamkeit. Wiesbaden: VS Verlag für Sozialwissenschaften, S. 71 f.

5 Genazino, W. (2008), Das einmal Gesehene ist das immer Gesehene, in: Hamilton, A., Sillem, P. (Hg.), Die fünf Sinne. Von unserer Wahrnehmung der Welt. Frankfurt: Fischer Taschenbuch Verlag, S. 111–112

6 vgl. Ansorge, U., Leder, H. (2011), S. 34

7 Ehrenfels, C. v. (1890), Über Gestaltqualitäten, in: Vierteljahresschrift für wissenschaftliche Philosophie 14, S. 265

8 vgl. Grütner, T. (2012), In der Bilderwerkstatt, in: Gehirn & Geist Dossier 2/2012, S. 10

9 vgl. Ansorge, U., Leder, H. (2011), S. 34

10 von Hartmann, E. (1869/1989), Philosophie des Unbewußten. Versuch einer Weltanschauung. Hildesheim: Georg Olms Verlag, S. 217

11 Singer, W. (2008), Der 7. Sinn, in: Hamilton, A., Sillem, P. (Hg.), Die fünf Sinne, S. 115

12 vgl. Cherry, C. E. (1953), Some Experiments on the Recognition of Speech, with One and with Two Ears, in: The Journal of the Acoustical Society of America 25, S. 975–979

13 vgl. Wirz, M. A. (Hg.), (2014), Dorsch. Lexikon der Psychologie. Bern: Verlag Hans Huber, S. 697

14 Genazino, W. (2008), S. 115

15 De Montaigne, M. (1580–1587/1998), Über die Gewohnheit und dass man ein überkommenes Gesetz nicht leichtfertig ändern sollte. Essais. Frankfurt: Eichborn Verlag, S. 62

16 vgl. Peiper, A. (1925), Sinnesempfindungen des Kindes vor seiner Geburt. Monatsschrift für Kinderheilkunde 29, S. 237–241

17 Hacker, H. (2008), Der Riechsinn, in: Hamilton, A., Sillem, P. (Hg.), Die fünf Sinne, S. 43–44

18 vgl. Kayser, C., Petkov, C., Augath, M. et al. (2005), Integration of Touch and Sound in Auditory Cortex, in: Neuron 48, S. 373–384

19 vgl. Karnath, H.-O., Thier, P. (2012), Kognitive Neurowissenschaften. Berlin / Heidelberg: Springer Verlag, S. 142–146

20 Markschies, Ch. (2014), «Nenne mir, Muse …» oder «Komm Gott, Schöpfer, heiliger Geist»?, in: Parzinger, H., Aue, S., Stock, G. (Hg.), Artefakte: Wissen ist Kunst – Kunst ist Wissen. Reflexionen und Praktiken wissenschaftlich-künstlerischer Begegnungen. Bielefeld: transkript, S. 100, vgl. Osterkamp, E. (2014), Romantische Inspirationsszenen, in: Parzinger, H., Aue, S., Stock, G. (Hg.), Artefakte, S. 125 f.

21 Diemer, A. (1971), Bewusstsein, in: Ritter, J. (Hg.), Historisches Wörterbuch der Philosophie (HWPh), Band 1: A–C. Basel / Stuttgart: Schwabe & Co., S. 888

22 Goleman, D.; Kaufman, P.; Ray, M. (1997), Kreativität entdecken. München / Wien: Carl Hanser Verlag, S. 154

23 vgl. Lutz, M. (2014), Das sind die gefährlichsten Städte Deutschlands, in: DIE WELT, Onlineausgabe vom 02. 06. 2014

24 Kahneman, D. (2011), Schnelles Denken, Langsames Denken. München: Pantheon Verlag, S. 107

25 vgl. Lausch, E. (1996), Geniestreiche (XVI): Wie Alex Fleming Penicillin entdeckte, in: DIE ZEIT. Printausgabe vom 29. 03. 1996

26 vgl. Ayan, S. (2015), Wir suchen an der falschen Stelle, in: Gehirn & Geist / Rätsel Mensch 2/2015, S. 22–25

27 Gigerenzer, G. (2012), Das andere Ich, in: Markschies, C., Osterkamp, E. (Hg.), Vademekum der Inspirationsmittel. Göttingen: Wallstein Verlag, S. 40

28 vgl. Ansorge, U., Leder, H. (2011), S. 32

29 vgl. Schnabel, U., Sentker, A. (1998), Wie kommt die Welt in den Kopf? Reinbek: Rowohlt Taschenbuch Verlag, S. 61

30 Doyle, A. C. (1915/2005), Das Tal der Angst. Zürich: Kein & Aber Verlag, S. 77

31 De Montaigne, M. (1998), Über die Erfahrung. Essais. Frankfurt: Eichborn Verlag, S. 537

32 Kloen, A. (2013), Alles nur geklaut. 10 Wege zum kreativen Durchbruch. München: Wilhelm Goldmann Verlag, S. 19

33 vgl. Markowitsch, H. J. (2009), Das Gedächtnis – Entwicklung, Funktionen, Störungen. München: Verlag C. H. Beck, S. 7 f.

34 vgl. Gruber, T. (2001), Gedächtnis. Wiesbaden: VS Verlag für Sozialwissenschaften, S. 11 f.

35 vgl. Born, A., Oehler, C. (2009), Lernen mit ADS-Kindern. Stuttgart: Verlag W. Kohlhammer, S. 26 f.

36 vgl. Markowitsch, H. J. (2009), S. 49 f.

37 vgl. Gruber, T. (2001), S. 89 f.

38 vgl. Louie, K., Wilson, D. (2001), Temporally Structured Replay of Awake Hippocampal Ensemble Activity during Rapid Eye Movement Sleep, in: Neuron 29, S. 1045–1056

39 Proust, M. (1913–27/1957), Auf der Suche nach der verlorenen Zeit, Band VII: Die wiedergefundene Zeit, Frankfurt am Main: Suhrkamp, S. 287 f.

40 Proust, M. (1957), VII, S. 291

41 vgl. Born, A., Oehler, C. (2009), S. 24

42 vgl. Darwin, C. J., Turvey, R. G., Crowder R. G. (1972), An auditory analogue of the Sperling partial report procedure: Evidence for brief auditory storage, in: Cognitive Psychology 3, S. 255–267

43 vgl. Gruber, T. (2001), S. 26 f.

44 vgl. Markowitsch, H. J. (2009), S. 38 f.

45 vgl. Markowitsch, H. J. (2009), S. 36 f.

46 vgl. Born, A., Oehler, C. (2009), S. 26 f.

47 vgl. Markowitsch, H. J. (2009), S. 72 f.

48 vgl. Häcker, H. O., Stapf, K.-H. (Hg.) (2009), Dorsch. Psychologisches Wörterbuch. Bern: Verlag Hans Huber, S. 79

49 Jean-Jacques Rousseau zit. nach Geier, M. (2013), Geistesblitze. Eine andere Geschichte der Philosophie. Reinbek: Rowohlt Verlag, S. 86

50 vgl. Mittelstraß, J. (Hg.) (2008), Enzyklopädie, Philosophie und Wissenschaftstheorie, Band 3. Darmstadt: Metzler, S. 385 f.

51 Tucholsky, K. (1931/1985), Schloß Gripsholm, in: Gerould-Tucholsky, M.; Raddatz, F. (Hg.), Gesammelte Werke, Band 9/1931, Reinbek: Rowohlt Taschenbuch Verlag, S. 25

52 vgl. Singer, J., Antrobus, J. S. (1963), A factor-analytic study of daydreaming and conceptually-related cognitive and personality variables: Monograph Supplement 3–V17, in: Perceptual and Motor Skills 17, S. 187–209

53 Kloen, A. (2013), Alles nur geklaut.

54 Currey, M. (2013), Musenküsse. Die täglichen Rituale berühmter Künstler. Zürich–Berlin: Kein & Aber Verlag, S. 46

55 vgl. McMillan, R. L., Kaufman, S. B., Singer, J. (2013), Ode to positive constructive daydreaming, in: Frontiers in psychology 4, S. 1–9

56 Simon Eickhoff Originalton, in: In der Ruhe liegt die Kraft. Deutschlandradio. Sendung vom 31. 10. 2013

57 vgl. Andreasen, N. (2011), A Journey into Chaos: Creativity and the Unconscious, in: Mens Sana Monographs 9(1), S. 42–53

58 vgl. Holm-Hadulla, R. M. (2011), Kreativität zwischen Schöpfung und Zerstörung. Göttingen: Vandenhoeck & Ruprecht, S. 69

59 Andreasen, N. (2011), S. 45

60 vgl. Raichle, M. E. et al. (2001), A de-

fault mode of brain function, in: Proceedings of the National Academy of Sciences 98, S. 676–682

61 vgl. Masen, M. F., Norton, M. I., Van Horn, J. D. et. al. (2007), Wandering Minds: The Default Network and Stimulus-Independent Thought, in: Science 315, S. 393–395

62 vgl. Fox, M. D., Snyder, A. Z., Vincent, J. L. et al. (2005), The human brain is intrinsically organized into dynamic, anticorrelated functional network, in: Proceedings of the National Academy of Sciences 102, S. 9673–9678

63 vgl. Duncan, J., Owen, A. M. (2000), Common regions of the human frontal lobes recruited by diverse cognitive demands, in: Trends in Cognitive Sciences 23, S. 475–483

64 vgl. Ritter, S. M., Dijksterhuis, A. (2014), Creativity – the unconscious foundations of the incubation period, in: Frontiers in Human Neuroscience 8, S. 1–10

65 Andreasen, N. (2011), S. 45

66 vgl. Kennedy, D. P., Courchesne E. (2008), Functional abnormalities of the default network during self- and other-reflection in autism. Oxford University Press 3, S. 177–190

67 vgl. McMillan R. L., Kaufmann, S. B., Singer, J. L. (2013), Ode to positive constructive daydreaming, in: Frontiers in Psychology 4, S. 1–9

68 vgl. Ritter, S. M., Dijksterhuis, A. (2014), S. 1–10

69 Stephen King zit. nach Currey, M. (2013), S. 127

70 Baird, B., Smallwood, J., Mrazek, M. et al. (2012), Inspired by Distraction: Mind Wandering Facilitates Creative Incubation, in: Psychological Science 23, S. 1117–1122

71 Kühnemund, J., Ich habe einen Traum. Interview mit Philip Glass, in: DIE ZEIT Nr. 28, 06.07.2006

72 Freud, S. (1913/2006), Das Interesse an der Psychoanalyse, in: Schmidt-Hellerau (Hg.), Sigmund Freud. Das Lesebuch, Frankfurt a. M.: Fischer Verlag, S. 223

73 vgl. Hobson A. J., McCarley R. W. (1977), The Brain as a Dream State Generator: An Activation-Synthesis Hypothesis of the Dream Process, in: The American Journal of Psychiatry (134) 12, S. 1335–1348

74 vgl. Wagner, U., Gais, S., Haider, H. (2004), Sleep inspires insight, in: Nature 427, S. 352–354

75 Watzlawick, P. (1992/2011), Vom Unsinn des Sinns, Wien: Picus Verlag, S. 36–77

76 Hasinger, G. (1992), in: Markschies, C., Osterkamp, E. (Hg.), Vademekum der Inspirationsmittel. S. 54

77 vgl. Mainzer, K. (2007), Der kreative Zufall. Wie das Neue in die Welt kommt. München: Verlag C. H. Beck, S. 87

78 vgl. Ziegler, K., Sontheimer, W. (1979), Der kleine Pauly. Lexikon der Antike in fünf Bänden, Band 3. München: Deutscher Taschenbuch Verlag, Sp. 48

79 vgl. Ziegler, K., Sontheimer, W. (1979), Der kleine Pauly, Band 5, Sp. 1016

80 Nietzsche, F. (1888–89, 1908/1997), Mittags. Also sprach Zarathustra, in: Schlechta, K. (Hg.) (1997), Werke in drei Bänden, Band II. Wissenschaftliche Buchgesellschaft (Lizenzausgabe), S. 512 f.

81 vgl. Currey, M., Frank, A. (2015), Mehr Musenküsse. Die täglichen Rituale berühmter Künstler. Zürich/Berlin, Kein & Aber AG, S. 58 ff.

82 vgl. Currey, M. (2013), S. 74 und 113

83 Espendal, T. (2011), Gehen. Oder die Kunst, ein wildes und poetisches Leben zu führen. Berlin: Matthes & Seitz, S. 127 f.

84 vgl. Ziegler, K., Sontheimer, W. (1979), Der kleine Pauly Band 4, Sp. 639 f.

85 Bernhard, T. (1971), Gehen. Frankfurt am Main: Suhrkamp, S. 88

86 vgl. Behringer, W. (2016), Tambora und das Jahr ohne Sommer: Wie ein Vulkan die Welt in die Krise stürzte. München: C. H. Beck

87 Höbel, W., Die Geburt des Monsters, in: DER SPIEGEL Nr. 22 vom 28. 05. 2016, S. 129

88 vgl. Mann, Th. (1947/1982), Doktor Faustus. Das Leben des deutschen Tonsetzers Adrian Leverkühn erzählt von einem Freunde. Berlin: Fischer TB, S. 237

89 Mann, Th. (1947/1982), Doktor Faustus, S. 238

90 Jack Kerouac zit. nach Currey, M., Frank, A. (2015), S. 104

91 vgl. Ziegler, K., Sontheimer, W. (1979), Der kleine Pauly Band 5, Sp. 449 f.

92 vgl. Kunsch, K., Kunsch, S. (2007), Der Mensch in Zahlen. München: Elsevier Verlag, S. 248

93 Francis Bacon zit. nach Currey, M. (2013), S. 54

94 Holm-Hadulla, R. (2013), Creativity, Alcohol and Drug Abuse: The Pop Icon Jim Morrison, in: Psychopathology 47.3, S. 167–173

95 vgl. Kunsch, K., Kunsch, S. (2007), S. 248

96 Lindemann, T. (2008), Als LSD die Grenzen der Kunst verschob, in: WELT AM SONNTAG. Printausgabe vom 15. 04. 2008

97 vgl. Gasser, P., Holstein, D., Michel, Y. (2014), Safety and efficacy of lysergic acid diethylamide-assisted psychotherapy for anxiety associated with life-threatening diseases, in: The Journal of nervous and mental disease 202.7, S. 513

98 vgl. Schnabel, U., Sentker, A. (1998), S. 242

99 Zweig, S. (2008), Sehnsucht nach Indien, in: Hosemann, J. (Hg.) Fernweh – Geschichten und Berichte vom Reisen. Frankfurt a. M.: S. Fischer Verlag, S. 172

100 vgl. Der Deutsche Reiseverband (2016), Der deutsche Reisemarkt. Zahlen und Fakten 2015

101 Miller, H. (2008), Frankreich – Land

der Erinnerung, in: Hosemann, J. (Hg.) Fernweh, S. 197

102 Flaubert, G. (2008), Reise in den Orient, in: Hosemann, J. (Hg.) Fernweh, S. 57

103 Macho, T. (2011), Vorbilder. München: Wilhelm Fink Verlag, Umschlagtext

104 v. Heintze, F. (2006), 1000 Fragen und Antworten – Musik und Literatur. Gütersloh / München: Wissen Media Verlag, S. 70

105 Rückert, F. (1873), Die Weisheit des Brahmanen – Ein Lehrgedicht. Leipzig: Hirzel Verlag, Vers 52

106 Schiller, F. (2016), Wallenstein. Vollständige Ausgabe der Triologie: Wallensteins Lager / Die Piccolomini / Wallensteins Tod. Berlin: Verlag Contumax, S. 4

107 David Bowie – Die Welt hat heute einen Helden verloren, in: ZEIT ONLINE vom 11. 01. 2016

108 Lück, J., Meine Mutter ist für mich ein Vorbild. Interviews, in: SCHWARZWÄLDER BOTE, Printausgabe vom 10. 05. 2013

109 Prose, F. (2004), Das Leben der Musen, Zürich: Nagel & Kimche, S. 14

110 Kauffeld, S. (2012), Jammerspiralen in Organisationen. Eine wissenschaftliche Analyse der deutschen Volkskrankheit Jammern und was man dagegen tun kann, in: OrganisationsEntwicklung, ZS für Unternehmensentwicklung und Change Management, Heft 3, S. 81–86

111 Wilde, O. (1985), Das Bildnis des Dorian Gray. Frankfurt a. M.: Insel Verlag, S. 8

112 vgl. Currey, M., Frank, A. (2015), S. 51 f.

113 Currey, M., Frank, A. (2015), S. 144

114 Kafka, F. (1911/1973), Tagebucheintrag vom 19. Februar 1911, in: Brod, M. (Hg.) (1973) Tagebücher 1910–1923, Frankfurt a. M.: Fischer TB Verlag, S. 29

115 Nietzsche, F. (1888–89, 1908/1997), Ecce homo, in: Schlechta, K. (Hg.), Werke in drei Bänden, S. 1131

116 Nietzsche, F. (1997), Ecce homo, S. 1132

117 Doyle, A. C. (1915/2005), Das Tal der Angst, S. 15

118 Riedel, C., Was fasziniert Sie an der Jugend, Monsieur Slimane? Interview, in: F.A.Z. Nr. 155, 07. 07. 2007, S. Z6

119 vgl. Markschies, A. (2014), «Höhere Wesen befahlen: rechte obere Ecke schwarz malen!» Der Künstler und der Kuss der Muse, in: Parzinger, H., Aue, S., Stock, G. (Hg.), ArteFakte, S. 135–145

120 Wagner, M. (2004), Die tabula rasa als Denk-Bild. Zur Vorgeschichte bildloser Bilder, in: Naumann, B., Pankow, E. (Hg.), Bilder-Denken. Bildlichkeit und Argumentation. München: Wilhelm Fink, S. 74 und 79

121 Markschies, A. (2014), S. 139

122 vgl. Wagner, M. (2004), S. 80 f.; Monika Wagner bezieht sich hier

auf eine Zeichnung des französischen Malers Pierre-Charles Trémolièrs

123 Markschies, A. (2014), S. 139

124 Markschies, A. (2014), S. 140

125 vgl. Wagner, M. (2004), S. 67–86

126 Camphausen, W. (1913), Ein Maler auf dem Kriegsfelde. Bielefeld / Leipzig, S. 46

127 Camphausen, W. (1913), S. 48

128 Markschies, A. (2014), S. 143

129 Freud, S. (1909/2006), Der Dichter und das Phantasieren, in: Schmidt-Hellerau, C. (Hg.), Sigmund Freud, S. 157

130 Ketterer, A., Interview mit Karl Lagerfeld auf www.glamour.de

131 Danuser, H. (1993), Inspiration, Rationalität und Zufall. Über musikalische Poetik im 20. Jahrhundert, in: Danuser, H., Katzenberger, G. (Hg.) (1993), Vom Einfall zum Kunstwerk. Der Kompositionsprozeß in der Musik des 20. Jahrhunderts (Publikationen der Hochschule für Musik und Theater Hannover, Band 4) Hannover: Laaber, S. 12

132 vgl. Rath, H. (1976), Inspiration, in: HWPh, Band 4, Sp. 406 f.

133 vgl. Danuser, H. (1993), S. 12; vgl. Schubert, G. (1993), «Vision» und «Materialisation». Zum Kompositionsprozeß bei Hindemith, in: Danuser, H., S. 219–241

134 Schubert, G. (1993), «Vision» und «Materialisation». Zum Kompositionsprozeß bei Hindemith, in: Danuser, H., S. 219

135 bis hierhin unveröffentlichter Text aus dem Hindemith-Institut zit. nach Schubert, G. (1993), S. 234 f.

136 Paul Hindemith zit. nach Schubert, G. (1993), S. 235

137 Herpell, G., Ich muss unsicher sein. Interview mit Hélène Grimand, in: SÜDDEUTSCHE MAGAZIN 12/2014

138 Schubert, G. (1993), S. 219

139 Danuser, H. (1993), S. 18

140 Danuser, H. (1993), S. 13

141 Wackenroder, W. H. (1796/1991), Herzensergießungen eines kunstliebenden Klosterbruders. Phantasien über die Kunst für die Freunde der Kunst, in: Vietta, S., Littlejohns, R. (Hg.) (1991), Sämtliche Werke und Briefe. Historisch-kritische Ausgabe, Band 1: Werke. Heidelberg: Carl Winter, S. 55

142 Osterkamp, E. (2014), S. 125–134, S. 127

143 Wackenroder, W. H. (1991), S. 55

144 Wackenroder, W. H. (1991), S. 56

145 Osterkamp, E. (2014), S. 128

146 Wackenroder, W. H. (1991), S. 56

147 Osterkamp, E. (2014), S. 128

148 Schiller, F. (1793/1984), Briefe über die ästhetische Erziehung. Frankfurt: Suhrkamp Verlag, S. 63

149 Osterkamp, E. (2014), S. 125

150 Goethe, J. W. von (1796/1999), Plato als Mitgenosse einer christlichen Offenbarung (Im Jahre 1796 durch eine Übersetzung veranlaßt), Schriften zur Literatur, in: Goethes Werke, Hamburger Ausgabe in 14 Bänden, Band XII, S. 247

151 Goethe, J. W. von (1776/1996), Erklärung eines alten Holzschnittes, vorstellend Hans Sachsens poetische Sendung. Gedichte der ersten Mannesjahre: Natur und Weltanschauungs-Lyrik, in: Goethes Werke, Hamburger Ausgabe in 14 Bänden, Band I: Gedichte und Epen I, S. 135 ff.; vgl. Perels, Ch. (1995), Empfindsame Identifikation und kritischer Dialog. Zur Interdependenz zwischen Wackenroder und Goethe, in: Perels, Ch. (Hg.), Jahrbuch des Freien Deutschen Hochstifts. Tübingen: Max Niemeyer, S. 207–223

152 Goethe, J. W. von (1776/1996), S. 138

153 Goethe, J. W. von (1796/1999), S. 248

154 vgl. Jauss, H. R. (1982), Ästhetische Erfahrung und literarische Hermeneutik. Frankfurt a. M.: Suhrkamp, S. 40 f.

155 vgl. Schlesier, R. (2004), Künstlerische Kreation und religiöse Erfahrung. Verwendungsgeschichtliche Anmerkungen zum Begriff der Inspiration, in: Mattenklott, G. (Hg.) (2004), Ästhetische Erfahrung im Zeichen der Entgrenzung der Künste. Epistemische, ästhetische und religiöse Formen von Erfahrung im Vergleich [= Sonderheft 2004 der Zeitschrift für Ästhetik und Allgemeine Kunstwissenschaft]. Hamburg: Felix Meiner, S. 177–194

156 Platon (um 390 v. Chr. / 1957), Ion, in: Otto, W. F., et al. (Hg.) (1957), Platon Sämtliche Werke 1, in der Übersetzung von F. Schleiermacher. Hamburg: Rowohlt, S. 97–110

157 vgl. zu Folgendem auch Schlesier, R. (2004), S. 191 f.

158 vgl. Vöhler, M. (2004), Dichtung als Begeisterungserfahrung. Zur Konzeption des Platonischen Ion, in: Mattenklott, G., Ästhetische Erfahrung im Zeichen der Entgrenzung der Künste, S. 195–209

159 Vöhler, M. (2004), S. 198

160 Platon (um 390 v. Chr. / 1957), Ion 533e/534a,b, S. 103

161 Vöhler, M. (2004), S. 207

162 Vöhler, M. (2004), S. 204

163 vgl. Schlesier (2004), S. 184

164 Vöhler, M. (2004), S. 209

165 vgl. Schmitzer, U. (2000), Musenanruf, in: Der Neue Pauly, Band 8, S. 514 f.

166 vgl. Schmitzer, U. (2000), S. 514

167 von Taube, D., Eigentlich sind wir alle ein Haufen Müll. Interview mit Tom Ford, in: DIE WELT. Onlineausgabe vom 20.04.08

168 vgl. Schlesier, R. (2004), S. 186 f.; vgl. dies., S. 185 am Beispiel Hesiods: «Sie [die Musen] ‹diktieren› ihm keinen Wortlaut, den er nur wiederholt, sondern sie belehren ihn und räumen ihm einen Gestaltungsspielraum ein, von dem eine genauere Analyse zeigen könnte, dass Hesiod ihn bereits […] nutzt und dabei sein Können, seine Kunst, selbstbewusst demonstriert.»

169 vgl. zu Folgendem Walde, Ch. (2000), Musen, in: Der Neue Pauly (2000), S. 511 ff.

170 vgl. Ovid (8.–12. n. Chr.), Tristia 3, 1, 11

171 Benny Golson zit. nach Goleman, D., Kaufman, P., Ray, M. (1997), S. 20

172 Markschies, Ch. (2014), «Nenne mir, Muse …» oder «Komm Gott, Schöpfer, heiliger Geist»?, in: Arte-Fakte, S. 99 f.

173 Markschies, Ch. (2014), S. 99 f.

174 Markschies, Ch. (2014), S. 100

175 Schlesier, R. (2004), S. 182

176 Schlesier, R. (2004), S. 180

177 vgl. Schlesier, R. (2004), S. 183 f.

178 vgl. Trînca, B. (2008), Dichter als inspirierte Handwerker?, in: Laude, C., Heß, G. (Hg.) (2008), Konzepte von Produktivität im Wandel vom Mittelalter in die Frühe Neuzeit. Berlin: Akademie Verlag, S. 45–65.

179 Markschies, Ch. (2014), S. 107

180 Kloen, A. (2013), S. 16

181 SFB Ästhetische Erfahrung im Zeichen der Entgrenzung der Künste, Teilprojekt C7 Inspiration und Subversivität. Künstlerische Kreation als ästhetisch-religiöse Erfahrung, Projektleitung Prof. Dr. Renate Schlesier, Freie Universität Berlin, Laufzeit 2004–2010

182 vgl. Schlesier, R., Trînca, B. (Hg.) (2008), Inspiration und Adaptation. Tarnkappen mittelalterlicher Autorschaft. Hildesheim: Weidmann

183 Haug, W. (2008), Die theologische Leugnung der menschlichen Kreativität und die Gegenzüge der mittelalterlichen Dichter, in: Schlesier, R., Trînca, B. (Hg.), Inspiration und Adaptation, S. 74 f.

184 Haug, W. (2008), S. 76

185 vgl. Haug, W. (2008), der sich hier auf den Rechtshistoriker Peter Landau bezieht

186 vgl. Haug, W. (2008), S. 77 ff.

187 Haug, W. (2008), S. 82

188 Klein, D. (2008), Zwischen Abhängigkeit und Autonomie: Inszenierungen inspirierter Autorschaft in der Literatur der Vormoderne, in: Schlesier, R., Trînca, B. (Hg.), Inspiration und Adaptation, S. 38

189 vgl. Kositzke, B. (1998), Inspiration, in: Historisches Wörterbuch der Rhetorik, Band 4, S. 423–433

190 vgl. Steppich, Ch. J. (2002), Numine afflatur. Die Inspiration des Dichters im Denken der Renaissance. (GRATIA: Bamberger Schriften zur Renaissanceforschung 39). Wiesbaden: Harrassowitz

191 Borchers, E. (2008), Brief vom 13. September 2007, in: Hamilton, A., Sillam, P. (Hg.), Die fünf Sinne, S. 109

192 Nietzsche, F. (1876–1878/1967), Von den ersten und letzten Dingen 3. Menschliches, Allzumenschliches I, in: Golli, G., Montinari, M. (Hg.), Nietzsche Werke. Kritische Gesamtausgabe, Band IV 2, Berlin: de Gruyter, S. 21 f.

193 Nietzsche, F. (1878/1967), Aus

der Seele der Künstler und Schriftsteller 155. Menschliches, Allzumenschliches I, in: Golli, G., Montinari, M. (Hg.), Nietzsche Werke, S. 148

194 Nietzsche, F. (1878/1967), S. 149

195 Klee, P. (1906/1980), Klee, F. (Hg.) (1980), Paul Klee Gedichte. 2. erw. Aufl. Zürich: Verlag der Arche, S. 64

196 vgl. Bonnet, A.-M. (2004), Der Künstler und der Kuss der Musen oder Inspiration als Versuchung, in: Bonnet, A.M., Ganz, R., Raupp, H.-J., et al. (Hg.), Le Maraviglie dell'arte. Kunsthistorische Miszellen für Anne Liese Gielen-Leyendecker zum 90. Geburtstag. Köln: Böhlau, S. 109–122; vgl. Markschies, A. (2014), S. 140 f.

197 Rilke, R. M. (1902/1939), An Clara Rilke, Paris 11, rue Toullier, am 5. September 1902, in: Gesammelte Briefe in sechs Bänden, Band 1: Briefe aus den Jahren 1892 bis 1904. Leipzig: Insel Verlag, S. 261

198 vgl. Krämer, T. (1999), Rilkes «Sonette an Orpheus», erster Teil: ein Interpretationsgang. Würzburg: Königshausen u. Neumann, S. 22

199 Kurz, M. (2003), Bild-Verdichtungen. Cézannes Realisation als poetisches Prinzip bei Rilke und Handke (Palaestra 350). Göttingen: Vandenhoeck und Ruprecht, S. 217

200 Rilke, R. M. (1920), Auguste Rodin. Zweiter Teil, Ein Vortrag (1907). Leipzig: Insel Verlag, S. 98

201 von Hartmann, E. (1869/1989), S. 222

202 Osterkamp, E. (2004), S. 127

203 vgl. Osterkamp, E. (2004), S. 128

204 Osterkamp, E. (2004), S. 132 f.

205 von Hartmann, E. (1869/1989), S. 219

206 Schlesier, R. (2010), Ist Inspiration für Proust eine mystische Erfahrung?, in: Temesvári, G., Sanchiño Martínez, R. (Hg.), «Wovon man nicht sprechen kann ...» Ästhetik und Mystik im 20. Jahrhundert. Philosophie – Literatur – Visuelle Medien. Bielefeld: transcript S. 137

207 Schlesier, R. (2010), S. 143

208 Proust, M. (1908–1922/1957), Auf der Suche nach der verlorenen Zeit, Band VII, S. 282 f.

209 Schlesier, R. (2010), S. 143

210 Proust, M. (1908–1922/1957), Auf der Suche nach der verlorenen Zeit, Band VII, S. 283

211 Schlesier, R. (2010), S. 144

212 zitiert nach Rath, H., Inspiration, in: HWPh, Band 4: I–K, Sp. 406

213 Prüfer, T., Ich schäme mich dafür, Interview mit Philippe Starck, in: ZEITMAGAZIN vom 26.03.08

Literaturliste (eine Auswahl)

Ansorge U., Leder, H. (2011), Wahrnehmung und Aufmerksamkeit. Wiesbaden: VS Verlag für Sozialwissenschaften

Born, A., Oehler C. (2009), Lernen mit ADS-Kindern. Stuttgart: Verlag W. Kohlhammer

Currey, M. (2013), Musenküsse. Die täglichen Rituale berühmter Künstler. Zürich / Berlin: Kein & Aber Verlag

Currey, M., Frank, A. (2015), Mehr Musenküsse. Die täglichen Rituale berühmter Künstler. Zürich / Berlin: Kein & Aber Verlag

Danuser, H., Katzenberger, G. (Hg.) (1993), Vom Einfall zum Kunstwerk. Der Kompositionsprozeß in der Musik des 20. Jahrhunderts (Publikationen der Hochschule für Musik und Theater Hannover, Band 4). Hannover: Laaber 1993

Espedal, T. (2011), Gehen. Oder die Kunst, ein wildes und poetisches Leben zu führen. Berlin: Matthes & Seitz Verlagsgesellschaft (aus dem Norwegischen von Paul Berf)

Geier, M. (2013), Geistesblitze. Eine andere Geschichte der Philosophie. Reinbek: Rowohlt Verlag

Gruber, T. (2001), Gedächtnis. Wiesbaden: VS Verlag für Sozialwissenschaften

Hamilton A., Sillem P. (Hg.) (2008), Die fünf Sinne. Von unserer Wahrnehmung der Welt. Frankfurt: Fischer Taschenbuch Verlag

Holm-Hadulla, R. M. (2011), Kreativität zwischen Schöpfung und Zerstörung. Göttingen: Vandenhoeck & Ruprecht

Kahneman, D. (2011), Schnelles Denken, Langsames Denken. München: Pantheon Verlag

Laude, C., Heß, G. (Hg.) (2008), Konzepte von Produktivität im Wandel vom Mittelalter in die Frühe Neuzeit. Berlin: Akademie Verlag

Mainzer, K. (2007), Der kreative Zufall. Wie das Neue in die Welt kommt. München: Verlag C. H. Beck

Macho, T. (2011), Vorbilder. München: Wilhelm Fink Verlag

Markowitsch, H. J. (2009), Das Gedächtnis – Entwicklung, Funktionen, Störungen. München: Verlag C. H. Beck

Markschies, C., Osterkamp E. (Hg.) (2012), Vademekum der Inspirationsmittel. Göttingen: Wallstein Verlag

Mattenklott, G. (Hg.) (2004), Ästhetische Erfahrung im Zeichen der Entgrenzung der Künste. Epistemische, ästhetische und religiöse Formen von Erfahrung im Vergleich [= Sonderheft 2004 der Zeitschrift für Ästhetik und Allgemeine Kunstwissenschaft], Hamburg: Felix Meiner

Naumann, B., Pankow, E. (Hg.), Bilder-Denken. Bildlichkeit und Argumentation, München: Wilhelm Fink

Parzinger, H., Aue, S., Stock, G. (Hg.) (2014), ArteFakte: Wissen ist Kunst – Kunst ist Wissen. Reflexionen und Praktiken wissenschaftlich-künstlerischer Begegnungen. Bielefeld: transkript

Prose, F. (2004), Das Leben der Musen. Zürich: Nagel & Kimche Verlag

Schlesier, R., Trînca, B. (Hg.) (2008), Inspiration und Adaptation. Tarnkappen mittelalterlicher Autorschaft. Hildesheim: Weidmann

Schnabel, U., Sentker, A. (1998), Wie kommt die Welt in den Kopf? Reinbek: Rowohlt Taschenbuch Verlag

Steppich, Ch. J. (2002), Numine afflatur. Die Inspiration des Dichters im Denken der Renaissance. (GRATIA: Bamberger Schriften zur Renaissanceforschung 39) Wiesbaden: Harrassowitz

Watzlawick, P. (1992/2011), Vom Unsinn des Sinns. Wien: Picus Verlag

Die Autorinnen

Iris Döring arbeitet seit mehr als 15 Jahren als Gestalterin in der Werbe- und Kommunikationsbranche. Für sie ist klar: Ideen entstehen dort, wo Menschen neugierig und offen sind. Seit vielen Jahren untersucht sie die Arbeitsmethoden von Kreativarbeitern und gibt ihr Wissen in Workshops an inspirationshungrige Menschen weiter.

Bettina Mittelstraß arbeitet als Wissenschaftsjournalistin und Hörfunkjournalistin vor allem für Deutschlandfunk und den Bayerischen Rundfunk sowie für Publikationen wissenschaftlicher Institutionen wie des DAAD, der Leibnizgemeinschaft und deren Institute oder für Hochschulen. Sie verfügt außerdem über langjährige Erfahrungen in der Wissenschaftskommunikation im Print- und Online-Bereich.

Christiane Stenger
Wer lernen will, muss fühlen
Wie unsere Sinne dem Gedächtnis helfen

Wir alle haben schon erlebt, wie ein Geruch, eine bestimmte Stimme, ein Geräusch Szenen aus der Vergangenheit heraufbeschwören, wie Bewegung helfen kann, den Kopf frei zu bekommen. Welche Rolle spielen unsere Sinne beim Merk- und Lernprozess? Christiane Stenger meint: Nur wer alle Sinne gezielt nutzt, kann einmal Erlerntes dauerhaft im Gedächtnis verankern. Welche neurophysiologischen Prozesse dahinterstecken und wie man sie bewusst nutzen kann, um nachhaltiger zu lernen, beantwortet die Gedächtnisweltmeisterin auf gewohnt anschauliche Art und Weise.

272 Seiten

«Wenn eine Autorin mehrfache Gedächtnisweltmeisterin ist, muss sie was vom Fach verstehen. Tut sie auch.»
Hörzu

Dong-Seon Chang
Mein Hirn hat seinen eigenen Kopf

Ständig haben wir es mit Menschen zu tun. Bei jeder Begegnung wollen wir wissen: Was denken sie, wie sind sie, was wollen sie von uns? In Sekundenbruchteilen ziehen wir unsere Schlüsse aus Gesicht, Kleidung, Körperhaltung und Bewegungen. Und urteilen, ob jemand sympathisch, kompetent oder vertrauenswürdig ist, ob wir etwa mit ihm zusammenarbeiten möchten. Doch wie zuverlässig sind solche Eindrücke? Was bestimmt unsere Wahrnehmung? Und was, wie wir uns selbst wahrnehmen? Der Neurowissenschaftler Dong-Seon Chang wirft einen frischen Blick in unsere Köpfe, darauf, wie wir uns ein Bild von der Welt machen, wie unsere Meinungen und Urteile zustande kommen und wie sehr wir diesen trauen können.

288 Seiten